氣功法理精要

Choice Methods and Theory on Chinese Kungfu

修之於身，其德乃真。《性命圭旨》

知之非艱，行之唯艱。《尚書》

武霖 著

美商EHGBooks微出版公司
www.EHGBooks.com

EHG Books 公司出版
Amazon.com 總經銷

2014 年 EHGBooks 第一版

Contact: info@EHGBooks.com

ISBN-13: 978-1-62503-103-7

Preface

This is a book on the choice practice methods of Chinese Kungfu(功夫 gongfu in Chinese mandarin) and the academic theory of Qigong Study in order to explain its mechanisms. Among the methods, some have been in practice for more than ten years and others for more than twenty or thirty years by me. Most of the methods are part of the Chine¬se Kungfu methods that have been taught for nine years in New York by the author of the book.

Chinese civilization has a history of more than 5,000 years. Chinese Kungfu was an essential and core practice to the traditional Chinese people. The practice of Kungfu overtime gave birth to Taoist philosophy (Taohsüeh in Wade-giles Romanization 道學 daoxue), which is the first major philosophy to appear in China. The school to keep and teach the philosophy is called the Taoist School (Taochia 道家 daojia). People are familiar with the term of Taoism usually. However, it is important to differentiate the term from Taoist philosophy or Taoist School. Taoism is a religious organization that took a part of elements from Taoist philosophy as the source of the religious doctrines. The first Taoism group appeared in the 2th century of the Christian era in the middle of China. According to the ancient Chinese documents, Taoist philosophy appeared in the time of Spring-Fall and the Warring States period (770～221BC). So, the history of Taoism is therefore shorter than Taoist Philosophy 1,000 years more. Because Taoist Philosophy was the first major philosophy to appear in China, Taoist Philosophy became the basis for Chinese culture. Thus, we can say that Chinese culture is the same as the Taoist philosophy culture that is called Tao Culture(道統文化). It was from following this culture that the ancient Chinese built its civilization. Among the traditional local philosophy schools had been appearing during the time of Spring-Fall and the Warring States period, but only Taoist School have been focusing the kungfu practice as the first one in the philosophical studying for today. In a sense, the practice of Kungfu is the root and the source of Chinese civilization.

Most people know of Confucianism. The founder of it was Confucian(551BC—479BC). It is also a philosophical school with elements of both qi practice and Taoist thought. The study of Confucianist School is Confucianist Philosophy that adopted the Taoist thought. So, Confucianist Philosophy appeared after the middle of Spring-Fall and the Warring States period. The terminology of Confucianism means Confucianist School. It is different from Taoism. There was an emperor he ruled the middle of China during 206BC—25AD , is called West Han Dynasty, he showed much favor to Confucianist thought. After him, every of the emperors of China had held in esteem Confucianist though. Because through the thought, the emperors were able to run the people's mind and thus establish stability. Thus, the Confucianist though gradually overtook the Taoist school and had been influenced the Chinese culture for about 2,000 years. The thought had been spread through the whole society of China and permeated into every aspect of daily Chinese life in the past 2,200 years. The situation had been changed after the Revolution of 1911 in which the last Chinese monarchy system had come to an end.

Some may incorrectly think that Confucianism is a religion but it's a way of life adopted by the traditional Chinese. For instance, in Confucianism, there are not any of the religious rituals, e. g without worship, prayer-meeting, intoning scriptures, reciting mantra, etc. It is so different from Taoism, Buddhism or Christianity, etc. In Chinese history, as the Taoists put their hearts into the study of Nature and the human life that is a part of being in Nature, Confucianists put their hearts into the study of the phenomena of society and made advices or suggestions to the rulers in administration. Both Taoism and Confucianism has the same world view that Nature and Man is One Entity(天人合一). The meaning of Man here is the Spirit. The view is also the essential concept of Chinese culture and the concept of Chinese kungfu.

As a terminology in Chinese language, Chinese Gongfu is a cultural phenomenon and a professional studying system to seek the secret of the human life and study the relationship between man, nature, and society. As a terminology in Chinese language, Chinese Gongfu is a cultural phenomenon and a professional studying system to seek the secret of the human life and study the relationship between man, nature, and society. So, Chinese kungfu is a cultural form but is not a meaning of a matter. Chinese Gongfu in Chinese culture is similar to Sports or physical activities in Western culture. However, gongfu as a Chinese word generally has functions of ability, skill, and/or accomplishment over time, workmanship and Chinese martial arts(武術 wushu), and others in everyday Chinese. For example, Master skills are through the repeated practice, the " master skills" means kungfu here. Those who work hard will be reward, the entire process of the "work" means kungfu here. Kungfu in Chinese is not limited in simply describing the Chinese martial arts. For this reason, the term wushu or wugong(武功) is better as an official Chinese term in describing the contents of Chinese gongfu as the word specifies martial arts instead of simply describing a general skill. For the reason, however, the term of wushu or wugong as official Chinese to mean a part of the content of Chinese gongfu is more exact than the words of gongfu as it as the shorter form of Chinese gongfu.

What is at the core of Chinese kungfu? It is the practice of Chi(氣 qi). The practice of qi is involved in the entire process of the kungfu practice. What is qi? To be brief, qi is a force that saturates Nature. Because human beings are a natural existence, the human body is full of qi. The qi inside a human body is named Internal Qi, otherwise is known as Physical Qi or Vital Energy. The term Qi Practice is otherwise named Chigung(氣功 qigong).The meaning of Kung(功 gong) is repeated practice or work over time. The meaning of chikung is therefore the repeated practice or work of qi over time. However, because qigong is now an official academic terminology used to convey the meaning, qigong is used instead of chikung here.

Because qigong is at the heart of all kungfu practices, the meaning of qigong and kungfu are generally the same. That's why in modern qigong study, qigong has the same general meaning of kungfu. However, when we use the method of qigong to practice qi, the term qigong becomes a specialized term. What is the basis of the method of qi practice? The basic state of qi-practice is that the mind of the practitioner has to actively focus inwards in order to compound his internal qi. The purpose of the practice is to heighten the state and health of the body and strengthen one's willpower.

In the theory of Qigong Study, human beings as an existence are composed of three elements which are comprised of the physical body, internal qi and the spirit. From the three elements, there are three gateways to practice Chinese kungfu. The methods are the integration of Mind and Body(mind-body practice), the integration of Mind and Qi(mind-qi practice), and the integration of Mind and Spirit(mind-spirit practice). The traditional Chinese martial arts are a typical example of the methods of the mind-body practice. The Taoist, Confucianist schools and traditional Chinese medicine are the local typical examples of the methods of the mind-qi practice. The school of Chinese Zen(禪 Chan) is a typical example of the mind-spirit practice in the Chinese style Buddhism. Chinese Zen focuses on the practice of the mind to perceive the spirit of one's self. The practice of the mind-body, mind-qi and mind-spirit are the three practicing stages for the three layers of kungfu.

In the past thousands years, the system of Chinese kungfu became larger and larger and as a result, countless methods and the branch schools with their own various spins on the theory came into existence. Nobody therefore has the chance or time to learn and test every method and forms of kungfu from every school. In my opinion, for people who want to learn and practice kungfu, the general direction is to find kungfu masters in the closest proximity and practice the methods from the bottom up. Later on however, one has to learn and practice more of the many different school's methods of kungfu. At last, one has to look for and find a great or senior master who has the ability to instruct you with the theory of kungfu and guide you to go up to a higher level of practice in Chinese kungfu.

In the American community of martial arts, it is a common belief that Chinese martial arts are a major part of Chinese kungfu. However, this is a misunderstanding of Chinese kungfu. In actuality, Chinese martial arts are just only a small portion of Chinese kungfu, which can be called Martial Art Philosophy or Martial Art Study (Wuhsüan 武學 wuxue).In the martial art study, there are three layer levels in the three practice stages. From the beginning to the advanced stage, they are Martial Art Exercises(or Martial Art Skill or said wushu), Martial Art

Work (or Martial Art Ability or said Wugung, and Martial Art Tao (WuTao 武道 wudao). Because only the martial art exercises involve demonstrating forms, most people especially out of China think that martial exercises contains the whole of Chinese martial arts or Chinese kungfu when that is not the case.

The practice of the first stage of the martial arts people have to practice in the very basic method, e.g. various positions in standing qigong (Chuanggung 樁功 zhuangong).It is a form of qi practice and the essential method for both of the Chinese martial arts and qigong practitioner from the beginning to advanced stage, and it is the practice method for the Chinese kungfu people in whole life. There are three purposes of the practice, one is to cultivate the ability of the body power launch; other is to cultivate the ability for demonstration of the forms; another purpose of chuanggung for both of the martial arts and qigong people is for the Waist Loose(Sungyao 鬆腰 songyao) that was spread in the traditional community of Taichi kungfu. To explain the sungyao in anatomy, the state of sungyao is to open the lumbar vertebras, the lumbosacral joint, the sacroiliac joints, and etc. The nature of sungyao is to make the change of the lumbar vertebras, the lumbosacral joint and sacroiliac joints from the normal (closing) state to the opening state for develop the ability to effectively exercise whole body power, as opposed to the strength of a single arm. The power here is called the Compound Power or Compound Energy of human body (Zhen-ti-chin 整體勁 zhen-ti-jin)by the people in the school of the internal martial art, especially in the circle of Taichi kungfu.

Most of the practitioners of martial arts and qigong are in or out of China they have not had the state of sungyao the very important concept in Chinese kungfu. It is one of the purposes I write the book. For the common layperson, the purpose of sungyao is to enhance the ability of living, of working and/or of learning. In the practice of this second stage, other methods for cultivating the basics should not be forgotten. After the body condition of sungyao is achieved the essential practice in the second stage of Martial Art Study is basically complete and your practice level of kungfu cultivation now leads to Martial Art Tao. Martial Art Tao Leads to the Realm of Taoism（武道通仙道）. This layer level of Martial Art Tao is similar to the beginning level of the Taoist qigong practice. The major task at this stage of Martial Art Tao is qi practicing in the frame of Taoist cultivation with the position of the full lotus.

Now we see, in traditional China, Chinese gungfu kept in the schools of Taoism, Confucianism and traditional martial arts. The other two fields were Chinese style Buddhism and the traditional Chinese medicine. Another place was the communities of the populace. All of the method of Chinese gungfu had been being kept in the six territories above before 1950's. All of the groups of Taoism are involved in qi practice. In traditional Chinese, the other name of qi practice was sage cultivation. The real meaning of it is the practice of human being or the human body cultivation(Hsiushen 修身 xiushen) . In Chinese history, with various reasons, many methods of qigong in Chinese religious schools, e.g. Taoism or Buddhism had been spread to the populace community in the form of fragments of the original methods. From the document keeping today in the White Cloud Temple (Peiyünkuan 白雲觀 was built in 1160’ s in Beijing China), there were 86 formals schools of Taoism that lived in China before the time of the 1950’ s. During 1950 to 1980's, Chinese kungfu was at the lowest state, the situation not been appeared in Chinese history. Most of the Taoism groups in which the kungfu practice was focused were banned the activity and disbanded under the policy of government. After 1980's, Chinese government practiced the policy of Open and Reform, and started supporting the practice of the methods of religious kungfu from the populace community again after restricting it.

A personal example: a teacher of mine had practiced one of the schools of Wudang(武當) kungfu in the Wudang Mountain (武當山 in Hubei province China). In 1981’s, he was invited by the local department of Wudang Mountain to pass down the method he owned for a few months, called The Twenty Three Forms of Wudang Kung. It was one of the famous kungfu methods among in Wudang Mountain. I learnt the methods from him as I was young for seven years. For this reason, I inherited all of the know-how in the method. I put some of the basic methods in the book at section three of chapter two and the first section of chapter six. Most of Taoism gungfu schools today we see in Wudang Mountain came into existence this way after the 1980’s.

In the ancient times, Wudang Mountain was the southern base of the Taoism From the Ming Dynasty(1368—1644AD)，Wudang Mountain became the biggest base of gungfu in Taoism. Most of people in the world of the Chinese gungfu know that all of the internal style martial arts originated from Wudang Mountain. The other brunch in Chinese martial arts opposite to the internal style one is the external style martial arts. The good and famous example of it is the Shaolin exercises（少林拳）. It is said that Shaolin Kungfu occupies the North and Wudang Kungfu occupies the South of China.

Summary

The section one of the first chapter details the Four Essential Points of Qi-practice. they are A) How to make the mind perfect in self-cultivation, B) The significance of the morals for the qi-practice, C) Breathing regulations, D) Body regulations in both stable(grounded) and moving positions. Section two is Body Regulation in Grounded Position with 16 key points that must be kept in mind in the practice of qi. Section of three is General Acu-points for Qi Practicing.

The second chapter speaks of five types of the qi practice methods in the grounded positions. They are from the Taoism, the folk kungfu community and the modern qigong. It is called chuangkung or the ground standing qigong in English. Chuang (樁 zhuang) means A Post here. This is the first focus in the practice of the martial arts. All kinds of kungfu are hidden in the method of the ground standing qigong.

The third chapter is about the methods of waist loose with the theory of Qigong study in order to explain the mechanisms of sungyao(waist loose)，that including the opening of the lumbar vertebras, the joint of lumbosacral, the joint of the sacroiliac, and etc. The state of having achieved sungyao to martial arts practitioners is a milestone signifying raised martial arts ability. The method and theory detailed in the third chapter has not been published by any other books as of the time the book is writing.

The fourth chapter details the method named Hun-yüan-chiao(混元竅 hun-yuan-qiao) opening. Hunyüan(混元) means compound or mix in

English, which is a very important terminology in the theory of the Qigong Study. The meaning of Chiao(竅 qiao)in the dictionary is Aperture but that differs to meaning of Chiao in qi practice. In qi practice, to open the Hun-yüan-chiao is to open connection between the human body qi(internal qi) and the natural qi found in nature, thus compounding or mixing them. The nature of Hun-yüan-chiao opening is a mental—physical state. In the state of having opened the Hun-yüan-chiao, the quality of the internal qi will be at a higher level than before. The content of the chapter is the first time to public by book.

The main topic of the fifth chapter describes the three great methods of qi-practice in the lotus position, Hun-yüan-cho-gung(混元坐功). In the practice, the mind is in a deep state of meditation to compound the physical qi and the nature qi in a much more freely manner. In the practice of Hun-yüan-cho-gung, the mind must be in the state of focusing and spreading at same time in order to force the internal qi from the Hun-yüan-chiao to be expended and thus leading the natural qi coming into the deep place of the body.

The third, fourth, and fifth chapters is an entire system. sungyao is the basic physical condition to enhance the health levels; Hun-yüan-chiao opening is the necessary condition to strengthen the effectiveness of sungyao, and further enhance health condition; in order to do Hun-yüan-cho-gung, the person has to open Hun-yüan-chiao first.

In the sixth chapter, there are some effective practical methods are the first to be published and put together in a book, including the most basic and necessary methods of Taoism and Buddhism for kungfu practitioner, the method of National Qi Eating, the method to enhance the function of the central nervous system in qi practice, the qi pulling, the qi practice in the across position, the method of mental focus in qi practice in the ground position, the method of qi conduction and spontaneous method of the qi practice. The kungfu practitioners should pick the methods that he has interest in to practice for certain years to enhance his level.

The seventh chapter contains pieces of the theory from the book of Fundamental Theory of Qigong Science. If the practitioner really understands the theory, it is a good condition to raise his level of the martial arts or qigong.

The contents of the eighth chapter are hot topic discussions on kungfu practice, e.g, how to understand the relationship between kungfu and Eastern civilization, how to understand the relationship of essential methods and the beginning methods, how to understand the relationship of theory and practice, the relation of physical body and mind, the concept and the method of the Main Qi Channel in body, how to understand the Yin and Yang Practice and etc.

The seven section of the eighth chapter is the method and the mechanisms of Qi-organization(組場 chuchang), with the purpose of forming the Qi-field (氣場 qichang). It is a new concept of qi technique founded in the middle of the 1980’ s by Pang, Min(龐明 1940-),a qigong scientist. The effectiveness of qi practicing in the qi-field is really better than without it.

The eighth section of the eighth chapter contains the theory for settling the problems of the person who achieved peculiar vision, hearing or sense, etc. after practicing qigong. These practitioners generally are self-taught learners in qigong. After they felt something peculiar, they always react in surprise or excitement. There was not any theory to clarify the nature of the phenomena in Science. In the medical office of psychoanalysis, the phenomena were diagnosed as the symptoms of visual hallucination, auditory hallucination or paranoia, etc. Why do the symptoms sometimes appear after qi practice? What are the causes of the nature and the mechanism? How can it be prevented? In the theory of Qigong Science, the terminology of the phenomenon is True and False Mind Fighting (Chen-wan-hsiang-kung 真妄相攻). The theory analyzes the reasons and clarifies the nature and the mechanisms of this phenomenon.

In the section nine of the chapter is the knowledge and theory of body's and mental reaction from qi practice. It is a common situation for the qigong practitioners before the health level going up to the new level. Most practitioners got the body's reaction. The knowledge tells the practitioners how to face the reaction that occurring of the body and the theory tells the people how to process the reactions correctly. In the meeting of International Health Qigong Forum at August 18th 2013's in New York University (NYU), US, there were nine methods of health qigong to be commanded. In the lecture, the professors spoke that most of the people who practiced the health qigong in their countries for healing. The theory in book is use full for the health care people in the qi practice.

The section ten is the suggestion to the people who have the intention to practice Chinese kungfu. It is from my experiment of kungfu practice.

The last chapter discusses the concept and the mechanism of the practice method of the South School of Chinese style Zan in the theory of Qigong Science. The style of Zan was founded by Huinen(慧能 638AD-713), a greatest and well- known master of Chinese style Buddhism who has been respected by all of the Buddhists, Taoists and the senior practitioners of qigong. The ideas and the methods master Huinen left are the intangible heritage in the study of the mechanism and nature of the mind and spirit. The purpose of the method is to realize the nature of the person and achieve freedom in life.

Gratitude

Because finding the exact and equivalent words of English to express the true meaning of the Chinese phrases on kungfu was almost impossible, some of the English terms had to be created. I express gratitude to my students Mark Chen and Leo Yuan for giving me great and useful help in translating the terminologies of kungfu from Chinese to English within the several years. I also express gratitude to Mr. Yuan for proofreading and helping me to translate the preface of the book.

The content of the chapter fourth is the method of Hun-yüan-chiao Opening, that was founded by professor He, Xianchen, he has been living in New York with his family from 2008's. He has been the preceptor of mine in kungfu since 1995's. The content of the first draft of the chapter four was examined by Mr. He. I express gratitude to Mr. He gave me the great help.

Collin X Wu

September 2013

內容提要

本書第一章的內容包括：1、對傳統練功的“三調”（調心、調息、調身）的擴展解釋的“四大要旨，是學功人初入門時就要有所知曉的知識；2、氣功常用穴位；3、靜態練功的身形要求，這是中國各家功夫修煉門派靜態練功時身形調正的共通要則，是中國功夫修煉術特有的內容。

第二章介紹了有代表性的多款樁功，分別來自道家功夫界和民間氣功界。

第三章和第四章分別介紹“鬆腰”和“混元竅”的開啟的法和理。“鬆腰”是武學中的重要內容，是學武功者必須達到的標志性身體效應像征。混元竅的開啟是道家煉養派之修、過去稱為“仙道”之修的必跨門檻。

第五章是智能靜功“混元坐功”的系列功法，這是混元竅開啟後，從“中”向 “高”邁進的靜功功法，分“外混元”、“內混元”和“中混元”三個鍛煉階段。

第六章引說幾款筆者認為效應獨特的氣功鍛煉方法，另有外氣發放和自發功的介紹。

第七章是精選的氣功科學概念性理論，以問答的形式解說，希望能適合本書讀者的需要；這些知識也是理解本書其它章節內容的必要知識。

第八章是氣功界歷來關心的熱點話題，共十節。

第九章是用氣功科學理論揭示中國禪宗“見性”的本質、機制等，目的是讓這一傳統文化精華中的生命科學功能，能夠見諸於世人，最終為人類的生命自由服務。

書中圖片全部摘自龐明氣功專著（作者提供）。

寫在前面

博大精深的中國功夫修煉術，是支撐起大中華文明之殿的擎柱。和歐洲、北非、中東（阿拉伯）和印度等古文明地域不相同之處在於，中國文化不僅是在明確的一元唯物整體觀指導下的文化體系，而且自古到今沒有出現過歷史斷層。中原之域在歷史上雖然也被外來民族殖民過，如，蒙古人和滿族人，但和世界諸地不同的是，殖民中原的民族最後都被中國文化所同化。一個不爭的事實是，在整個世界還處於“神創世”的荒蠻時代，中國人就將宇宙萬物分為“道”、“氣”、“器”來認識。其原因在於，中國文化的世界觀是唯物一元的，實踐內容是以內向性運用意識的模式為主。“道可道，非常道”，“道之唯物”，“道”乃“非常名”之客觀存在，“道”為宇宙之源，雖不知其名，則強名曰“道”。古道家尊“道”為“大道”，認為大道無形、無情、無名，然能生育天地，運行日月，長養萬物。又認為“自然本一，大道本一，元氣本一”；“夫天地人，本同一元氣”。 古儒德尊稱“大道之行也，天下為公”。

“道”為宇宙化生之綱，萬靈化育之本。“氣”為萬物生育之根，生靈濟化之源。人為“萬物之靈”，得“氣”而生，駐“氣”則存。然人之內氣有限，天地之氣卻取之不盡、用之不竭。中國功夫修煉術之精要秘旨即在於：盜天地之氣為我所用也。 “道”、“氣”二者，無形無相；存而非知，知即了知：別無內外，無處不在。與“道”和“氣”相比較，“器”乃是有形、有相之體。用現代語言描述，就是有質量、有體積、有重量的物理物質（Material）。近代的歐美人對“器”的考察和研究，把人類對物理世界的認知推向了有世以來的高峰。然傳統的中國人通過對“氣”的實踐，發現和體認到“道”和“氣”；世世代代的中華氣功修煉精英們前撲後繼，對“道”的體性做了最基本的概括，對“氣”的運動規律做出了初步的總結。近百年來的中國人，努力學習西方科技，對“器”的本質和規律也有了科學化的認知。傳統的中國文化精髓和現代西方科學精神相結合，終於結出前所未有的碩果——在 1990 年代初的中國大地，首現“氣功科學”學術模式，結束了中國氣功修煉“術”的歷史，將氣功上昇到能夠與現代科學平行互動、相充互補的東方風格科學體系。皆由此因，作為介紹氣功功法的專著，書中有精選的來氣功科學體系的基礎訓練方法（功法）以及基本理論和讀者見面。

中國功夫鍛煉的實質是“內向性運用意識的實踐”（內求實踐）。功夫修煉的核心是“氣”的實踐（氣功）。本書介紹的氣功功法，是實踐氣功的精要方法；書中的氣功理論是增長功夫的要義明旨。筆者並無全面論述中國氣功法、理的功力和學識，為限定本書的學術範圍，本書書名取為“氣功法理精要”。書中所示的多數功法，是筆者由明師相授，經最少十年的實踐的武門基本功和來自道佛風格的內修功法及智能氣功功法。其中，有基礎功，如：站樁；有從基礎向中級層次過渡的功法，如：“鬆腰”和“混元竅開啟”；有從中級向高級邁進的功法，如，混元坐功。有一部分內容已在紐約教授了九年。不過，由書本形式公開的內容，例如“鬆腰”，據筆者所知，還是首發。“赫氏開啟玄關法”和“混元坐功”的第三部功，匀為用文字首次公開的氣功方法。

傳統道家氣功立論於“真氣”，古典中醫氣功立論於“經絡氣”。由龐明先生創立的智能功，立論於“混元氣”。為此，這三家氣功在入門方法上有所不同。這三種不同概念的人體生命之氣的類別，讀者不能混淆：混元氣受人的意念支配，經絡氣和真氣卻不是，需要有特殊的方法鍛煉。書中第五章的“混元坐功”，包括了“外、內、中”三個鍛煉階段，分別應對鍛煉人的“形、氣、神”三大生命層次的混元氣。第四章的“開啟混元竅”，是練混元坐功

的基礎。第三章的“鬆腰”是提昇形體素質和尚武技藝的根本要法。“鬆腰”對著應著傳統道家“煉精化氣”之初功，不嚴格地說，是“煉精化氣”達標的標記。混元竅初開時的身心狀態，還處在“精”化“氣”的階段；一旦混元竅開的狀態充分建立，又很鞏固，才能說是有了“煉氣化神”之基礎。總之，第三章至第五章所示功法的鍛煉效應，對應著正統氣功修煉 “煉精化氣”和“煉氣化神”二大階段。

中國功夫修煉術不僅是一門獨特的技術和學問，也是一門哲學；其內涵之浩博，理念之深邃，無人能窮之，無物能替之。其體系之龐大，功法之複雜，與世無雙。說其“獨特”，是因為“氣”的修煉是這門學問的基礎實踐，並貫穿於學問研究的全過程。說其“龐大”，是這門技術，應對著世界上最複雜的物質存在——非線性、多層次、開放的巨系統——人的生命運動。說其“複雜”，中國功夫界內，歷來門派林立，師承南北；功法繁雜，方法各異；理論奧澀，學說不一。氣功科學理論認為，人雖是一個多層次的複雜系統，但各系統之間又有著有機的聯繫，形成了一個整體的人的生命系統。複雜的各系統和層次，同時又統一於“以神為主宰”的整體生命活動。

人的這一特點，一方面形成了五花八門的中國功夫修煉術，這是因為各家修煉的立論不同，由不同的生理層次鍛煉入門而產生了不同的功法（方法，途徑）；另一方面，練功者無論從那一層次入手，也即不管以何種功法或何家門派的法要入門，因為有人的生命活動的整體性這一特點存在，各練功者收到的終極修煉效應是一致的——提高人在自然界的自由度。氣功鍛煉效應因此是整體的人的生命效應，也即，在某個生理層次發生的效應，終究會影響到其它生理層次，最後引起整體的身心狀態發生質變。正因為人的生命活動有這一特點，才使中國功夫修煉的各家學說和各類功法，在強化人體生命運動這一點上，是一致的。皆為此因，各家功夫門派都有和其它門派共享的修煉原則和要求，例如“三調”（調心、調息、調身），靜態體姿身形要求以及站樁、運氣、開關、通竅等功法。本書第一章中的內容，皆為此指；所以，首章中內容的適應面很廣。我們提倡刻苦練功，但不主張“死練功”。這二者絕對不是一回事。然要避免“死練功”，就必須懂得氣功理論，明白練功的道理。本書第七章為此而設。通過實踐發現，深學理論，能幫助學功者縮短練功進程。學或不學、懂或不懂氣功理論，練功“後勁”是全然不同的。現代人都有高中以上文化程度，本書在介紹功法的同時考慮到以上諸點，才為此配置數量不少的當代氣功科學基礎理論。這對生活在古農業時代的練功人來說，是難以奢求的。

特別提醒讀者：本書中諸如“中級功法”、“高級功法”或“中級層次”、“高級層次”等，都是為教學方便而設的概念性名詞。學功人應該明瞭的是：練了“中級功法”，不一定就達到了相應的（中級）身心素質。人的生理、心理健康層次的提高，要涉及諸多方面之因素，功法鍛煉只是其一。即使實踐了所謂的“高級”功法，例如第五章的“中混元”所示要達到身心健康層次，按氣功科學的要求，還只是達到了中等健康的身心素質。按古典道家的修身觀，在“煉氣化神”之上，還有“煉神還虛”之功。按漢地佛教禪宗的修煉法要，達“見性”還只是為去除“煩惱、所知”二障做準備。或問：如何練、用什麼方法練，才能達到高級身心狀態？答：要達氣功學所言的高層次的身心健康，已經沒有具體的方法可循。若一定要說怎麼練，那就是：道德水平的提昇和意識能力的強化。這道德水平的提高，不是功夫修煉界特有的要求。只不過修煉人從實踐中認識到的這一點，要比一般人更為理性而已。而意識能力的強化，第一章第 1 節已有提綱挈領之說。

本書內容原應為不久前付梓的拙作《大道之行》之功法篇。因

《大》之篇幅關係，功法另成此書。此二書可視作氣功的“理”與“法”的姐妹篇。此二書中的氣功學理論基本相同，這是作為二書各作為獨立的體系而有體系上的完整性，也是為了讀者使用上的方便。本書第五章的內容在撰稿期間，曾和“赫氏開啟玄關法”的創立人赫相臣老師進行過書面探討。“混元坐功”中的功法，也和赫老師和孫淑春老師進行過口頭探討。本書英文前言得到了袁慶林先生的悉心校譯。筆者在此向伸出援助之手的師長和同道，致以由衷的感謝。

中國功夫之博之深，任何個人窮其一生，也難觀其全貌。本人自幼體質孱弱，為求健康而學功練武。然積半生之實踐，習得之功淺如皮毛，知為僅是滄海一粟。本無資格著書傳藝。只因身為炎黃子孫，肩負傳承、弘揚華夏文化之天職，才不揣冒昧，業將積多年實踐之點滴基本功法公諸於世，意在給後人留住一點祖國傳統文化遺產之星點。書中觀點，若有偏頗，誠請讀者寬諒，也望功夫前輩斧正。

《大道之行》和此書的成功付梓，其中有十年前一同生活於紐約的功夫摯友、原藉臺灣的黃永芳先生的功勞。若沒有黃先生當時對我的鼓動和啟發，可能不會有此二書與讀者的見面。我於 2005 年 2 月開撰中文版，原打算中、英文版同時完撰，但對英語是外語的我來說，英文版實在是工程太大，不得不中途停工；2008 年後又因某些原因擱置書稿幾年，於前年 4 月才開始做增補。不料黃先生於前年 8 月先走一步，沒能看到此二書今天在他家鄉出版。作為生前好友，謹藉此書全球發行之舉，慰告黃先生在天之靈。

著者

武霖　謹誌

目錄

第五章 混元坐功引介 91

第一章 練功圭要

本章分練功四大要旨，靜態身形要求和氣功常用穴位三節。四大要旨是理論性的原則，中國功夫各家各派都離不開這四大原則。靜態身形要求是練功的基本身形原則，也是各家功門都基本統一的原則。而穴位應用，在中國功夫各家門派中都普遍使用。本章為此取名“練功圭要”。

龐明教授[1]提出的練氣功的四大要旨——運用意識，涵養道德，調整呼吸和身形要求，是對傳統氣功“三調”（調心、調息、調身）內容的充實和擴展，充分適應了現代人學氣功的自備條件（文化程度、理解能力和科普知識的掌握）。“運用意識”和“涵養道德”二者，屬古之“調心”（又稱：調神）的範疇；“調整呼吸”屬於“調息”；“身形要求”屬“調身”，其中又分“形體引動要求”和“靜態身形要求”二類。引動形體的要求，需根據各門派、各功法的要求，由明師面授。

第1節 四大要旨

要旨之一：運用意識

“運用意識”就是按特定的方法，發揮人的主觀能動性，主動運用意識來增強精神駕馭“形”、“氣”之能力。所謂的“功夫”，基本來說就是精神駕馭自身形體，以及內、外氣的交流的能力。意識內向運用是氣功修煉不可動搖的內容，也是氣功區別於體育運動的根本之點。所以，“運用意識”就是練氣功的至要因素，而具體練功又反過來提高意識能力。這個良性循環，最終讓人的身心以螺旋上昇，達到更高一級層次上的身心和諧、人天相應的狀態。

意識修養，是運用意識的內容，也是運用意識的過程，也就是“意識針對意識[2]本身”下功夫的過程。按目前社會上的一般觀念，意識修養包括科學意識修養，道德意識修養和藝術意識修養三者。若站在中國功夫修煉的立場，還要加上“氣功意識修養”。因為氣功是“內向性運用意識的實踐”（內求實踐）的形式之一（另一形式是瑜伽），氣功意識修養就是關於人類內求實踐方面的修養，而其它三項只有道德意識修養嚴格地說，和內求實踐有聯繫，科學和藝術二者，都是“外向運用意識的實踐”（外求實踐）的內容。通過以上四個方面的修養，把人類多少代以來，通過內求和外求這二種實踐方法建立的科學、道德、藝術和內求式的人體身心修煉這四大成就的信息，在意識中合成整體，使人的精神活動和狀態進一步完善，讓已失去的人和自然界之間和諧、相應的整體聯繫功能再開發出來，使人獲得在自然界中更大的自由。若從狹隘的個人意義上說，這一點就是功夫修煉的最終目的。若從廣泛的意義上說，個人修煉的最終目的，還是為了將練功開發的人體潛能貢獻於社會，為人類進步服務。只有全體人類的身心素質躍進到更高一個的層次，個人的修煉層次和水平才能得到真正的提高。

要旨之二：涵養道德

這是意識的運用在日常生活中的泛化，也是屬於意識修養的具體內容，是生活中的“調心”。人的道德涵養水平影響到人的生命質度，這一點是現代科學尚未涉及的課題。

絕大部分人在成長過程中缺乏氣功修養的環境，也缺少“大公”、“大我”的道德涵養方面的教育，這直接影響到人的意識活動的全面性，使人的意識活動帶有偏狹性而與宇宙信息不完全相應，這一點嚴重影響到人體混元氣和自然界混元氣的混化和交流，從而極大地降低了人和自然之間和諧互動、平衡交通的屬性。人本有的生命機能由此被弱化。雖然傳統的中國人早就從氣功實踐中發現了這一點，但只用“調心”這個簡單的概念，遠遠不能將意識這個自然界中最高級的存在和自然的關係闡述清楚。

氣功學認為，談及意識和自然的關係，必然要談及意識修養和道德修養的關係。道德是意識活動之內容。人的意識活動和生命活動的關係，決定了道德和生命活動的關係。涵養道德針對的是當今的人的道德的偏執性，是克除人的道德的偏頗的最直接、有效的途徑。涵養道德包括了克除“私我”、“小我”，建立“大我”、“大公”的意識，用以帮助人恢復意識活動有利於生命活動的一面。這在古氣功中歸屬於“道”的內容，體現了人有自然性的一面。涵養道德還包括了學習技能和知識，包括常態的和超常的技能和知識。這些在古代被認作是“德”的內容，是體現人的社會性的內容。中華文化的“道德”，其實包括了內求和外求實踐二方面的內容，這和西方倫理觀有區別。按智能氣功學的道德觀，每個人不但都應有道德意識修養，還需有道德修養。但一個人只能在科學、藝術、氣功這三個方面有一個方面的專業修養，例如，科學家有科學修養，藝術家有藝術修養，氣功家有氣功修養。然而，作為氣功專業人士，除了要有高於常人的道德意識修養和道德修養，還需要有科學意識修養和藝術意識修養。這是因為中國功夫鍛煉涉及到人的生命活動。人是世上最複雜的存在，凡人類已有的科學學科，幾乎都是為了人這個存在能更自由地存在而建立並不斷發展的。通過意識和意識修養，才能縮小人的道德的偏執、偏狹性。舍此徑，別無它途。在這裏，“修養”和“意識修養”是二個概念。這一點讀者應區分明白。

道德的偏執性小了，意識的偏執也小了，人體混元氣就能更接近於自然界混元氣的體性（自然界沒有任何偏執），天然混元氣就容易通過意識的主動運用，和人體混元氣混化，為人的生命活動所用。道德意識屬於人的“深層意識”的內容。深層意識的內容不易被察覺。所以，通過道德的涵養和情操的陶冶對自身生命活動發生的影響，同樣亦不易察覺。一旦察知，就會自覺的按道德的要求做了。人的道德作為意識的一部分內容，最終由人的言、行等表現出來。

在評價人的道德時最一般的標準是“善”與“惡”。善惡觀由此就是人類道德範疇中最基本的概念：合符道德原則的是“善”，不合符道德原則的就是“惡”。由於道德評價的標準，因時代、民族、社會階層的不同而有所不同。因此，對善與惡的評判標準，也沒有一個定論。作為人體修煉者，僅按傳統氣功的善惡觀作標準即可。傳統氣功的善惡觀，是和人的生命活動緊密地連在一起的道德觀。傳統氣功界對善惡評判標準講得最多的是道、釋、儒三家。道、釋二家各有戒律以容善棄惡，儒家的仁、義、禮、智、信是評判善惡的基本依據。

氣功科學認為，有利於人的生命活動的善的層次有三：一、心（思想）善；二、行（行為）善；三、純真善，也即，不善之善；意為，不為善而善之。三善齊備，即為“大善”；從“大善”達“大德”，從而入“大我”之境界。此乃修行之根本。

要旨之三：調整呼吸

“調整呼吸”古稱“調息”；此處的“息”，有“呼吸”之意，但更重要的是指意識活動。按氣功實踐結合解剖生理知識，調息的過程就是意識和生理呼吸結合之過程，是以意識為主，呼吸為次，以意識支配、主導生理呼吸。人的呼吸主要靠橫膈膜的運動完成。氣功的調整呼吸，就是意識主動支配橫膈模的運動頻率、運動幅度。為此，古稱為“息”。即由“自心”而為的生理活動。調息屬於氣功學所稱“神形結合”練功的一種方法（橫膈膜屬“形”的範疇）。氣功學認為，人的生命力，包括了人的精神（意識）活動的能力。呼吸活動是形體活動的一種形式。意念和呼吸活動相結合，主要強化的是人的精神（意識）的能力。呼吸活動是人維持生命活動的必要存在。體育運動中的呼吸主要是為人體供氧，並沒有通過呼吸鍛煉精神能力的要求和作用。催眠操作中的呼吸調整，也只是純生理意義上的呼吸調整，並沒有強調意識和呼吸的結合。

人體內大多是不受意念支配的平滑肌。橫膈膜是體內最大的隨意肌（橫紋肌），又稱“膈肌”或“膈膜”，不但受人的意念支配，而且收縮時的力量很大。由於人的胸腔和腹腔是封閉的腔體，膈肌收縮對內臟產生的壓力，會增大胸、腹腔的內壓力。這個壓力對內臟的微血管循環，靜、動脈血流和血壓，神經體液、內臟組織液、淋巴液的分泌、滲流，都發生影響。例如，膈膜收縮下降，配合胸腔內膜組織、腹肌和肋間肌的運動，使胸腔擴張，使肺腔產生負壓，吸入空氣；橫膈膜放鬆，橫膈膜上昇，胸腔縮小，壓迫肺部呼出氣體。正常人一呼一吸時的橫膈膜收縮和放鬆，引起的橫膈膜下降、上昇產生的腹內壓力，對人體排便和排尿也有輔助作用。膈肌的前片附止點在胸骨的內緣，後片附止點在第 2 腰椎的內緣。

道家氣功的吐納，是氣功調息方法之一。其實質是主動運用意識強化橫膈膜肌的收縮力度和活動幅度和速度，以此提高健康程度。氣功鍛煉有素者的橫膈膜收縮的幅度，是一般人的幾倍。強力的橫膈膜收縮的力度鍛煉和形體鍛煉結合，對鬆開人體軀幹的諸關節，如，腰椎、腰骶、骶髂等，有事半功倍之效，還有鍛煉心臟功能的效應。體育運動要靠較劇烈的活動（跑步、跳躍等）鍛煉心臟，

通過消耗體能達到鍛煉效應。這裏說的“體能”，就是氣功所言的“內氣”。體能的消耗，就是人的生命之氣的消耗。氣功的調息，不但能增加內氣，又讓內臟各部功能得到鍛煉。調息還有安寧心神，帮助意念集中等作用。這是因為在做氣功的調息活動時，意念必須向體內集中，神不外施，一心不亂，精神專一。這個狀態積累一定的時間，就有專一心念、安寧心神的作用。(3)

要旨之四：身形要求和形體引動

“身形要求”是指氣功靜態鍛煉姿勢中的各部身形的要領；“形體引動”是對動態鍛煉體勢的要求。無論是靜態還是動態的形體狀態，都需要用意識去引導和調整。從這一點上說，調整體勢的過程，就是精神駕馭形體能力的過程。精神駕馭形體的能力越強，不但能使精神和形體的結合能力加強，而且“神”和“氣”的結合能力，在精神對形體的調整的鍛煉中也會得到提高。因為在精神（意識）調整形體的時候，“意到氣到”這個氣功生理規律就起作用了。意念專注在身體何處，“氣”就集聚到何處。所以說，精神調整形體的過程，就是神、氣、形三者統一的過程；精神和形體結合的程度越緻密，神、氣、形三者的統一性越強，人的生命力越旺盛。

第 2 節 氣功常用穴位簡介

一、頭部

百會/GV20：屬“督脈”；在雙耳尖沿頭側向上匯合之處；若頭頂髮旋是在頭部的正中線者，髮旋的中心是穴。

率穀/GB8：屬“膽經”；耳尖直上，入髮際 1.5 寸.

天沖/GB9：屬“膽經”；耳根後緣直上，入髮際 2 寸，率穀穴向後 0.5 寸。

印堂（Ex）：屬“經外奇穴”；在二眉中間取穴。

睛明/UB1：屬“膀胱經”；在眼內眥旁 0.1 寸處。

素髎/GV25：屬“任脈”；在鼻尖正中央。

玉枕/BL9：屬“膀胱經”；後發際正中直上 2.5 寸，旁開 1.3 寸。

二、軀幹部

天柱/BL10： 屬“膀胱經”；位於項後正中入髮際 0、5 寸，旁開 1、3 寸；項部大筋（斜方肌）外緣之後髮際凹陷中。

大椎/GV14：屬“督脈”；在頸後第 7 頸椎和第 1 胸椎之間；低頭時從髮際處往下摸到的第一個高的隆起就是，又稱“隆椎”。第 7 頸椎隨頸部的轉動而轉動，這是臨床上辨認椎骨序數的標誌。

身柱/GV12：屬“督脈”；在背部第 3 胸椎棘突和第 4 胸椎棘突ㄩ間。

脊中/GV6：屬“督脈”；在第 11 胸椎突下。

命門/GV4：屬“督脈”；背部脊椎中線的第 2、3 腰椎之間。

腰陽關/GV3：屬“督脈”；在背部第 4 腰椎下的凹陷處，平髂棘最高點。

天突/CV22：屬“任脈”；在胸骨上窩正中。任脈與陰維脈交會處。

膻中/CV17：屬“任脈”；“氣會”穴。在二乳頭連線的中點，也就是第 4 胸肋的前正中線上。

上脘/CV13：屬“任脈”，與足陽明、手太陽經交會。

中脘/CV13：屬“任脈”；臍上 4 寸。胃之募穴；“腑會”之穴。

神闕/CV8：屬“任脈”；在肚臍中央。

會陰/CV1：屬“任脈”；在男性的陰囊根部與肛門的中間；在女性的“大陰唇後聯合”與肛門的中間。練功時自我取穴：輕提肛門，感到肛門略前的肌肉收縮的部位即是。

氣戶/ST13：屬“胃經”；乳頭直上，鎖骨中點下緣。

大包/SP21：屬“脾經”；為十五絡脈中的“脾之大絡”；從腋窩頂端向下作一垂直線，在第六與第七肋之間取穴。

章門/LR13：屬“肝經”，脾之募穴；腹部第十一肋端取穴。練功時自我取穴：雙手虎口叉腰，姆指尖向後，食、中、無名、小指指尖向前；食指和中指尖的指腹所壓之處就是。姆指指腹壓迫之處是京門（見“京門”）。

京門/GB25：屬“膽經”，腎之募穴；在背後第十二肋端。練功時自我取穴（見“章門”）。

帶脈/GB26：屬“膽經”；第十一肋下平臍處（章門之下）；此穴也是奇經八脈之一的“帶脈”之經所生之穴，是足少陽膽經與帶脈之經的交會穴。

三、上肢部

肩髃/L15：屬“大腸經”；在三角肌上部中央取穴；肩平舉，或做平肩抱球勢時，肩部會出現的二個凹陷，前方的凹陷就是（後一個是肩髎穴/TE14）。

曲池/LI11：屬“大腸經”；屈肘，肘橫紋的盡頭處。

肘髎/LI12：屬“大腸經”；屈肘，曲池外上方 1 寸處。

天井/TE1O：屬“三焦經”；屈肘，尺骨鷹嘴上 1 寸許的凹陷中。

少海/HT3： 屬“心經”；屈肘，當肘橫紋內端與肱骨內上髁連線之中點。

神門/HT7： 屬“心經”；在腕橫紋尺側（小指外側）端的略有凹陷處。

大陵/PC7：屬“心包經”；在腕橫紋的中央取穴。

勞宮/PC8：屬“心包經”；手掌中央。道家稱“人關”。

中魁（Ex）：屬“經外奇穴”；中醫“中魁穴”是在中指背側近端指間關節的中點處；練氣功時，用同一手的姆指指腹或指甲，點壓掌心一面的中指中節處，有平和中氣的作用。

四、下肢部

五樞/GB27：屬“膽經”；足少陽膽經和帶脈的交會穴，在側腹部，當髂前上棘的前方，橫平臍下３寸處；側臥取穴，在髂前上棘內側凹陷處，約與臍下三寸相平處。

維道/GB28：屬“膽經”；足少陽膽經和帶脈的交會穴，位於“髂前上棘”前下方凹陷處，當五樞穴的前下 0.5 寸；有調理沖、任二脈之功用。

居髎/GB29：屬“膽經”：陽蹺、陽維、足少陽經之交會穴；在髖部取穴；當髂前上棘與股骨大轉子最凸點連線的中點處。

湧泉/KI1：屬“腎經”；足趾蹠屈曲時，約前 1/3 正中凹陷處（道家稱“地關”，頭頂為“天關”）。

第 3 節 靜態練功的身形各部要求

正確的練功姿勢可以最大限度地利用和運用人體混元氣；非正確的姿勢或動作會阻滯內氣的流通。本節介紹靜態體勢中的各部身形要求，這是中國功夫修煉中“調身”的通則。

一、頭頂虛懸

做法：頭頂輕輕向上領，把喉頭與下頦同時內含收住，放鬆地保持這一姿態，使頭項自然後突伸直，頭頂呈虛懸狀。

要領：頭中正，無偏歪，頭頂的發旋處（百會穴）好似有一細線輕輕往上提著，就是"虛領頂勁"。百會上領時，下頦一定要內收。

作用：頭中正，周身中正；形體的周正，助周身氣機的行徑順正。頭頂虛懸，則引虛靈意識向上，有引動清陽之氣上昇、營腦養神、促進意識能力的效用。意識能力的提高，乃是練功的根本，因為人是由"神"主宰生命活動的。而全身機能的協調統一，就更離不開"神"的調製。練靜功時若出現前俯、後仰或左右傾斜時，當以調整頭頂為先。

二、下頦內收

做法：在頭頂向上輕領的同時，將下頦稍稍用力向內微收，然後放鬆地保持著下頦微收的勢態。

要領：下頦內收和百會上領幾乎是同時進行，也可先做百會上領，再做下頦內收。

作用：人體整個脊柱有幾個生理彎曲度，其中一個在頸椎第 3-4 節處，是較大的彎曲之處。脊柱是人體唯一的中空連續關節體，空腔中有除了大腦以外的人體最重要的中央神經組織，如延髓、腦脊液椎管、分管感官和內臟功能的植物神經，還有馬尾神經等。無論哪個功夫門派，都重視脊柱的抻拔和正直。古武林中人所言的“喉頭不能丟”（收喉頭）也有此意在內。脊柱得到了抻拔，下肢肌群產生的力，才容易調度到腰。這是武術整體發勁的訣竅之一。“下頦內收”的同時，配合“百會上領”，能抻拔頸椎，減小頸椎生理彎度，使脊管內的內氣更為暢行。

三、目似垂簾

做法：雙目平視前方。位於雙眼內眥的“睛明穴”加意念放鬆，雙眼瞼勻速閉合；閉合時目光帶著外界混元氣向倆眉中間的“印堂穴”內收，直至僅見“一線之光”；在雙目垂廉中，倆眼向前平視。

要領：不要用概念思維來分析目平視前方時看到的物體、景像等，即，停止邏輯聯想，要持“有念”但“無連念”的意識狀態。不管做不做得到這一點，都要去盡量做，目的是要借此沉伏邏輯思維。要做好這一點的最簡法是：將看到的物體都視作“氣”。雙眼瞼閉合時，要多注意下眼瞼向上合，才能更好的收氣。收氣時注意，要用意念結合眼光收氣入腦中。這是傳統氣功中的“聚神光法”。

作用：神光寄於上，古謂“面南觀北斗”，神守上田，是收視返聽之良法；神光寄於下，古謂“神光下照元海”（元氣之海），是守下田（丹田）之要法，也為益氣添精之妙術。神光之守，乃光（眼光）隨神動，神與氣相依，所動之氣連及混元氣，是意守丹田的安全妙法。大多數氣功門派，都把“閉目垂簾”看成是寧神內守的重要手段。

四、舌抵上齶

做法：上、下唇輕輕閉合，上、下門齒對齊，再輕輕碰合；然後舌尖抵於口腔中的六個不同部位。舌抵不同的位置，對練功有不同效應。但實踐中的主要舌位是：舌尖抵上齶，舌尖抵軟硬齶交界處，舌尖抵上、下門齒縫和舌尖抵下齶。

要領：舌、唇、齒三者配合適度，才能做好"落腮"，這是臉頰放鬆的關鍵；"展眉"（雙眉抒展）和"落腮"一起出現，就引出"面帶微笑"的臉部表情。這是一個和健康的心、生理狀態非常有關的表情。要注意養成習慣，成為生活中的表情。舌尖切勿死用力抵。舌抵上齶後，會有津液（口水）分泌，可順勢咽下。

作用：奇經八脈之一的任脈，任領全身陰經；任脈起於"會陰穴"，沿腹中線內上行，止於唇下之"承漿穴"。督脈督領全身之陽經；督脈起於"長強穴"，沿脊中心線上行，至巔頂轉向前，經眉中、鼻端，止於上唇裏的"齦交穴"。舌抵上齶，古稱"搭鵲橋"，是接通任督二脈，交通任督二脈之氣的良法。此二脈交通，是其它經脈暢通的前提。面帶微笑，是引動體內氣機導致全身放鬆，促進微血循環的一個訣竅。上下門齒輕輕碰合，兩側臼齒就能保持空咬狀，通過上下排齒間的氣場，有固齒強齒的作用。

舌尖位置：1、抵上齶，為接督、任之氣；2、抵軟硬齶交界處，若有唾液流下，古稱"金津玉液"，意念配合咽入小腹（丹田）。3、抵上下門齒缝，舌中部要緊貼上齶，也會有唾液流出，處理同上。4、舌尖抵下齶是開"混元竅"時用。5、舌抵上門齒與上齒齦或抵下門齒和下齒的交界處。此二法練功意義不大。

五、頸項正直

做法：在做“頭頂虛懸”時，用意念將第 7 頸椎（頸後很容易摸到的第一個大的棘突），沿著頸椎向頭頂方向稍稍用力拔一下，用意念“拔”到百會穴；此時會感覺第 7 頸椎處微微發緊。這個動作做好，就做到了“頸項正直”。頸項正直有助於頭頂的虛淩。這一動作看似簡單，若要做好，要多多實踐、體會。

要領：通過“耳尖找百會”幫助頸項豎直，這是一個竅門；“喉頭找玉枕”（玉枕穴在頭後枕骨處）也是一法；注意，這裏所說的“找”，是意念“找”。此二法學一足矣。主要是要熟練運用之。練功時的頸項不可偏歪，頸項上拔不能用僵勁，以“緊而不僵”為要。

作用：人的頸項部是頭和軀幹部承上啟下的要部。頸項正直，是促使第 3、4 節頸椎部位的生理前傾消失的輔助方法。

六、含胸拔背

做法：吸氣，然後呼氣；呼氣時胸骨柄稍稍內含，就是“含胸”；胸骨柄在頸前正中凹陷的“天突穴”下方之骨與兩乳頭連線的三角區。“含胸”要和“開胸”相結合。開胸的具體做法是：雙肩的肩頭向外張開，此時的兩肋有向外微微拉開的感覺，肩鎖關節處的“肩髃穴”稍稍有一點沉緊感。“含胸”結合“開胸”做到位，“拔背”就自然形成。拔背和頸項豎直，都是為了抻拉胸椎和頸椎。做拔背時，要防止聳肩，方法是兩肩胛骨自然放鬆（落膀）。

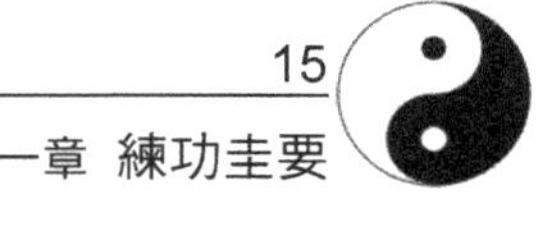

要領：頭、胸、背、腰是身形調整的四大要部。背部是頭、頸與腰、胯承上啟下之處。脊背抻拔是否到位（恰到好處），需要從整個軀幹的形體調整中去體會。含胸的目的是要擴展胸腔。所以，含胸不能做成“窩胸”，不能有雙肩前扣之勢。體育鍛煉主張以挺胸的體勢來擴展胸腔，這和氣功的要求是相悖的。挺胸時的胸腔前部看似增大了，其實這個“大”，是以背後空間縮小形成的假像；另外，這一動作容易造成背部特別緊張。這二點都有悖於氣功鍛煉“鬆而不懈，緊而不僵”這一普遍原則。“含胸”與“拔背”有互動關係：含胸做到位，拔背稍加意念也可做到；拔背做到位，含胸自然出來。

作用：胸腔內有心、肺二臟。心主神明，又主周身血脈；肺朝百脈，又主一身之氣。含胸與開胸結合，增大了肺腔空間，促使心肺相安，血氣相和；拔背和落膀結合，進一步促使胸背放鬆，有利於任督二脈之通循。主動運用意識調整“大椎穴”（在第 7 頸椎和第 1 胸椎之間）做好拔背，同時有助於大椎的抻拔。胸部又是六大陰經的交會之所。胸鬆、背拔，有利於六臟（肝、心、脾、肺、腎加“心包”）與六陰經的經絡之氣的良好交通，保障臟腑機能的正常。

七、鬆肩空腋

做法：雙肩放鬆並自然下垂，雙肩髃穴用意念放鬆，再輕輕向上微提一提，此時腋窩就會虛撐，腋下空虛。

要領：“鬆肩”與“空腋”是互動的統一，是由雙肩的鬆、沉、提、開動作完成以後的統一。雙肩的“沉”中必須要有“提”之意，如此才能保持上肢的輕靈。

作用：鬆肩既可防氣上浮，又不失上臂之輕靈，還有促進上肢的氣機流通的作用；空腋有鼓騰兩肋之氣的作用。鬆肩空腋還有鞏固含胸拔背之勢的作用。

八、肘墜而懸

做法：雙肘放鬆，用肘後大骨正中的“天井穴”和肘後的麻筋近處的“少海穴”帶動肘尖下垂；在下垂的同時要“懸肘”；懸肘的竅門，是“曲池穴”以及曲池上面一寸的“肘髎穴”用意念輕輕帶著上提。

要領：本體勢的完成主要靠意念。所以，做到位後，要悉心體察“肘墜而懸”的狀態。

作用：垂肘、懸肘，可促使整個手臂的氣血暢通，可衝開“肘中竅”。只有在肘“垂而懸”的體態中，才能找到雙臂既不重滯又不輕浮的體會。肘部的動作是否做得好，直接關聯到含胸拔背、鬆肩沉肩的完美與否。武術站樁講究“一身備五弓”，雙臂即為五弓中的倆張“弓”。而要真正對雙臂之“弓”有所體會，做好肘部的“墜而懸”是關鍵。所謂“弓背在肘”。肘一動，上牽肩、頸，下動腕、指。做好肘部要求，甚有助於體會到上體的整體感。

九、坐腕舒指

做法：稍用意念使腕橫紋小指端的“神門穴”張開，讓腕部呈自然下坐勢，這就是“坐腕”。“舒指”是五指自然舒開成抱球狀，可以用單手抓籃球的手形體會抱球狀。

要領：做掌心內含（含掌）時，不但指、掌要成圓弧，而且指與指之間的間隙都要用意念撐"圓"，同時注意大指和小指用意念在掌外會合（實質是氣的匯合）。掌心內含時，亦可意想手掌上握有一混元氣球，此球由掌心含住而不掉落。如此，掌心內含容易合度。若做十指相對，指尖不可用死勁互頂，以"似碰非碰"為佳。

作用：人的小指平時活動偏少，抻開"神門"，做好"坐腕"，使腕部直到小指的氣血得流通，也使小臂與手之間的氣血流通沒有阻礙。神門是人體六大陰經中的"心經"的重要穴位。小指氣血暢，有助於引動心經之氣。肩鬆腋空、肘垂而懸，再配合坐腕、含掌、舒指，就保證了手三陰、手三陽這六條經脈的氣機暢通，站樁時整個上肢有浮於水面的感覺，氣感可直達十指尖。"宇宙存乎手"，是說通過手，可以把握宇宙萬事萬物的變化。在人類的進化過程中，手與腦的發展是互相促進的；在人的軀幹中，手與腦的聯繫是最密切的。如何進一步發揮手的機能，通過手的鍛煉來練腦，這是氣功學的一個重要課題。

注：第八、第九部分的內容，是依照"三體式站樁"和"三心併站樁"時的雙上肢姿勢要求而言。

十、命門後凸（腰椎抻直）

說明："命門後凸"，是傳統氣功之說；"腰椎抻直"，是現代氣功的話語。人的命門穴的前部、丹田腔的後部，是人的"混元神室"這一先天氣場所在之處。大部分人因自幼沒得到適當的鍛煉，使腰椎有一個向前塌的彎度。依氣功養生的要求，這是一個低健康水準的生理態。練氣功要讓腰椎的這一狀態，重新恢復到幼兒學步以前的"先天"狀態。這就要在氣功鍛煉中，時時注意腰諸關節的放鬆。這也是太極拳界刻求的觀念之一。腰椎關節若能向後放鬆、抻凸，命門穴就能放鬆，張開。

做法：“命門後凸”要以肚臍為中心吸氣，配合“小腹內收”（詳見本節“十二”），促使丹田氣向後（命門方向）運動，這是做好腰椎抻直的權宜之計。小腹內收，一定要有“尾閭下垂”和“會陰上提”的配合（詳見本節“十三”）。

機理：腰為腎之外腑；百病腎為源根。腎為先天之氣蟄藏之臟。腎之真氣不足，是產生一切疾病的根因。按這個道家養生學說，腰部狀況就成了檢驗人的先天腎氣狀況和人的整體健康水平的一面鏡子。通常說來，腎虛者必有腰酸、腰緊或腰部脹、痛、不適感。這是腎的真氣不足，腰部軟組織得不到真氣濡養的表現。強化腰部軟組織功能，對強化腎之功能有輔助作用。中醫認為“腎藏精”，此“精”就是人得之於父母的生命精華。中醫認為腎中有元陰和元陽，化生元氣入氣海，滋養全身。腰椎是脊椎整體的重要部分，也是督脈行流的關口之一。腰部鬆開，就有助於督、任二脈的氣血暢行，五臟六腑由此得到濡養。鬆腰更有助於氣充“後丹田”，強化“混元神室”之先天氣場而從根本上提昇生命功能。

十一、鬆髖泛臀

做法：這二個動作總稱“鬆胯”。其中的“鬆髖”，是“放鬆髖關節”之意，又稱“鬆前胯”。鍛煉“鬆前胯”時的雙腳尖要向外成“外一字”步型，雙腳的腳後跟的距離與肩等寬或稍大一點，雙膝挺直；然後做二個動作：一是軀幹沿雙腳尖（左右方向）來回運動，運動幅度要拉扯到髖關節；二是屈腿成“一字馬步”，在這一體勢中轉動髖關節。

泛臀”是要放鬆骶髂關節，又稱“開後胯”；做時，二腳尖儘量向內做成“內一字”；做不到者，也起碼做到較充分的“內八字”才能得到此法的鍛煉效果。腳跟間距同“外一字步”。

要領：做“鬆前胯”時，髖關節活動幅度儘量大。“鬆後胯”的第一階段，要泛臀、塌腰、雙膝內扣、二腳平鋪於地；這四個動作勢要竭盡全力、配合一致，繃上勁做好，絲毫不放鬆，在此體勢中耗時間（耗功）。第二階段，將泛臀、塌腰改為尾閭下垂、會陰上提、小腹內收，雙髂前上棘（見本節“十二”）用意念和“陽關穴”連起來，再收住；也是繃上勁，耗功。

作用：骶髂關節是假關節，不活動。唯在婦女懷孕晚期，此關節方能鬆張。丹田氣欠足的人，第一階段以泛臀、塌腰之勢引丹田氣向後走，充養命門之氣；第二階段，用垂尾閭、提會陰、小腹內收等，逼丹田氣向後、向下衝開骶髂關節。骶髂關節若能鬆開，丹田域界擴大，體內混元氣的蓄積空間增大，體質就會有改善，練功時的周身身形（整體身形）也容易合度。“開後胯”的鍛煉還有加大第5腰椎和骶椎的活動幅度，沖開腰骶關節的作用。腰骶關鬆開了，腰椎關節鬆開的狀態就能被鞏固。龐明教授總結的“站樁鬆尾閭四步功”、形神樁第六節“轉腰涮胯”以及“三心併站樁”，從形體鍛煉上說，都有鬆腰兼鬆胯諸關節的作用；形神樁第七節“平足開胯”是專練鬆前、後胯的。

腰胯之氣，本為一體。由於成年人腰骶、腰椎失卻了先天的完美、富有自然體性的狀態，以致腰胯之氣不能連為整體。這直接影響到腰、髖、骶部軟組織，這些屬於人體之“形”的組織體的功能。人的下肢肌群收縮產生的力，要經腰部上傳至脊背。若腰骶關節的活動幅度小，即使腰椎關節鬆動，活動幅度也會受限制，影響到“力”的傳遞。武術界認為，腰胯之氣不成一體的發力，是“散勁”

而非“整勁”。傳統氣功認為“力由氣化”。按這個概念，尚武發力“勁力不整”的本因，就是內氣的傳送輸導，達不到整體發力的要求。“整勁”之“整”，在此有神、氣、形統一為一個整體的意思。腰骶關節鬆開，腰胯之氣自然聯成一體。

十二、小腹內收

做法：雙髂前上棘（胯骨前面的小突起），向背部“陽關穴”用意念合住，將丹田氣向後推壓，促使命門向後鬆凸。初練時腰部有酸、脹感。

要領：收腹要做到“實其腹”，但不是腹肌緊張。雖然小腹內收是腹肌運動，但在練功時，不要把感覺停留在腹肌上，要注意從身體裏邊往內收，才能既“實其腹”又使腹肌不過於緊張。

作用：收腹使丹田氣內斂，增強小腹內壓，促進丹田氣向後，充實命門，這是練鬆腰的訣竅之一。命門前部有屬於人的先天氣場的“混元神室”，“命門”顧名思義，即“生命之門”。命門氣旺，人的生命力旺；反之則反之。

十三、尾閭下垂和會陰上提

做法：尾閭就是尾骨端、俗稱“尾骨尖”。做尾閭下垂時，先意想尾骨端好似有重物吊著下墜，同時肛門前的括約肌稍加收縮，使“會陰穴”輕輕上提，稱為“提會陰”。初站樁時，意想尾骨尖上似乎連著一根棍子，棍子柱於地。久久習之，自然會做好尾閭下垂。

要領：垂尾閭和提會陰，是一個動作的二個方面，無法分開做。垂尾閭要做到位，一定要有會陰上提的配合；主動地提會陰，尾骨端也會向前上方扣。因此，所謂的“垂尾閭”，其實是通過會陰的收縮，把尾閭向前上方扣拉。這個動作有抻拉脊椎的作用。會陰上提，用意念提到頭頂的百會或天門處的內面。“會陰”是中醫名詞，道家稱“海底”、“地戶”、“生死竅”。

作用：尾閭部是督脈的起始部，垂尾閭可運動督脈之氣，促進督脈之氣向上昇。人的尾骨已經退化，活動幅度非常小，通過垂尾閭的動作，可增大尾骨前後運動的幅度，對人的生命運動有不可忽略的意義。鬆動了尾閭，才可鬆動骶骨與尾骨相連處的“腰俞穴”。腰俞部位的關節鬆動，對鬆開腰椎和腰骶關節都有直接幫助。

十四、襠圓胯活

做法：“襠圓”就是“襠部圓撐”包括三個動作：

1.吊襠：完成此動作，在一開始分 3 步：（1）肛門微微上提，如忍大便狀；（2）尿道肌肉收縮，如忍小便狀；（3）會陰部肌肉微微收縮，連及兩大腿根內側收縮。做熟練後，一次完成。

2.調襠：調整襠部使之圓撐。具體做時，以會陰穴為中心收縮，再配合鬆胯、泛臀、垂尾閭，形成圓活而開闊的襠勢，有助於襠部氣血的流通。

3.扣膝：站樁時雙膝微內扣，這是做好圓襠的另一個條件（詳見本節“十五”）。

要領：襠部調整，是全身身形調整的一部分，但若不和其它部位的調整相配合，襠部調整較難做好。因為襠部調整的幅度很小，這需要在實踐中不斷摸索和體會。男性做吊襠、調襠、圓襠時，注意陰囊不要接觸到大腿內側皮膚；如果有這一現象出現，表明襠還沒有圓撐到位。

作用：任、督、沖三脈起於會陰部。通過調襠，把襠部撐圓，使會陰部不受壓迫，從而保證了任督二氣的流通。調襠從內而外地促進胯部的靈活。吊襠有防止前後二陰漏氣的作用。做好“提會陰”的動作，是做好襠調、圓襠的關鍵。提會陰，是微微收縮此處的括約肌，使此處的括約肌保持一定的緊張度，才能使會陰穴得到真正的放鬆。提會陰這個動作，不僅是要在正式練功時做好，更應當在平時養成提會陰的習慣。

十五、鬆膝提髕

做法：這是雙腳微成內八字的站樁勢，如“三心併站樁”時要注意的。做時，先讓雙膝微前屈、內扣，然後放鬆下沉，這是“鬆膝”；髕骨（膝蓋骨）用意念輕輕上提，這是“提髕”。

要領：無論是練武、習氣，站樁時的膝部前屈，不能超過腳尖。在做雙膝內扣的動作時，一定不要為內扣而內扣，只要帶著意念輕微的、有那麼一點內扣意思即可。若雙膝內扣過度，不但造成下肢不必要的緊張，還會造成站樁時的下盤不穩，又影響放鬆。站樁時，若雙腳是成內八字的，雙膝就沒有必要再有意向內扣。內八字勢形成的雙膝內扣之勢，起到鬆腰和鬆後胯的輔助作用。站樁時若注意輕輕的提住雙髕，配合百會穴的輕上提，有助於樁態的輕靈。

作用：站樁時的雙膝內扣，雙髕輕提、雙膝鬆沉的目的，一是為了穩固下盤，二是為了更好地做到圓襠，三是利於雙膝的氣血流通。人的膝部承受了人體絕大部分重量，膝關節處的經絡少、血管少、肌肉少而薄，主要靠韌帶維繫著膝部關節體，所以尤其要注意放鬆，讓內氣通過去。若光求雙膝沉扣，有失雙膝輕靈之嫌。輕輕上提髕骨，使下肢既沉著又不失輕靈，利於膝部放鬆。扣膝還可促進雙股骨頭的外翻，這二者的結合活動，可體會下肢整體上的穩固狀態。若配合“腳平鋪”，更有利於下盤的穩固。

十六、腳底平鋪

做法：先調整全身的重心不偏不倚地坐落在雙腳；然後大趾輕輕收縮，再輕輕抻展，讓全身重量均勻分佈於全腳掌，最後將身體重心稍稍移至前腳掌。

要領：腳趾要儘量放鬆並舒展抻開；大趾陰面的趾紋處，儘可能做到觸地，這是做好“雙腳平鋪於地”的訣竅。重心移至前腳掌時，要想一想湧泉穴；此穴古稱“地關”。“地關”鬆開（五元樁有這個鍛煉），是為了更好的接收“地氣”。要做好雙足平鋪，並非一日可臻，必須是在鬆膝、繃膝、提膝，腰、胯都能放鬆後，再配合尾閭下垂、會陰上提，才可做到位。平時要養成雙腳平鋪的習慣。

作用：雙足平鋪，能使全身重心均勻分佈於雙腳，是周身既中正又放鬆的訣竅和標誌。這是一個“力合五趾與湧泉”的體態。在此體態中，一身之氣，下經雙足與地氣相接，如此，周身之氣才可上下貫通。若要做“呼吸於踵”，與此有關。

細審各部身形的調整過程，可以體會到一點：在沒有鬆開腰椎以前的調整身形，目的是為了鬆腰；當腰鬆開以後，就要以腰部帶領全身各部，以達身形要求。人體各局部與整體，有著不可分割的聯繫。所以，在用意調整某部形體時，往往會“牽一髮而動全身”。因此，在調整各部身形時，必須以身形整體上的合度為主旨，這是其一；其二，身形調整的過程，是骨骼肌頡頏平衡的過程，這是由人的骨骼肌的生理特性所決定的。人的骨骼肌的頡頏平衡，是一對矛盾的二方面相互作用的過程。調整身形就是平衡這一頡頏矛盾，使全身肌群達到一個最有利於氣血流通的“臨界態”。如何把握身形調整的“度”既無過，亦無不及，這需要悉心體察和反復實踐。對身形動作、要求或姿勢的逐個體會和品查，要在非正式練功時單獨進行。若在正式練功中做這一些，就違背了練功要專心一致這個原則，甚會影響到練功的整體效應。身形調正如果真是下了決心堅持去做，不但能認識並改正多少年來形成的不利於生命活動的形體習慣，還可以體會到什麼是形體之“中”。而體會“中”的狀態和境界，是直達先天上乘之法的門徑之一。

為使靜態站樁中的十六大部的“身形要求”易記、易學，筆者自作“站樁身形十六歌”（見第 25 頁）。

站樁身形十六歌

站樁身形十六歌

頭頂虛懸大椎抻，收鎖喉頭頸項正；
放鬆睛明目垂簾，展眉落腮舌抵齶；
似笑非笑唇輕閉，門齒相立臼齒對；
鬆肩空腋氣滿脅，拔背含胸脊為弓；
雙臂力抱肩胛抻，胸背勁聯臂似弓；
曲池少海上下爭，舒展指腕坐神門；
輕提會陰收尾閭，氣固丹田命門鬆；
不忘髂棘合陽關，牢記襠圓腿根鬆；
雙膝內扣腰後坐，膝部爭力腿似弓；
平鋪腳心站如松，訣竅就在大趾舒。
身形要求十六部，步步皆在樁中驗；
刻刻留意勤相習，攝生煉氣均有益。

第二章 樁功引介

“要把骨髓洗，先從站樁起”；“練功不站樁，功夫瓦上霜”；“練拳不練氣，拳術難成藝”。這是功夫界總結的諺語，無論養生還是練武，站樁（樁功）是從入門之際直到一生都要持續練習的內向性運用意識的實踐活動。在中國武術史上，大成拳（又名：意拳，義拳）的始創人王薌齋（1890-1963 年），對樁術之研究的貢獻最大。本章簡要介紹貫氣站樁、大成渾圓樁、武當太乙五行樁、三心併站樁、站樁鬆尾閭五個樁式。這五個樁式來自三個不同體系，不屬於系列性功法。在此引介給讀者，是因為它們的鍛煉效應比較獨特，風格上也代表了各派樁功的基本特色。

第 1 節 貫氣站樁法

這個功法是 1980 年時任上海中醫研究所所長的馬春先生，將自幼學習過的山東老家的村傳功法——馬家功法中的貫氣十二種方法當中，最簡單、效果最好的一種拿出來，和浙江杭州的竇以鑾[(4)]先生等人，結合到王薌齋晚年時練習用的養生樁法中。二種功法結合後的鍛煉效應，比原來單一的方法更為顯彰。此處介紹的功法，又加進“拉氣”。有了拉氣的貫氣法，氣感更強，能促使練功者的意念較快地向自身體內集中，這就對進入最基本的氣功態，有了一個人人都能一學就會的簡要方法。下面是功法介紹。

一、拉氣

1、二腳與肩同寬站立，雙腳平行或略有一點點內八字，雙膝放鬆，和傳統的太極拳的預備勢的體勢差不多。其它各部身形要求，詳見第一章第3節）。[5]

2、二手心相對，開合拉氣3—5分鐘（詳見第六章第4節）。

二、貫氣

1、雙手心向上，用意念從體前或體兩側捧氣到頭頂的上方，再轉手心向下，向頭部和軀幹貫氣。從頭向身體貫氣下落的雙手、臂，可以經體前也可以經體二側下落。氣在體內下行，雙手在體外下行，二者用意念配合。

2、當手下落至大腿處不能再往下時，用意念繼續想著體內之"氣"，沿二大腿、小腿、腳踝、腳心往下，最後通過"湧泉穴"貫入地下，意念貫氣"入地三尺"。如此6—9次。

提醒：當做第二次貫氣，若覺手的氣感明顯，就用不著再拉氣了。若覺氣感不明顯（初學者），或想氣感再強一點，可以和第一次貫氣前一樣，拉幾次氣，然後做貫氣。拉氣的目的，至少有四：第一，借助氣感使"意有所駐"，促使精神集中到手上而"神不外施"；第二、能夠體驗到"氣"的真實存在，提高練氣功的信心；第三、敏銳雙手對"氣"的感覺能力；第四、為發放氣功外氣打下基礎。其實，"拉氣"本身就是一個獨立的小功法，可以隨時隨地做；比如說，站、坐、臥，或與人談話，或觀、聽影、音時，都可以做。如專門抽出時間，集中精神做拉氣，就是在實踐"拉氣法"了。

三、站樁

姿勢：雙膝彎屈，身體下坐；雙手臂在胸前成“抱球”狀（圖 1），也可在腹前做成“托抱球狀”（圖 2）。

要領：胸前“抱球”時，雙手心向內（向胸的方向），大、小臂角度不能小於 90 度，大小臂盡量形成弧形，雙臂“抱球”時要盡量體會“臂弧圓”這一感受。這個感覺相當重要，是體會雙上肢整體感的要點。抱球式的雙肘不能高於腕和肩。雙肩注意鬆中有沉，絕對不能上聳。肩部要向二側微張開，開中略帶鬆沉，也是為了氣不上浮，又讓手臂的氣血流通。抱球式的雙手中指相對的間距約 10 釐米；雙手和雙臂如同托抱著一個大氣球；抱緊了，氣球會被擠破；抱鬆了，氣球會掉落。

在做腹前“托抱”球時，雙手的內側（小指側）不能觸碰小腹；雙中指一般不接觸，相碰或接触，會影響站樁時的意念專一；中指間的距離也不能太大，太大又容易造成手臂緊張，影響入靜。在這一體勢中，意念雙手和小臂托著一個“氣”球在腹前；這個氣球和肚臍裏的丹田氣用意連著，“氣”球以皮膚為界，裏面半個，外面半個。若能體會到這一意境，說明你意識集中的能力有了一個長進。初學者用自然呼吸；有基礎者，根據愛好或師承做呼吸。

關於站樁時間：若是通過站樁練氣、長力，不計算拉、貫氣的時間，就站樁而言，一次最少半小時。從理論上說，鍛煉的時間越長越好；但從實際情況而論，尤其是對於生活在都市的人而論，只能要求“多多益善”了。[6] 若是以練力為主要目的，雙膝彎曲度可略大，雙腳間的距離加寬到一肩半寬，這就成了流行的太極樁式了。胸前抱球式得氣較快，而且是體會“一身備五弓”整體勁意境的基本姿勢。對習武者來說，這一樁勢是必練的。腹前抱球式樁容易安息心神。年老、體弱或初學者，或想養生保健者，採用腹前抱球式站樁較合適，而且鍛煉時間上也不作規定，順應愛好使其然。

第 2 節 大成渾圓樁

也稱“意拳渾圓樁”，是意拳（大成拳、義拳）中最基本的樁式之一，源於形意拳的三體式樁。這是筆者 1980 授之於竇以鑾先生門下的另一樁法，下面是功法介紹。

1、雙腳平行站立，雙腳間距一肩半寬，雙手自然下垂。

2、左腳以腳掌為軸，向左轉 45 度（和右腳成 45 度角）。身體此刻也左轉了 45 度。雙腿屈膝，上身垂直下坐。身體下坐時，右膝蓋和右腳尖在一條垂直線上；左膝蓋和左腳尖向著同一方向。

3、左手與胸等高，在左膝、腿的垂直上方，右手也與胸等高，在右膝、腿的垂直上方。雙上肢成偏形的抱球狀，但感覺上要有抱球感。十指撐圓（圖 3）。

要領：雙手臂和胸部要有“圓撐”的感覺。雙肩要鬆沉、外張。雙肘略低於手和肩，肘既有外撐之意，又“懸中有沉”；百會上領，下頦內收，臉部表情放鬆。注意要把襠部撐圓。左膝蓋在站樁時，用輕微的意念向前“頂”。

說明：此為武功樁，站時睜眼，看著左手前方三尺的一個假想敵。若作為養生樁練，需雙目垂廉。

第 3 節 “武當太乙五行擒撲”基本樁式

本樁式來自“武當太乙五行擒撲二十三式”（簡稱“二十三式”）套路鍛煉的第一基本樁式。筆者自 1974 年受之於浙江金子弢先生此二十三式全套功法的七年之傳。總結起來，樁式有定式和動式二種。因為這是宗教（道教）風格的武術樁，和社會上流行的樁式相比，形式上有差異，有特色，同時也有一定的難度。要練到合度，需要有時日積累。

一、定勢樁式

1、神定氣閑；雙腳微呈內八字站立，腳距一肩或一肩半寬；雙手自然下垂；雙目平視前方。

2、轉手背向前（如太極拳起勢），雙手與雙腳距離同寬，手腕向內屈（手心向內），以手背側的“頂腕勁”帶動整個手臂上抬至肩平。

3、屈掌轉為立掌，意念守住“大陵穴”和“勞宮穴”連線中點的“天心穴”。以肩推掌，一路繃緊不鬆。雙掌向正前方用暗力撐，手心用力挺開，使勞宮和天心二穴盡量張開。二眉中間的印堂穴和二手的天心穴，用意連成一個等邊三角形，雙目圓瞪；百會引頭上頂，喉頭緊收，二側的胸鎖乳突肌繃緊，頸、肩部的肌肉都要收緊，越緊越好。

4、強力地垂尾閭，提會陰，收小腹；做到後，不鬆勁。已鬆開了腰關節的人，此刻要盡量降低橫膈膜，使整個腹部呈前後擴展。

5、膕窩用力後挺，綳直、綳緊，全身重心分布於全掌腳，五趾扣地。

以上體勢要耗住一定的時間，再做下面動作：

6、雙肩胛骨盡量內收，使雙肩向後縮，拉動二手臂後縮，後縮的幅度盡量大，外表看似手臂變短。開始做的時候的動作幅度較小，這是肩胛關節鬆動的幅度還不够大。要多做這個肩胛開合動作，反復練習，才能鬆開肩胛關節。

7、保持雙肩後縮的姿勢，耗住。然後雙膝放鬆，身體垂直下坐。當坐到必須用上身前傾來保持平衡時，就此停住。然後強力吸氣下降橫膈膜，使整個小腹呈前後擴展，強行鬆腰。此時，若腰部能鬆開一點，就能繼續下坐一點，連做幾次，下坐到大腿和小腿成直角，保持住。此刻的膝蓋不能超過腳尖；若是雙腳間距一肩半者，此刻要注意做好“圓襠”，使雙膝和雙腳在同一條垂直線上。

8、在保持雙肩後縮的姿勢下，轉手心向內（向胸），雙手姆指盡量向外翹，虎口撐開，撐圓，其餘四指拼攏，成“八字掌”。八個指尖方向此刻不是水平相對的，而是向對側上方斜指。肘關節此刻微有彎曲，成“懷抱式”；肘部外撐，肘垂而懸，肘部低於肩、手。雙手天心穴和印堂形成的無形等邊三角型不能丟。雙眼可垂廉，也可繼續睜眼練。在此體勢樁式中耗功。

9、收功：用百會引身體徐徐上昇，至身體直立，雙手放鬆，在體前徐徐下落，還原二側；閉目靜養片刻，待呼吸和心率到正常，結束練功。

提示：大小腿成 90 度角時，腿部的伸肌和縮肌群均處於互相頡頏的临界點，是最不能承受力量的時候；若能在此狀態中進行承力的穩定性的鍛煉，對增進下肢肌群的力量、靈活性和協調性，都有良好的作用。

整個站樁過程，精神要盡量放鬆；不管身體部位如何緊張或難受，臉部表情要始終放鬆。這是鍛煉意識的獨立性的良好時機。初練者應自然呼吸；有基礎者，可配合吐納法。吐納鍛煉的實質，是意念配合橫膈膜運動進行呼吸。因為這是武功樁式，不是養生樁，因此在初入門練習時，就有通過站樁鬆開腰關節的任務和要求。故此要求較嚴，體弱者需練其它功法恢復到正常健康態，再可練習這一功法。

二、動勢樁式

A）雙腳距一肩半寬，微呈內八字形，屈膝下坐到中等高度；此為“馬步”又名“虎步”。 中指對著雙側褲縫處，然後轉雙手的手心向下，中指稍離大腿，置於二側，手掌和手指儘量上翹；手心用意、用暗勁下壓（不是肩部用力向下壓）。肘部略有彎曲。雙肩略有意念帶動的前扣。目視前方，百會上領，下頦收住，耳根勁提著。注意胸部不要向前挺，要含胸。這個姿勢若耗住不動，就是馬步樁。

B）重心移至左腳，成左橫弓步（獅步），再以胯帶腰，上體向左轉，成左弓步（熊步），右腿挺直。此刻的臉、胸是向著起勢方向的左側。右腿彎屈，左腿變直，身體向後坐，成左虛步（鴉雀步），臉、胸方向不變。然後以胯帶腰，以右膝部劃順時針的平圓，上體向右轉動，面、胸復向前（起勢的方向），成右獅步。腰胯不停持續右轉，成右熊步，左腿挺直，至極點。面、胸向起勢方向的右側。然後，左腿屈膝，上體向後坐，右腿變直，成右鴉雀步。左膝部劃逆時針的平圓，成左獅步，面、胸向起勢方向……如此反復，連綿不斷。

提示：轉動時的樁式轉換順序是：虎步→左獅步→左熊步→左鴉雀步→右獅步→右熊步→右鴉雀步→左獅步……此樁在改善“下盤”的力量和靈活性，以及髖、膝、踝的力度方面有獨到效應。上述的虎、獅、熊、鴉雀步型，是對初學者而言的分解動作。熟練後，就可以連續做，所以稱為“動勢樁式”，俗稱“活樁”。

在做以上各個步型時，1、時刻注意要把襠部撐圓，特別是在做鴉雀步時，更要注意。2、雙腳底始終緊貼於地，不能移動。特別是做熊步，前弓腿的腳內側容易離地，要注意。3、做熊步和鴉雀步時，上體轉動一定要轉到各側的極限。

第4節 三心併站樁

此樁是智能功始創人龐明先生創編。由三大部分組成：預備勢、站樁勢和收勢。為節省篇幅，筆者在此介紹的僅是站樁（正功）這一部分。[7]

基本樁勢：內八字步站立。雙腳後跟的間距，約比肩略寬一點；雙腳平鋪於地，重心稍移於前腳掌；兩膝彎曲，身體微下坐，雙膝先微內扣，再配合“圓襠”，雙膝微向外繃；髕骨（膝盖骨）不超出腳尖；上體正直，以中等高度站立；雙手十指相對成半球狀，扣於下田或中田處（圖4）。

提示：除了做到一般的身形要求以外，此樁特別要注意的是，雙膝因內八字的步型，很容易過分向內扣。所以，一定要注意做好

“圓襠”，讓雙膝微外撐。由於是內八字步型，膝蓋要和雙腳尖保持在一條垂直線上，所以，雙膝必然是內扣的。圓襠若做得過份，又會促使雙大腿根部的緊張，影響氣血交流。所以，此刻又要注意大腿根部的放鬆。大腿根部放鬆，又需要雙膝微內扣來調整。因此。雙膝外撐和大腿根部的放鬆這二者，是一對頡頏矛盾；雙膝內扣和圓襠也是一對矛盾。這些都需要在練功中不斷地調整、解決。一直要等到腰部諸關節徹底鬆開，這些矛盾才能得到徹底的解決。百會上領，下頦內收，尾閭下垂，會陰上提，讓脊柱抻直。這個樁中的小腹較易後收，有推動丹田氣向後充實的作用，這有助於腰椎體的向後運動，從而利於命門向後放鬆。髖關節微外翻並向後外張，牽動骶髂關節外張。這些對腰椎、腰骶、骶髂關節的放鬆，也都有一定的幫助。

初學者用自然呼吸。有基礎者，吸氣時的意念將頂心、手心和腳心這“三心”向小腹內的丹田中心併合；呼氣時，意念從丹田中心向“三心”（也可視為“五心”）開。故此稱為“三心併站樁”。

第5節 鬆尾閭四步功[9]

督率全身之陽經的督脈起始穴是“長強”，就在尾閭近旁。尾閭若能轉動，就能運動周身之陽氣。尾闾不鬆，內氣難以靈動。然要尾閭能轉動，就先得鬆開尾閭。尾閭鬆開，內氣則可靈動。在尾闾和和骶骨的相接處，有一穴名為“腰俞”。“俞”在此有“輸轉承流”之意。此處皆為腰部氣血的轉輸之處。就此而言，欲鬆開腰諸關節者，舍尾闾而無以求之。鬆開尾閭的功法主要靠站樁。

垂尾閭第一：雙腳間距一肩半寬，如一般的太極樁法；雙膝彎屈，上體盡量下坐，至身體不能保持垂直而向前傾時，停止下坐；

下蹲時，雙膝蓋不能超出同側的腳尖。以上體勢做到位以後，再做提會陰的動作，促使尾閭下垂。自我感覺尾閭好似有一線吊著重物，尾閭垂直向下，並注意做好圓襠。此時可進入第二步功法鍛煉。

泛臀第二：繼上式，上身不動，兩股骨頭（髖關節部）向外後撐，膝內扣微微內收，大腿根內側放鬆，向後收，臀向後突（上身勿前傾），但不是上翹。這一動作可以拔開腰骶關節，鬆開臀後面的骶髂關節，從而使臀向後、外泛張。練至骶髂關節鬆動，轉入第三步功。

扣尾閭第三：隨著泛臀的練習與下蹲程度的增加，尾閭逐漸移到指地點的後面，再向前，經下垂狀態，與強力地收小腹、提會陰配合，變尾閭成前扣狀，此時的尾閭與地面的虛擬連線是向前傾斜的直線；尾閭指地點經後→中→前的方向運動。待下蹲到大腿呈水平狀，即可進入第四步功法練習。

轉尾閭第四：轉尾闾就是用尾閭劃平圈。兩足尖稍向外撇，兩手向前或側平舉。尾閭先做前後劃弧，繼而做左右劃弧，最後做水平轉圈；順時針、逆時針方向都可。

提示：此式的轉動，是丹田氣動而轉動尾閭。即，意注丹田，以丹田氣的轉動帶動尾闾轉動。以上四個階段是一氣呵成，互相聯繫、彼此滲透的。尾闾下垂，是太極拳術鍛煉的基本要求。尾闾前扣，正是八卦掌術的鍛煉最注重的一點；八卦掌要領中有“提肛溜臀”；如果做不到尾闾前扣，是做不了提肛溜臀的。少林拳術的基本樁是馬步樁，是要做“泛臀”的；在此勢中的尾闾處於自然狀態，即保持尾骨尖的微微向後翹，有促使丹田氣向後充，沖開腰諸關節的作用。從尾骨尖的自然微後翹的少林馬樁，到尾骨尖的微前扣而下垂的太極馬樁，再到尾骨尖向前扣的八卦掌提肛溜臀的低盘走樁，這代表著武功鍛煉的三個階段：尾閭從後翹（自然狀態），到中垂（下垂狀態），再到前扣狀態。這裏形成尾閭的前、中、後運動的“尾閭如鐘擺”。如果再加上尾閭的左、右擺動，再做“轉動尾閭”就不難。

人的尾閭在進化中因“用進廢退”而退化。所謂的“退化”，是運動（傳出）神經對尾骨的聯繫退化了。用氣功的話語說，就是“神”和“形”之間少於“氣”的聯繫而退化。“神”和“形”的聯繫一旦能得到強化，人的生命活動就會有所提高。因為這是神、氣、形三者都得到強化的結果。所以，只要將常人不會轉動的尾閭，能通過一定的方法鍛煉重新使之動起來，這就在一定程度上強化了生命活動。當然，轉動尾閭四步功的身心效應並不限於這一點。尾閭若能靈活轉動，有“還精補腦”之功用。其機理在第六章第 3 節中介紹。

第三章 鬆腰

“鬆腰”這一名詞來自傳統太極拳界。太極拳的鍛煉，“鬆”是一大要法。“鬆”有“身”和“心”二方面的放鬆，而腰椎等關節的真正鬆開，是身體放鬆的最有效之法。鬆腰，對立志於通過中國功夫的修煉來養生、習武，提昇身心素質的人來說，其效應是很可觀和很實際的。

武諺“打拳不練功，到老一場空”；這個“功”包含了多方面的內容，鬆腰之功是其中之一。武術界歷來重視“開關”、“鬆竅”，而“鬆腰”也是其內容。“習武不鬆腰，終究藝不高”。無論練武功、練氣功，或練養生功，都不能忽略鬆腰的功夫。“打拳先站樁，大鼎增力量”。站樁一般被認為是為了增強下肢的力量，但是，站樁還有鬆腰的內容在內。不過目前通過太極站樁或盤練太極拳架子而鬆開腰諸關節的人並不多見，這和近代太極拳的主流把重點放到了養生保健上不無關係。武術界若再不把“鬆腰”這一功夫重視起來，在繼承中華傳統文化的精華為人類健康服務方面，就不能抓住要要根本。達到太極拳界所言的“鬆腰”的身心狀態，不限於一條路徑或一種方法。以下詳論。

第 1 節 什麼是“鬆腰”

“鬆腰”從狹義上說，是腰椎活動的幅度通過鍛煉擴大範圍，使常態腰椎的生理前塌（前凹）彎度消失；腰椎不但能向前塌，也能向後微抻凸，活動的自由度高於常態。廣義的“鬆腰”是在這一基礎上，使腰骶關節、骶髂關節、大腿根部（俗稱“前胯”）、盆骨關節都得以鬆動（鬆開）。鬆腰後的腰部靈活性和力量都會增加，這對尚武發力有極大的意義。鬆腰後，小腹內的丹田腔的空間得到擴展，貯存丹田氣的空間增大，這對養生、習武、練氣都有不可多得的正面效應。上述關節的常態狀態發生了變化，是人的生理健康水平明顯上昇的一個標志。就氣功生理學理論而言，這是人體混元氣斂注、斂收於中空的脊椎腔內（舊稱“斂氣入骨”）後，脊體等關節從內而外發生的改變的表現。

對於習武練拳的人來說，腰部諸關節能否鬆開，是武術功夫能否節節上進的關鍵所在。鬆腰鍛煉屬於武功（武術氣功）的內容。確切地說，是“武學”中“武功”階段要達到的身體素質。太極拳十分講究並嚴格要求發勁時的“整體力”，然而“力”要“整”，第一是須通過站樁，體會“一身備五弓”的“整體勁”的感受。第二是要鬆開腰諸關節，才能將整體勁在需要時，以“腰為主宰”發向體外目標。“鬆腰”這個名詞起於太極拳界，這與太極拳重視整體發力這一理念是有聯繫的。達“鬆腰”者，練武術就能得心應手，成為武林名家就不是奢想了。

說到鬆腰，必須要提到“斂氣入骨”。這屬於道家龍門派丹道周天功，古稱“金丹大法”的第一步功“煉精化氣”完成的標志。若把金丹大法的全部功法分成十大层次，內氣入脊大約在第三层次。所以，凡進入鬆腰訓練者，就不再是尚武之“術”的層次的訓練了，而是進入“武功”層級的練習，為入“武道”打基礎了。凡完全達到了廣義“鬆腰”的人，業已達到相當於“煉精化氣”的道術功夫層次。這就達到了武學中的最高層次的“武道”層次。郭雲琛、孫祿堂等武林名家，都曾認為他們的拳功練法就是在“煉精化氣”，原因可能就在於此。不過，因為過去的武師們受文化程度、時代背景的限制，對此都沒有更深入的研討。所以，對於尚未達到這一功夫层次的人來說，就不太好領會和理解。從太極鬆腰鍛煉入門練“斂氣入骨”，和道家丹鼎派的斂氣入骨還是有差別的。差別在於，從鬆腰入手鍛煉，是從練“形”入手；道家丹鼎派是從練“氣”入手。

按古修煉界的觀點，修功、修道是為了“超凡入聖達真”。按智能氣功學的觀點，人體修煉的實質是優化人的生命系統。這個優化不但要使人的生理，而且同時要使心理狀態，都從常態層面上昇到高於常態的健康層次。這就需要有一種能够普及的方法，讓人的身心發生明顯改觀。強身健體人人需要，但不是每個人都喜歡習武或習太極拳。氣功學認為，人是形、氣、神三位一體的存在，中國功夫修煉因此可從三個途徑入門。“鬆腰”這一健康狀態的實現，也可以從形、氣、神這三個鍛煉途徑的任一途徑入門。從“形”入門，方法上雖然最複雜，但卻最容易讓初學者接受。

以上三個途徑的修持，各有實際效應的驗證標記，這在傳統功夫界稱為“證得”。例如，從“形”入門者，鬆開身體某些關節為功成的標記，並通過查驗和實際使用，證得“神形之修”的彰效。從修“氣”入門者，必以開啟一些大的穴位，如“玄關”、“混元竅”、“天門”等為先，並且從實際運用和身體狀態等方面，證得其確實已達“神氣相合”之意境和練功水平。從“神”入門修持者，必以克除意識的偏執為先要，並從生理體質、精神狀態、處世言行中得以驗證。佛家修煉多為此徑。中國功夫中的武、道、禪三術，分別對應著形、氣、神這三部分的人體修煉。其中的“鬆腰”就是從“形”入門修煉具有代表性的精華鍛煉法，是“修形”者的必跨門檻和必須被證得的身體標記。由於武術是練“神形結合”功夫的一種主要形式，我們對“鬆腰”於武術運動的重要性的研究，相對就多一點。

對於修道、修禪者，是用不著刻意鍛煉鬆腰功夫的，因為道、佛修行層次遠高於武術或武功的鍛煉層次。只要真正練得神、氣二旺，也會出現這一身體效應。原因就在於“鬆腰”這一狀態是人體生理態。只要是從事人體修煉這一活動者，都能產生這一效應。例如，道修者一旦達“斂氣入骨”、“氣入脊內”，腰部諸關節會由內而外地發生變化；修禪者功成，意識主動地統率生理機制，全身心的素質從常態上昇到超常態，當然也包含腰部的變化在內。不過，道家注重的是通過煉養性、命，獲長生之道，因此更注重整體的生命活動的變化，不單注重鬆腰。佛家又不重視肉體的存在，也無所謂鬆腰不鬆腰。對“鬆腰”這一重大的人體修煉效應，道、佛二家都少於總結。因“鬆腰”直接關聯到尚武發力的效應，是這一點，使傳統武術界對“鬆腰”很重視。在當代氣功界，智能功創編人龐明教授對“鬆腰”做了全面的總結。

在傳統武林內，除了太極拳界，其它的武術形式，如形意拳和八卦掌的鍛煉中，都含有達到太極拳界名為“鬆腰”的身體狀態的基本功法。例如，在做形意拳的劈、鑽、崩、炮、橫這五個基本動作時，只要認真體會手發力和腰部形成的“二爭力”，每一次動作都是練習“鬆腰”的機會。在八卦掌的低盤走圈時，不忘“提肛溜臀”，持恒練習，也能將腰部關節鬆開。因此，“鬆腰”雖然是太極拳提出的概念，但不一定就是練太極拳才可達到的境界。只要懂得鬆腰的原理和機制，就能理解她是中國功夫界的共同財富。

為何道、禪修煉界卻不需這一功法？除了上述簡要解釋以外，還有具體的修煉理念上的原因，在此略釋：道家修煉目的為“逍遥駐世”，為“長生不老”，為此，必須以改變人體常態素質為超常素質為先，所以，以“氣足”為主旨。“鬆腰”狀態的出現，是體內混元氣充盈的一個標示。腰部關節的鬆開，又能為“氣足”打下了穩固的形體基礎。道家修煉雖然在一開始也注重丹田氣的增加，這一點和武術修煉是相同的。但道家更注重丹田氣的積累而不是運用丹田氣用於發力、使用於體外目標，丹田氣因此不多消耗。再加

道家注重節精、葆精，聚氣、採氣，因此將人體內氣越練越足。這又反過來“逼迫”丹田腔的擴大。而人體的腰椎等關節，正好有適應這一改變的餘地。所以，練道家的丹道周天功到一定的“火候”（程度），腰椎諸關節就會鬆動，最後導致腰諸關節的“鬆開”。丹田氣和命門之前的“混元神室”的先天混元氣場的“氣”是一個整體，丹田氣足，有充盈先天混元氣場的功效。先天之氣進入中空的脊椎內，“氣入脊內”的一個效應就是，從脊椎內部改變人出生後（後天）形成的不良腰椎狀態。由此而言，腰部椎體的改變的實質，是先天真氣入中空的脊椎椎體到一定程度發生的自然性變化。鬆腰不能讓人理解的原因之一，也在此。

而佛家根本就沒有如同道家的“氣”的概念。對於佛門弟子來說，“自性”或“佛性”和“氣”沒有任何聯繫；“明心見性”和練氣在佛教看來掛不上鉤。所以，佛家修功不講“氣足”；由於不重視形體的存在，也沒有“形豐”的要求，只在“無念、無相、無住”之境中求“大徹大悟”。然而，人體內氣是一個客觀存在。佛家禪修雖然不言“氣”，但意識內向性的集中，混元氣聚入體內，促使了內氣在體內積聚。由於佛家沒有“意與氣合”的理念和鍛煉方法，混元氣在體內的積累便是不自覺的。正因這個緣由，練佛家功有素者往往有一天突然有“桶底脫落”的自我感受。這“桶底脫落”的本質，乃是腰部諸關節顿時全部鬆開的一種感受。這是體質由漸變到突變的結果。不過有這種經歷的人在當今社會上不多見。但道和佛有一個觀點是一致的，即，都不會認為“形修”是大道、上乘之修。因此，道、佛二家對腰部諸關節鬆開這一體征不以為然。即如此，也就不會有所總結，以致沒有修過太極功夫的道、佛修煉者，即使達到了鬆腰的狀態，也沒有重視其作用，沒有經常主動地去鍛煉，以保持這個來自不易的改變。

為什麼腰鬆開了，還要繼續鍛煉？因為功夫的修煉有一個無法回避的規律，這就是，凡從後天鍛煉得來的功能或狀態，是需要經常練習的。否則就會漸之失去! 除非達到了聖（禪）道者，周身功能發生了徹底變化。這是一些道、佛氣功修煉人達到了鬆腰的狀態，因不懂鬆腰的原理或機制，沒有經常注意泛泛地保持，多少年後曾鬆開的腰部諸關節，又有了恢復常態之嫌。這不得不說是一件非常可惜的事情。“武道通仙道，仙道通聖（禪）道”。作為立志於中國功夫修煉的人，不管從何途徑入門修煉，最後都應有“武、仙、聖三道全備”的修煉實踐[9]。目的是為了讓身心素質發生比較明顯的改觀。

第 2 節 鬆腰的解剖學原理

脊椎動物的各種動作的完成，是肌肉收縮作用於骨骼的結果。人體運動也是以骨為杠杆，以關節為樞紐和肌肉的收縮為動力而形成。人的第 1 腰椎（L1），上與第 12 胸椎（T12）相接；第 5 腰椎（L5），下與第 1 骶椎（S1）上端相接。腰椎是下肢和軀幹“承上啟下”的骨組織。正常成年人在自然站立時，從第 7 胸椎（T7）到骶椎，有一個漸進的、向小腹方向微凸的弧形彎度。這個向腹部方向前塌的最明顯處，是在腰椎部。其中第 2 至第 4 腰椎（L2-L4）的前塌彎度最甚。這用觸摸法可得到明顯感覺。腰椎既然是下肢與軀幹承上啟下的骨性部位，鬆腰狀態也必然有解剖學標記。“鬆腰”的解剖學標記是：自然直立，第 1 至第 4 腰椎體的前彎度能動地消失；腰椎可以抻直並能微向後凸。這也可以通過觸摸法檢驗。

成年人低健康水平的常態腰椎狀態形成的原因，最初是從幼兒開始的。在幼兒學步以前或剛學會走路時，腰部的狀態和成人是不一樣的，即腰椎還沒有形成如同成人那樣向前的彎塌曲線。氣功界稱成人狀態是“後天”狀態。古修煉界稱嬰、幼兒為“先天”之態。老子《道德經》中“專氣致柔，能嬰兒乎”之言，就有這層意思在

內。學會走路後不久的幼兒，因人體的直立姿態和脊椎動物的爬行體態相比，有重心偏高之弊。而絕大多數幼兒在此刻得不到家長及時、正確的引導和適時、適當的鍛煉，會走路的幼兒，此刻不得不以骶椎後傾（翹）、腰椎前傾的體勢來維持腰部以上軀體的穩定。成年後，腰椎就形成一個固定的前塌狀而不能向後自由抻凸的常態的生理態。人過中年，各部機能明顯退化，維持腰椎形態的軟組織（肌腱、韌帶等）的功能也開始退化、減弱；丹田氣、真氣不足，脊椎的前塌狀態就更甚。由於絕大多數人經年累月地處於這個生理狀態中生活，已成習慣。醫學解剖發現幾乎所有的解剖例案也都是這個狀態，故稱這一狀態是“正常人體解剖態”。按氣功學的觀點，這種所謂的正常態，並不是我們應當滿足的生理態。

第 3 節 鬆腰鍛煉須知

人的腰椎有多節，若每一個椎體稍稍改變一點原來的位置，整個腰椎就會有較明顯的改變。正因這個原因，光鬆開了腰椎幾節，一般來說不會有什麼明顯的感受，多在偶然機會發現自己的腰椎和常人狀態不一樣了。此刻第一要重視、要做的就是“刻刻留意在腰間”。不放鬆對新的腰椎狀態的保持和延續。此時的練功者還有一項重要事務，這就是增加練內氣的內容和時間，促使腰骶關節的鬆開。人的腰骶關節，是由第 5 腰椎體的下端和第 1 骶椎椎體的上端相接形成的關節。人的骶骨雖有 5 個棘突，但骶骨是一個整體的椎骨，只能整體活動。正因為這個特點，腰骶關節的結構就比較簡單。也正因為結構簡單，使腰骶關節的狀態的改變，比腰椎關節更難。而且腰骶關節打開，自體的反應也比腰椎關節鬆開更強烈一些。不過一旦變了，就比較徹底。

腰骶關節鬆開後，還須要繼續鍛煉，促使骶髂關節的鬆開。骶髂關節是由骶骨和骶骨二側的二塊髂骨組成，骨間有強有力的韌帶連接和固定。骶髂關節平時不會動，故稱“假性關節”。骶髂關節在婦女懷孕後期，因下腹腔的容積的擴展而鬆開。骶髂關節能鬆動、鬆開，盆骨就有可能鬆開，大腿根部（前胯）也會鬆開。如果是腰椎、腰骶、骶髂關節等一下子鬆開了，感受就會相當明顯。若內氣不足，會有一場較嚴厲的經歷。若盆骨開，做劈叉就容易了。

如果說鬆開腰椎關節可以從形體鍛煉達到的話，其它的關節的鬆開，都需要在形體鍛煉鬆腰的同時，或在腰椎關節鬆開後練內氣。只有內氣充盈，從內而外沖開關竅，才是根本之法。任何形體練習都是權宜之計、入門之法，不過是一個讓初學者容易接受、容易領會的方法。這就是練內氣而不練形體的人（道、佛氣功修煉者），也能鬆開腰諸關節的原因。比如說，有的人並沒有練習過形體鬆腰的主功法，只練過一些對於鬆腰來說是輔助的功法，但內氣練足後，從來不會雙盤腿，一下子發現能做雙盤了。據我們分析，這是骶髂關節鬆開的標志。因為充足的內氣濡養了體內的生理組織，也包括了固定骶髂關節周圍的韌帶、肌腱等軟組織，使軟組織細胞的活力增高，組織的彈性增強，骶髂關節就會鬆動，活動幅度就會增大。在盤腿時，雙髖關節向後開，大腿根部容易平開，雙盤腿自然就做好了。

有練道家或佛家氣功的人，並不喜歡多練動式氣功，平時的功課是打坐練氣為主，腰諸關節也會鬆開。這是內氣充盈，自然沖開腰諸關節的見證案例。所以我們才說，“鬆腰”並非武術界、太極拳界獨有，而是全體中國功夫修煉者在修煉過程中都要經過和達到的一個練功層次。只不過武術界或太極拳界的人鬆腰後，能通過整體發力來檢驗鬆腰狀態的真實與否。不過，非武人士，只要稍有一點解剖學知識，就能用觸摸法檢驗腰椎的狀態；腰骶關節的狀態，用觸摸法也可，但不象檢查腰椎狀態那麼容易。其它的部位，只能依靠自我感覺（需要對照解剖知識）或從武尚發力中檢驗。

通過練內氣，使人的身心素質發生改變，這是一種“從內而外”的根本變化。腰椎狀態的改變，也在此例。這個內部變化的條件就是“氣行脊內”，這在上面某節已提及。由於從練氣入門達內氣注流於脊內的難度，比通過形體練功鬆腰更難以普及，所以暫不提倡。而從形體入門練鬆腰的方法，從形式說，不但易於人們接受，而且對於想通過修煉達到道家“煉精化氣”層次的人來說，又是一個方便之門、普及之途。中國功夫要為大眾服務，不對這些來自古農業社會的功法做必要的改良，是無法適合現代社會的需求的。

由於人體運動系統（骨骼、肌肉、韌帶等）都屬於氣功學所稱的“形”的範疇，因此，從理論上說，鬆腰狀態完全可以從形體的鍛煉中達到。不過從實踐中體會，對於體內真氣不足的人，比如說中年以上的人，從單一的形體鍛煉中收到的效應遠不及年輕人。因此就有必要在做形體訓練的同時，增加內氣的修煉，例如某些道家功法的實踐。修內氣，一是為了鞏固形體鍛煉的效應，二是為全面步入內氣實踐作準備。人畢竟是一個形、氣、神三位一體的統一體。在這個統一體中，形、氣、神三者之間沒有明顯的對立。對於想全面提高生命自控能力的人來說，三種方法都需採納，只不過是以哪一種為先、為主罷了。

第 4 節 鬆腰鍛練法

一、直腿坐勢鬆腰法

這是智能氣功創編人龐明先生首披露的，又名：直腿坐鬆腰法，

直腿坐放鬆法。共有約 5 學時的課堂講解。在此只選摘了其中直接針對鬆腰的形體鍛煉的這一部分。[10]

（一）坐姿要求

I）**自然坐勢**：兩腿伸直，大腿、膝蓋和坐具貼實，兩膝、兩腳併攏，腳尖微微翹起。軀幹自然放鬆並前傾，鬆鬆垮垮猶如被剔去了骨頭。腰直著或彎著都可以。頭低著，下頜回收，玉枕穴微微上提。兩手捂在膝蓋上。鬆肩空腋，雙肩自然放鬆下沉。採用此自然坐姿練坐功時，僅腿上綳點勁，別處都要放鬆，像沒骨頭那樣縮著。這麼縮著，肩有一點發沉，此時注意腋窩空鬆；頭可以低著，脖子往後挺一挺。命門穴以下都要往後突。一開始，上身越放鬆越好。越放鬆，命門越能往後突。身體放鬆向前彎著坐，是為了把韌帶鬆開。如果身體不鬆到一定程度，有些問題感覺不到。例如，從五樞穴、維道穴到居髎穴，這一段都是經脈轉換的地方，也是腹橫筋膜向四肢轉移的地方。一開始肌肉、肌腱綳著勁。當使不上勁，要換勁，要鬆開的時候，髂前上棘這個地方非疼不可。

II）**正規坐姿**：兩腿伸直，大腿、膝蓋和坐具貼實，兩膝、兩腳都要併攏，腳尖微微翹起。身體中正，即軀幹直著，和大腿之間呈 90° 角。兩手捂在膝蓋上。鬆肩空腋，雙肩自然放鬆下沉。腰要放鬆，但骨盆和腰不能斜著向後凸。這有一定的難度。剛開始練習時就把身體坐直，則腰部往往不符合要求。所以初練者應採用自然坐姿。

（二）動作要求

第一步，吸氣時，膈膜下降往命門擠（膈肌最下點靠近第二腰椎下緣），肚臍、會陰、胯關節、股四頭肌和大腿根也使勁往命門縮，命門往後突，身體自然放鬆往下落；呼氣時，身體各部自然放鬆復原，身體也自然恢復原位。如此反復練習。

第二步，在第一步基礎上加上膝。吸氣時，膝關節催胯關節，往命門收。呼氣時，各部位放鬆。

第三步，在第二步基礎上加上腳。吸氣時，腳趾扣抓，腳心內含，腳催膝，膝催胯，往命門收。呼氣時，各部位放鬆。熟練後，還可以在呼氣時腳往外蹬。

第四步，在熟練掌握第三步的基礎上，開始練“力貼於脊”。此時頭不能使勁低著。要把下頜收住，用喉頭找玉枕；玉枕以及耳後的骨頭，都用一點意念向上提，這是“耳根勁”。這麼做，氣比較整，就為下面練“喉呼吸”打下了基礎。吸氣時，會陰上提，腹部收縮，胸外開並往回含，一齊往背部合，胸和腹都往脊椎上擠。肚子儘量向回深收。不管膈膜下降。呼氣時放開。一吸氣合住，一呼氣放開。 腰放鬆後，要把丹田氣往回收到腰上。但若腰不鬆，是做不到這一點的。一般等背部有了放鬆的感覺才做這個動作。不是非得有那種疼痛感才算放鬆。坐著兩肩放鬆往外一張，就覺得肩和兩肋好像有肉沒骨頭那樣向下墜，似乎要墜到胯骨上。沒疼痛感，有這種感受也可以。當呼吸配合不好，精神不夠集中，腰放鬆還不夠的時候，就想直接往回癟肚子練氣貼於脊，練不出什麼效果。每個人的進展速度不一樣。如果不按照前後次序一步一步地走，效果就差。

說明：以上幾步動作要求，描述的是一個循序漸進的過程，不要把它們看作一套連續動作而在一次練功中完成。

二、輔助鬆腰的方法

（一）面壁蹲牆

1、面對牆，兩腳併攏或與肩同寬站立，腳尖觸碰牆跟，兩手自然垂於體側或大腿前。

2、頭上頂，收住下頦，提住會陰穴，尾閭（尾椎最後一節）盡量下垂。

3、兩肩前扣，含胸，身體徐徐下蹲。蹲至極點，再徐徐起立。

要領：下蹲時，能夠意守臍內最好；起身時用百會穴帶領上起 。

作用：下蹲一起立一下蹲的過程，是腰椎前後彎曲的過程。在連續下蹲一起立一下蹲中，腰椎周圍軟組織得到反復的運動刺激，這有助於提高腰椎周圍軟組織的活力，促進軟組織適應腰椎向後凸的需要。身體下蹲至極點時的腰椎狀態，與鬆腰後的狀態十分接近。對尚未鬆開腰椎的人來說，可以在蹲至極點的狀態中，得到類比的鬆腰感受。這個動作同時還有提高下肢肌群的收縮力度的作用。

機理：由於前有牆壁，下蹲時的膝和頭都不能超過腳尖，如果此刻不做到尾閭前扣，人體重心就會靠後而致人體離牆而後倒，面壁蹲牆失敗。尾閭前扣有助於腰椎向後彎曲，也助於改變腰骶關節的常態位置。

說明：面壁蹲牆，是鬆腰的經典鍛煉法、秘法。需要鍛煉循序漸進，逐步加量。年輕人要能做到一次性蹲 1000 次的體力。這是龐明教授對學智能動功第三步功“五元樁”的學員提出的要求。

（二）塌腰拱腰[11]

1、併步直立。腰部繃直，上體前彎與腿成 90 度，頭與胯平。

2、塌腰、抬頭，下頦回收，泛臀、翹尾閭。

3、以腰椎做力點，以脊中穴為中心點，拱腰，命門部上凸，尾閭前扣，把脊柱儘量往上彎拱起，好象要拱到與天接上。接著，腰椎下塌，再做塌腰、泛臀、翹尾閭；此如反復練習（圖 5）。

要領：脊柱上拱時，百會和尾閭向脊中穴處“擠”；下塌時，百會和尾閭向二頭抻拉開；上體與雙腿在運動中基本保持 90 度。膝蓋挺直。重心在前腳掌。在做整套動作時的頭、胸基本保持原姿勢不變。

作用：通過塌腰和拱腰的練習，能強化、活化腰部韌帶、肌腱和筋膜的功能；因這個強化是在腰椎的前後彎曲塌拱的活動中得來的，這個強化就對鬆開腰關節有輔助功用。另，“腰為腎之外腑”。這一功法還有強腎氣、固腎氣的作用。而這是這一功法的主要鍛煉目的。因為這一方法在此是作為鬆腰的輔助功法介紹給讀者，所以不強調固腎作用。但只要去做，就有固腎效應。

（三）扣翹尾閭[12]

1、雙腳與肩同寬平行站立，雙膝微屈，雙手叉腰；

2、尾閭向前擺扣，再向後上翹；動作熟練後，雙膝從前向後，或從後向前劃圈配合做尾閭的前扣、後翹。

要領：動作的活動範圍僅限於腰骶至尾椎，上體在運動時基本不動或儘量少動。

作用：增強腰、骶、髂、髖部肌群的收縮力度和協調能力；有增進腰骶關節的活動幅度的作用，對鬆開腰椎關節，以及鬆開腰骶、骶髂關節有輔助作用。

效應：在扣翹尾閭配合雙膝劃圈的練習中，“內後外前”的雙膝劃圈，能有“力”從腰部向下肢、直到腳的“力”的轉移的體驗；而“外後內前”的雙膝劃圈，能體察到“力”從腳而起，經大腿到腰部的傳遞的體驗。這一點雖然和鬆腰的關係不是很直接，但對於體察“力生於腳、起於腿”卻有著其它方法所不及的優處。對活動腰骶節有一定的作用。特此推出。

（四）開後胯練習（童子拜佛樁）

第一階段：

1、雙腳成“內一字”步（盡量做）；做不到者，也要做到“內八字”。雙腳後跟的距離，大於一肩，小於一肩半。

2、雙手合十，指尖指向胸，小指外側和小臂尺側（外側）向上，掌根用力合住不分開。雙肩盡力，將合掌之手盡力向前推；做到極限後，耗住不放鬆。百會上領，下頦盡力向內收住，耗住。舌抵上齶或下齶，面部表情放鬆。睜眼閉眼都可。

3、收住小腹；尾閭極度向後上方翹，耗住不放鬆。與此同時，意念將雙骶髂前棘向骶骨處的陽關穴合。在此體勢中耗功（圖 6）。

4、雙膕窩盡量向後外方向繃直，繃緊。雙腳內側此刻極易離地，要盡量貼地；膕窩外繃和雙腳貼地是一對矛盾，二者做合度，需有時日結累。這一動作若能盡量做到位，才對開後胯（鬆開骶髂關節）

有事半功倍之效。

第二階段：

練幾月後，在同樣的體勢中，會陰上提，小腹內收，骶髂前棘向骶骨處的陽關穴合住這三要素不動，唯將尾閭由盡量上翹轉為盡量前扣。在這一體勢中耗功。

要領：整個鍛煉過程，就是耗功的過程。身體緊張，疲累，但面部表情要象什麼難受也沒有，難受的不是我，難受與我無關。借此鍛煉意識的獨立性。合掌的雙手手指的指向點要盡量低，越低越難做。百會上領，下頦內收，拉直頸椎，有利於腰椎的抻直，也利於骶髂關節和腰骶關節的鬆開。雙腳盡量做到內一字，腳內側不得離地，膕窩盡量向後外方向繃開；這三個動作做到位，才能對鬆開骶髂關節有積極的作用。

作用：因為是耗功式鍛煉，能增體力和耐力。但在此是為鬆開腰骶關節和骶髂關節介紹給讀者的。這個鍛煉對鬆開的腰椎有鞏固作用，還有增強腰、骶、髂、髖部肌群的收縮力度和協作能力。這個功的作用，是在第二階段展現的。第一階段是耕耘，第二階段是收獲。一定要多放時間在第一階段上。水到渠成。沒有捷徑可走。

（五）俯身拱腰[13]

1、兩手手指在頭上交叉，手心向上，雙手如向上托物，兩臂伸直，兩腕交互劃前→上→後→下的立圈。肩、臂、肘配合作相應的晃動，脊柱由頸椎、胸椎、腰椎依次隨之晃動。反復 3—5 次（圖 7）。

2、兩手分開，掌心向前，兩大臂內側貼住兩耳，頭向前傾，手向前伸，腰背放鬆，胸、腰部的脊椎骨向後拱突，頭、手向前下劃弧，使腰前俯，脊椎骨逐節捲曲而下，頭面貼腿前，腰部呈拱型。此勢有雙手掌正面著地，轉向左、右方手掌著地和雙手指掐腳後跟腱三種（圖 8）。

兩手向後攏氣，再捏住腳踝後面的大筋，同時收腹、拱腰、頭面貼腿，將頭盡量向膝蓋（大腿前部）貼接，目的是盡量要增加將脊柱的彎曲度，讓椎體關節抻拉開，古稱“洗髓”。

3、拱腰，腰椎起先，再起胸椎，最後起頸椎，頭部復原位後，大臂同時貼近兩耳，隨頭部上昇復原。然後身體前後微微晃動 3—5 次放鬆脊椎關節。

要領：脊柱各關節都要放鬆地，逐段、逐節地通過俯身蜷曲之勢，增大整個脊柱的向後 C 形彎曲。順序是由上逐節而下，而不是一俯而下。做到俯身蜷曲之極點時，還應強化一下，即將額頭發際處，盡量向膝以上的大腿前部蜷曲靠攏，盡量拉抻開脊柱關節。起身直腰時，要使腰向上（天的方向）挺，從腰椎開始，逐節逐段伸直；還沒有輪到伸直的，不要急於伸起；例如：伸直腰椎時，胸椎盡量保持蜷曲狀；伸直胸椎時，頸椎盡量保持原狀。直到最後一節頸椎的還原到位，再做脊柱放鬆動作。

作用：1、鬆開脊椎關節，有調整脊椎內的生理組織的生理功能的作用。

2、椎關節能鬆開，就能閉合。閉合脊椎，是封閉全身穴位的基本鍛煉方法。

3、鬆動脊椎的鍛煉，也包括鬆動腰椎的鍛煉。這是一個從鍛煉整體脊柱椎體來鍛煉腰椎局部的功法。

特別提示：俯身拱腰這個動作，和武術基本功中的俯身壓腿不是一個功法。二者不能混淆。俯身壓腿時的腰部是要求呈塌腰狀，而不允許拱腰；俯身壓腿要求胸部盡量貼腿，頭部盡量接近腳面；鍛煉目的是為了抻拉大腿後側肌群，而不是抻拉脊柱椎體。

（六）三心併站樁

這一功法在第二章第 4 節中，作為練氣樁已有介紹。這個樁功的體勢，其實已包含了鬆腰的內容，而且有非常明顯的鬆腰的效用。為練鬆腰，要在練此樁時，將意念“分注”一點在對“命門後凸”的體會上。想通過此樁練鬆腰，小腹內收的幅度一定要比一般站樁時多一點，以利“前丹田”氣向後“推逼”，促使命門處的關節向後凸；這很有利於體會“命門後凸”。此刻的雙膝一定要充分放鬆，不能顧及雙膝蓋是否對著雙腳尖這一要領，盡管這是所有樁功的通則要領；雙膝在雙腳內八字的狀態中充分放鬆彎屈，才能使腰部向後充分地“退坐”；這容易讓事主體會到腰部在站立態中的後坐放鬆，從而得到鬆腰的體會。得體會的過程，也就是練習鬆腰的過程。

三、日常中的鬆腰簡法

日常中的鬆腰，應時時注意做一做。作為生活中的內容，這些方法雖然不是屬於鬆腰的根本要法，但可以利用日常中的零星點滴時間。對於沒有鬆開腰關節者，這些方法對鬆開腰關節有所助。對於已經鬆開腰諸關節者，更需在日常生活中時時檢視、強化。

A.站立時，重心落於體中間，然後將腰自然向上伸直，再微聳雙肩；雙肩輕輕落下，同時注意導引腰部向後鬆沉、下坐。這是通過雙肩下落的動作，把意念從上而下引至腰部，使腰部沉中帶鬆，鬆中有沉，鬆沉兼有，從中體會腰部的向後鬆開之狀態。雙肩下落在此不是目的，是練習鬆腰的“引子”。雙肩下落時，若能用意體察椎骨“節節相疊”，效果更好。

B.在“似坐非坐”中體會命門後凸的狀態。具體做法：注意自己從站立勢下坐到椅、登時，腰部的瞬間狀態。一次一次體會，有體會後盡可地延長這種感受，並在站樁時保持腰部有這個狀態。

C.在“三心併站樁”中體會似坐非坐的腰部狀態。有體會後，保持住這個腰的狀態，然後雙腿緩慢伸直到正常的直立態，二腳再慢慢併攏，輕輕開步行走。必須注意，行走時，站樁中似坐非坐的腰部狀態不能丟。若丟了，重來。

D.這一方法比較簡單，但適合於已鬆開腰的鍛煉者。做法：雙腿與肩差不多寬站立，雙膝微有彎曲。提會陰，收住小腹最下部的恥骨聯合處，然後用腹式吸氣，將橫膈膜強力收縮下壓。直感到小腹前部有膨脹感後，用力收小腹，將“前丹田氣”向後推逼；同時配合坐腰，或微彎腰，促使腰椎等關節向後活動。有的人此刻會聽到腰椎打開的“咯、咯”的聲響，這是自體骨傳導的聲音。這個動作，一般是早晨起床後即做。基於的原因，一是近因：經一晚的休息，腰諸關節需要有一定程度的再鍛煉，就如“壓腿”一樣，需每日鍛煉；二是遠因：凡經鍛煉而得的功能，都屬於後天功能，需要時常練習來鞏固功能。鬆腰也同。

第 5 節　鬆腰的意義

鬆腰對人體生命活動的意義，在此分生命優化和尚武發力二個方面述之。前者是“本”，是尚武發力之資本；後者是生命質度得到提昇的表現、體現。

一、鬆腰於生命優化之意義

（一）提高人的整體功能水平

人是“身”和“心”組成的整體。優化生命就是提高生命系統整體質度。前面說過，胎兒時的整個椎體是呈向後彎的匀態弓形。在幼兒學步伊始，由於幼兒的運動系統還沒有發育完善，腰部肌肉群的收縮力量，難以使腰骶和髖骼部，承受比四肢著地的哺乳動物的身體重心高得多的直立體勢的高重心的重力支撐。而人的腰部是承受上體重量之處。此刻的幼兒，只能以腰椎前傾的體勢，來維持上體重量帶來的站、行時的重心不穩之弊。這是人在發育過程中必然出現的生理現象，本應在幼兒的錯誤形態被固定前，通過教育和鍛煉解決。例如，教以不嚴格的馬步樁，在半蹲、保持上體基本正直的體態中讓幼兒反復撿拾地下有適當重量的東西，或稍稍教以“面壁蹲墻”，或教以幼兒併步蹲地慢速移步等簡要方法，讓幼兒保持住先天帶來的健康性腰椎生理體態，以保證成年以後有健全的腰部狀態。有志讓身心從常態向超常態昇華的人，成年後也免於這一方面的艱辛鍛煉和時間上的化費。

人的腰椎解剖位置，處於人體下腹部的最後方。人體小腹部內，是中國功夫界稱作“丹田”的位置，是丹田氣的聚集之處。氣功學認為，丹田氣是維持人體正常生命活動必不可少的“體混元氣”之一。“人過中年，氣血衰半”。中年以後的人，丹田氣隨年齡的增長而衰減，引起人體氣血的衰減，此刻的腰椎前傾彎度比兒時更甚。

有資深的氣功學者認為，腰沒有鬆開，是造成成年人高血壓的主要原因。從生物醫學角度析，這是否因腰椎趨前彎，對腹主動脈和腹主靜脈產生壓力所致？

按中醫理論析，腰椎前塌的幅度加大，會影響督脈之氣的上昇和暢流。而督、任二脈之氣，是需要平衡流注的。督脈之氣的昇流不暢，必然引起督、任二脈之氣的平衡失調。督脈督率全身六大陽經，任脈任領全身六大陰經；十二經脈連通人體五臟六腑。十二經脈之氣失調引起的負健康效應，由此就無法忽視。按氣功學理論析，前彎的腰椎實體佔據了人體下腹部的一部分體腔，丹田氣的貯存空間由此被迫減少。按中醫和氣功學理論，前傾的腰椎體勢是低健康狀態的體勢。中年以上的人，多會以小腹微向前挺的體勢，來逃避由腰椎前傾帶來的丹田腔受壓迫這一問題。但是，小腹向前挺的體態，是由加甚腰椎的前傾彎度為代價的。這實際上是在增加問題。

“鬆腰”使腰椎的前塌消失，這就從根本上消除了不健康的因素，提昇了人的生命功能。人的生命功能是整體性的。腰部這個人體部位發生變化帶出的健康效應，因人體生命活動的整體性而影響到全身。當然，這需要在腰椎鬆開後，繼續按照傳統武術“鬆關開竅”的要求練功，將腰骶、骶髂、盆骨、大腿根部和肩關節這些大關節都鬆開。除了肩關節以外，腰附近的骨節鬆開以後，對丹田貯氣空間的擴大有顯著的作用。再配以聚氣入內的方法，丹田氣足也就不難達到了。

丹田腔體增大的功用：

A、促使命門穴開。古功夫界將人的丹田按前、後劃，分“前丹田”、“中丹田”和“後丹田”。腰諸關節鬆開以後，後丹田氣易充足，從而使離後丹田距離最近的命門穴，因氣足而開（有氣則成竅）；命門有“生命之門”、“先天之門”之謂，可見其重要性；又有“鐵關”、“鐵門”、“大閘門”之稱，可見其打開的困難性。命門穴開，是丹田氣足的標記之一，是提昇人的生命活動功能必不可少的條件。

B、增加膈肌的活動幅度。膈肌是人體胸腹腔內唯一的隨意肌，又稱“橫膈膜”。膈肌的後片附著點在第二腰椎的內面。膈肌下降的幅度增大，就會促使膈肌後片附止點周圍的軟組織緊張。通過感覺神經的傳導，意念被引領至第二腰椎內面的混元神室，[1]促使先天真氣向脊內聚入。[2]根據“意到氣到”的氣功生理原理，以命門為中心的幾節腰椎周圍的軟組織功能，因得到內氣的濡養而改善，再加上適配的鬆開腰部關節的鍛煉，進一步促使腰椎軟組織的彈性和活動幅度增進。[3]後丹田氣的充盈，丹田氣可以通過膈肌的收縮下降，從前向後推逼腰椎向後運動。正常人的橫膈膜隨呼吸下降，可擠壓肝臟和脾臟下降約 2 釐米左右。橫膈膜的昇降，因此對內臟的運動，以及內臟機能的提高，都非常有益。練武術“氣沉丹田”時，橫膈膜昇降活動的幅度，是倍增於常態的昇降幅度的，這個超正常的膈肌活動幅度對內臟的擠壓，就有明顯的促進內臟微血循環，從而活化內臟功能的作用。這是練武術看似練外在形體，但對內臟也有強化作用的道理所在。

C、“丹田”是智能氣功學所稱的“軀體混元氣”的集聚處。軀體混元氣供形體活動之需，這個形體包括隨意肌（骨骼肌）以及分布於隨意肌周圍的皮（皮膚）、脈（血管和經絡）、筋（韌帶）、骨（骨骼），還有感覺器官（眼、耳、鼻、舌等）、橫膈膜和內臟器官。這就可以解釋下列現象：習武之人或體育運動員的食欲較大，因為他們需要強有力的骨骼肌，這就需要有更多的丹田氣的支持。練氣功的人，在練功的某一階段，也會有食欲增大的現象；這是身體需要增加丹田氣的量的表現。通過練武術或以形體鍛煉為主的瑜伽，或其它形式的形體動功的人，不但有看得見的肢體力量增進的功效，還有改善內臟功能的效應。因為丹田氣供應人體“形”的活動的需要，這個“形”包括了內臟這個形體。

（二）有利於中央神經系統功能的強化

人的脊柱是由多節中空的椎骨組成，由相關的軟組織連接和固定，由相關軟組織的收縮和放鬆形成運動。椎體空腔內有延髓、腦脊液椎管、植物神經、馬尾神經等除了人的腦組織以外最重要的中央神經組織。由於鬆腰後的脊柱活動幅度大於鬆腰前（這表現在脊柱的前、後、左、右蠕動幅度都有所增大），前述的脊椎蠕動，就是每個椎體沿著脊椎縱軸、按順序，作微小的前、後或左、右方向連續運動形成的“擬波浪”運動。連續的、一定時間的擬波浪脊椎運動，對植物神經和椎管會產生有規律的運動（律動）的效應。椎管內有腦脊液。椎體的有規律運動生成的律動效應作用於椎管，通過椎管壁傳至腦脊液。液狀的腦脊液受到椎管律動的擾動，會發生輕微的、連續性、有規律的振盪。由於腦脊液是與大腦相關組織在不斷進行的交流的物體。腦脊液有規律的微弱振盪，就起到類似“腦按摩”的作用。前蘇聯醫學家用醫用注射器抽取腦脊液 5 毫昇，再注射回去，如此重復多次，得到“腦按摩”的效應。由椎體自我規律性的活動，引發的“腦按摩”，是更方便、安全、經濟的普及良法。

腦脊液有分配神經內分泌因素、促進腦血流量、穩定腦內的氧合的作用。腦脊液的微振盪，打破了腦脊液原有的常態平衡並擾動於腦組織。由於這個振蕩的程度和幅度，是可以自控的，也是在正常的人體生理功能可以承受的範圍之內的振蕩，這就對提昇腦脊液和大腦組織交流，起了促進作用。而這個屬於有利於中央神經系統功能的自我鍛煉，必須是以脊柱的整體活動幅度的提高為基本條件。這又必須以鬆開腰椎關節為前提。所以，腰椎鬆不開，會“拖”了整體脊柱活動的“後腿”。

（三）有利於增進腸道吸收功能

小腸中的食糜，是入口食物中的精品。雖然還不是中醫所言的“水穀精微”層次的物質，但其物質層次已明顯高於原始食物。按物質混化論的定義，任何有形物質的物理介面內，都存在著與這一物質層次相一的混元氣；混元氣彌散在該物質實體界面以外的那一部分，是“混元氣場”。小腸食糜作為實體物質，也有著食糜的整體混元氣場。這一混元氣，是入口物質中的混元氣的“精品”。所以，小腸食糜混元氣是維持人的生命活動非常重要的“後天之氣”。為此，支配人的形體活動的混元氣（丹田氣）集中在人的小腹內。小腸由此“近水樓臺先得月”而得到強勁的吸收半消化物質（食糜）的動力（能量、氣）。混元氣和混元氣相接觸，很容易發生混化。小腸食糜混元氣這一後天精華之氣，既和丹田氣處於同一體腔中，二者必然相互混化。小腸食糜混元氣由此就有“水穀精微之氣充養人體混元氣”這一效用。這是中醫“後天補先天”、“脾氣補腎氣”的明例之一。這個混化或補養，當然需要在人的生命資訊的主導下進行。生命資訊來自人的先天混元氣場。這也是先天之氣處於小腹後緣的原由之一。鬆開腰諸關節引起丹田腔的擴展，由此就是自我提昇和活化小腸吸收功能的途徑之一。

或問：小腸食糜混元氣被人體混元氣、包括先天氣場之氣加工成人的混元氣的依據是什麼？筆者認為：其一，是根據氣功實踐。其二，中醫認為“腎為百病之源”；因此，任何臟、腑都可以從補腎入手以養。例如，滋腎以養胃，補養命門以健脾。這說明，先天腎氣有調養、補養後天之氣的作用。還有一個現象：中醫切脈認為，左手的“寸、關、尺”分別對應“心、肝、腎”；而右手的“寸、關、尺” 對應的是“肺、脾、胃”，又或“肺、脾、命門”。右手“尺”部到底對應胃還是命門？既然胃和命門都在右手“尺”部，胃和命門是什麼關係？為何不同的中醫門派對此有不同的認識？是否胃和命門在人體生命活動中有類似的作用？其三，物質運動有一個規律，即，高一級的物質能夠影響或支配比它低級的物質的性能。人的混元氣的物質層次，明顯高於來自動、植物的食糜混元氣的層次。按照這一規律，食糜之氣和人體混元氣混化，只有食糜之氣被人體混元氣同化而成為人的混元氣的一部分，而不會是人體混元氣變成食糜之氣。

（四）有利於節欲葆精

人的先天之氣，是最有利於生命活動的精華之氣。由於當今大多數人不重視保護這先天之氣，使先天之氣無謂地消耗了，所以才降低了生命力。比如說，為了保證人類這個種族的延續，人具有先天帶來的、強大的繁衍後代的能力。例如，男性一旦失精，人體有即速再造精子的生物能力。為了確保後代在母體中，以及出生後都有強勁的生命力，人的生殖物質由人體最精華的物質構成。這個精華表現在，人體精子和卵子的混元氣攜帶著人類種族和個體的全息生命信息。當腰椎前傾，腰椎體協迫下腹腔中的各器官向體前駐靠，其中就包括了生殖器官受壓。生殖器官前部有恥骨聯合。受到恥骨的微反作用壓力的生殖器官神經，極易受到刺激產生興奮。人的性欲本來就有“不可控性”。性器官神經的興奮，最終導致人的生殖之精的損耗。

人的生殖之精流失後，人體會以最精華的內氣——混元神室之氣，隨即轉化成為有形的生殖之精，以保持人有旺盛的生殖能力。這是人自動物進化而來的先天生物特性。伴隨著人的生殖之精的流失，就是人體精華之氣的減少和生命全息信息的衰減。這意味著人體各種器官、組織及生命的最小單位——細胞，都不能得到足夠的人體精華之氣的濡養以及人的生命信息的導向，使人的整體生命力下降。對於不練功的人來說，此類損耗純屬正常（順則生人）。但對習武練氣之人來說，這是需要逆常人之習、之見，獨有重視的一環。

因為習武、養煉之目的，是優化自身生命運動（逆則成仙）。“功夫”是人的生命質度的外在體現，是人的生命健康層次的外在展現。功夫人若要真正達到優化生命的效應，首先要達到內氣的充盈。生殖之精丟失後，人體的精華之氣用於再生有形之精，而使精華之氣損耗。這與練功目的背道而施。這就是“葆精節欲”是歷代功夫修煉者的至要貴識之一的原因。這一貴識，是由道家功夫修煉者從實踐中首啟的。知道了這個理，我想，讀者對鬆腰會有更明晰的認知。

有人在練功伊始就想辨認自己的老師是否“正宗”，是否有“本事”（功夫）。筆者認為，習武老師是否重視節欲葆精，並以此時常和成年弟子談及這一話題，有此方面的告誡和引導，是辨別師教是否是真正意義上的中國功夫門人的一個指標（另一個指標是老師的德性）。“節欲葆精”理念雖然不是屬於具體練功的內容，卻是日常生活中修性、修心的內容，主要還是要從意識上重視起來，在生活中注意。懂得這些道理以後，才能從意識上重視，也不再會把功夫前輩對弟子於此方面的肺腑之言，看成“沒有科學根據”的“迷信”。也不會再當“耳邊風”了。

二、鬆腰在尚武發力中的意義

內家拳界對尚武發力機理的描述是：“力生於腳，起於腿，主宰於腰，形於手腳”。實踐證明，要完成這一發力機制，還需要有“力由脊發”和“二爭力”這二個因素。本段以尚武發力必備的“一身備五弓”，“力由脊發”，“腰為宰於”和“二爭力”這四要素分析鬆腰對這四方面的促進作用。

（一）發揮出“一身備五弓”的實際效應

“一身備五弓”是整體發力的效應的內在體會的一種表述。在正常情況下，人用上肢發力作用於體外目標，下肢用於穩定身體重心。尚武發力之精髓是“整體發力”。要達到整體發力之目的，首先要對自身整體勁力形成的“整勁”感有體會。整勁感得通過站樁得到。站樁是靜態練功勢，容易讓意識專注於體內，從日久的樁功中得到越來越清晰、明確的感受。但要將這一感受用語言描述出來，相當不容易。如果用“一身備五弓”來說明，雖然是個比喻的說法，但經過解釋，還是可以讓別人理解。

這“五弓”，即，上肢兩張弓，弓根在肩，弓稍在腕，弓背在肘；下肢兩張弓，弓根在大腿根部，弓稍在踝，弓背在膝；脊柱是一張弓，弓根在臀，弓稍在頭，弓背在命門處。站樁若能真切地體察到身體五個部位有“張弓待發”之“滿弓”的感受，這可說明自身的整體勁已初步形成。若不能體會到這“一身備五弓”的意境，就沒有站出練武所有求的樁境，只是達到了一般的養氣、增力的養生樁的效應。這五張弓好比是五個兄弟，脊柱之弓是大哥，其餘四位小弟，無論哪一個受到外力壓迫，都由大哥統一調度其它弟兄，五兄弟合力整體地共同解圍。這是對整體力量的運用比喻。在運動中，無論哪個局部受外力壓迫，反擊或化解都是整體性用勁。從運動生理看這個整體用勁、整體發勁的機制，乃是全身肌群的高度和諧、協調工作的結果。

沒有達到鬆腰者，在站樁鍛煉中也能有一身備五弓的感受。問題是，沒達鬆腰者，即使體會到整體勁，還不能有效地將整力發出體外。因為腰椎沒有鬆開，脊柱這一張弓的弓背（命門）沒有充分張開（鬆開），“五弓”中的主弓的弓背張開不充分，全弓儲力不足，不僅自身發力的力道不強，也會影響到對其它“四弓”的調配、助力和共發“統一勁”。這是從“五弓”體會“整勁”的角度，比附說明腰椎不打開，會對整體發力產生什麼影響。

（二）變“力由脊發”為自覺行為

人體下肢肌群的收縮力量，遠遠大於上肢肌群。下肢肌群產生的“力”，如何上傳至上體軀幹？靠的是脊柱的運動。若問：這是什麼樣的脊柱運動？答：脊柱椎體的蠕動運動。也就是前章節所言的脊柱的“擬波浪”運動。這個稱“蠕動式”或“擬波浪”的整體脊柱的 S 形運動，是要通過脊柱椎體肌群的協調工作（收縮→放鬆→收縮）來完成。從解剖學知，蠕動運動形成的椎關節體的 S 形連續運動軌跡，是沿著人體解剖的縱軸（上下）方向，各椎體的運動是沿人體矢狀（前後）方向。脊柱沿著縱軸、矢狀、自下而上的 S 形運動，是力的傳送→發放的關鍵。這個 S 形若是從上而下的運動，就是力的“收引”。力的發放或收引的實質，就是體內之氣的自下向上導或自上向下引，引動整體脊椎的定向規律性運動形成的。這就是太極拳講的“力由脊發”的運動機制。

然而，這個機制是每個人天生就具有的，只不過大多數人沒有尚武發力的需要，“命意源頭”的腰隙命門沒能鬆開，腰椎諸骨節前後方向的簡單的運動無法完成，就無法奢求腰椎的蠕動了。因為腰椎以下的骨關節是難以做 S 形蠕動的，腰椎就是脊柱由下向上傳力的“第一站”，因此也稱為“樞杻”。鬆開了腰諸關節，下肢肌群收縮產生的“力”，就能通過腰椎的自由活動，引動脊柱蠕動向上傳。由此就能體會到“力由脊發”的脊椎運動的全過程，改不自覺的“力由脊發”的身心態為自覺活動的身心態，使生命自由度得到提昇。

（三）具備了“腰為主宰”的自主能力

腰椎的骨體，可以看作腰部組織的“內平衡體”；維持腰椎骨體活動的軟組織（肌腱、韌帶），可以看作是腰部組織的“外平衡體”。只有內、外二個平衡體的原有的、屬於常態的狀態都被打破，才能讓這個平衡體達到一個新的高度。這一高度就是鬆開腰諸關節的狀態。腰諸關節鬆開後的腰椎群，從原來只能固定於前傾彎曲的狀態，變成了既能向前也能和向後做雙向運動的關節體。中國功夫界喜用“腰椎後凸”、“命門後凸”描述鬆腰狀態。這個“後凸”是相對“腰椎前塌”、“命門前凹”的狀態而言。“腰椎後凸”或“命門後凸”的實質是腰椎關節能夠經過自覺的抻拉，消除原有的從胸椎最後幾節直到腰骶部的前彎狀態，腰椎出現與腰椎前塌的狀態向反的微後凸的狀況。這是胎兒，新生兒和嬰、幼兒的腰椎狀態，所以稱為“先天”狀態。對於尚武運動者來說，這種腰部狀況，就是為了最大限度地增大腰椎的活動幅度，來配合脊柱的 S 形運動，傳遞由人體下肢肌群收縮產生的“力”。

太極拳界流行的《十三勢歌》中有“命意源頭在腰隙”一句。人的腰椎共有 5 節，在第 2 和第 3 腰椎之間，就是“命門穴”這個“腰隙”。“腰隙”內面的腹腔中是混元神室和丹田。混元神室是人的先天氣場，丹田氣是主管人的形體，包括骨骼肌（橫紋肌）的運動。這是稱“腰隙”為“命意源頭”的原因之一。這個眾脊椎體的運動性蠕動，就包括了腰椎體的運動性蠕動，也就包含了命門穴的開闔。由此而言，“命意源頭在腰隙”，既有對尚武發力的提示，又有對養生續命的提醒。再結合《十三勢歌》中“刻刻留意在腰間”；“詳推用意終何在，益壽延年不老春”之句，可以看出，太極拳的原創立意之理，來自道家養生續命、長生逍遥思想。這從另一個方面證實，鬆開腰諸關節對尚武和養生有二相兼容的效應。而且這時的腰為主宰的發力，比常態的、不主動的腰為主宰的發力有了很大的可控和主動性，也就是說有了很大的自覺性。

（四）有助於“二爭力”的發揮

鬆腰後的發力效應，明顯高於常態用力（俗力）。主要原因是鬆腰後丹田氣大增，命門穴開，腰部氣足，這就很容易體察到“命門”這個部位的存在，這給“意注腰間”創下了一個良好條件。人由此能夠通過自身意識的主觀能動性，將精神凝聚於腰間。對於尚武運動來說，主動地意注腰間，就能在發力時比較容易做好“二爭力”。“二爭力”是需要主動地運用意識去做的。但若沒有“一身備五弓”的體驗，沒有“力由脊發”和“腰為宰於”的形體運動能力，要真實做到、做好“二爭力”是沒有可能的。“二爭力”是“形神結合”的氣功實踐例案。

鬆腰以後用“二爭力”所發出的“力”的性質，因“神”（精神、意識）和“形”（形體）的密切結合，自然而然地會從“絀力”、“笨力”、“散力”、“俗力”向“整體力”、“統一勁”過渡，直至“力”的收引、發放都能自如。再加上鬆腰後的腰部軟組織的收縮更為有力，肌群的協調工作能力也更上一層，整體發力效應就能扶搖直上。所以，《十三勢歌》中要用“刻刻留意在腰間”進一步點明時時留意“腰間”（腰隙、命門）於尚武和養命的重要作用。鬆腰以後時時留意腰間，就是時刻意守人的“命意源頭”的命門處，“意到氣到”。意注命門處，就是聚氣入腰椎，這是上肢發力的同時，腰部以命門為中心力點後坐形成“二爭力”之必須的意念活動。尤如榴彈炮發射，炮身的後坐力和射程、炮彈威力成正比。尚武發力時，腰椎後坐的意氣力三者恰到對處的運用，是通過上肢發出整體力的關鍵。由於二爭力要通過特定的方法訓練出來，中國功夫鍛練中就有多種訓練方法，尤其在中國的內家拳術中。太極拳既有形意拳、八卦掌在快速運動鍛煉中培養二爭力的方法和理念，例如吳式太極拳快架；還有在慢速運動中訓練二爭力的理念。無論何種方法，都有習武和養生的雙重作用，原理就在意守腰隙命門這一點。

（五）本段小結

現將本段所言總結之。尚武發力需有五大條件：A）“一身備五弓”的體驗， B）自覺的“力由脊發”的能力，C）自主的“腰為主宰”發力能力，D）發力時“二爭力”這一能力的培養，E）腰諸關節的鬆開，這是五大條件中最根本的。這五項都要通過主動鍛煉才能得到。“力由脊發”和“腰為主宰”這二項，都是人本有的生理功能。人平時的運動、活動，靠的就是這個機制，只不過不練功的人或沒有對尚武發力有需要的人，對“力由脊發”和“腰為主宰”這二項運動態沒有深切的體驗和感受而已。“力由脊發”意表的：脊背是傳送“力”的輸送帶、通衢。鬆腰，是從根本上強化了 “腰為主宰”這一功能。腰諸關節的鬆開，是主動做到“力由脊發”的關鍵。“力由脊發”還需要有脊椎的 S 自由蠕動運動訓練。因這不屬於鬆腰的議題，另有功法專練，在此不論。而“腰為主宰”功能的強化，必須有腰諸關節的鬆開。否則，腰部無法充分地發揮運動功能，全身肌肉協調工作產生的力，不能以腰為主宰整合成為整體勁。這就是稱“腰部是人體發力的樞紐”的道理所在。這也是“命意源頭在腰隙”要表達的思想之一。這裏的所說的整合與傳輸，都是由意識主導、掌控和支配的。這是中國功夫的精髓原則。至於“一身備五弓”和 “二爭力” 這二者中的前者是 “體” ，後者是 “用” 。練出 “一身備五弓” 的體驗，是為了做好 “二爭力” 這個中國功夫發力獨有的理念打下堅實的人體物質基礎。這五大條件集合為一來強化人體發力這一天然功能的本質，是人的生命力的強化。由此而言，鬆腰對生命優化和尚武發力的意義，其實是功夫鍛煉的一個效應態，在養生和習武這二個方面的體現。中國武術的鍛煉原則是：從養生開始，到強身健體、掌握武技，再到更高級的養生。鬆腰的養生與尚武雙重效應，正體現出中國武術的這一鍛煉原則。

對於沒有實踐過太極拳道的氣功修煉者，對中國的拳術瞭解不多，只從主觀印象和拳術外表看拳術，認為拳術是只修形，不修氣、不修神意的活動。在練氣過程中不意鬆開了腰諸關節後，因不瞭解“命意源頭在腰隙”之言的涵義，從而沒有重視“刻刻留意在腰間”這一要則，對如何保持鬆腰後的狀態漠漠然。雖然腰諸關節已徹底“頓開”，卻難以將這來自不易的可貴狀態延續下去。這是一個應當立為教訓的例案。對“腰為主宰”、“力由脊發”的發力機理的探討，是中國以外的尚武功夫界中沒有的。龐明先生是中國史上將鬆腰的本質、機制、效用、方法等，站在氣功科學立場上總結的第一人。

第四章 混元竅開啟

在這裏介紹的混元竅開啟，是原“華夏智能氣功培訓中心”的資深教師赫相臣先生，根據龐明教授的混元整體學中的有關理論，借用現代天文學的黑洞學說，依據自身多年氣功實踐創編的混元竅的開啟方法。

第 1 節 “混元竅”之概念

“混元竅”是道家混元派對“中宮祖竅”附近之“玄關”的稱謂。玄關，是道家通謂的一個名稱。這裏的“中宮”也在道家練功喜稱的“三田”中的“中田”處。道家認為，人體的下、中、上“三田”，是人之內氣集養之處。“下田”大致位於小腹內的“丹田”附近，包括丹田縱深處的“混元神室”，再往後就是命門穴所在處。丹田是人體的中心，是人“立命”之根基；是“五臟六腑之本，十二經之根，呼吸之門，三焦之原”（《難經》)。“中田”於胃脘深處，也就是“脾宮”所在處；“上田”在頭，是“神”（識神和元神）所在之處。道家所言的“中田”和中醫所言的“脾”之所在的“脾宮”之位差不多。按中醫的五行配五臟之學說：木居東方為肝，火居南方為心，金居西方為肺，水居北方為腎，土於五行之中央屬脾。這是稱“脾為中”，脾宮為“中宮”的原因之一。另，這“宮”字表明，在肝、心、脾、肺、腎這五臟中，唯在此，有中空的“竅穴”存在。此處即為人體五臟之中心。我們依混元竅所在位結合古文獻，稱為“中田玄關”或“中宮玄關”，比較容易讓人理解，也避免和其它道門的玄關之名相混淆。

道家名著《性命圭旨》收集的“玄關”之稱，有幾十種之多，

摘幾如下：……**玄牝之門，天地之根，金丹之母，呼吸之根，心源性海……神室氣穴，土釜穀神，靈根把柄，坎離交垢之鄉……然而丹經大都喻言，使學者無所歸著。前輩指為先天主人、萬象主宰、太極之蒂、混沌之根、至善之地、凝結之所、虛無之穀、造化之源……歸根竅、覆命關、中黃宮……虛空藏、西南鄉、戊己門、真一處、黃婆舍、守一壇……种种异名，难以悉举**。《智能氣功名詞解釋》中的“混元竅”條目下，龐明先生另列舉了一些混元竅的別名：“混元”、“混元靈竅”、“臟真混元竅”、“中宮混元竅”等。智能功對“混元竅位”的定義：在“中脘”上下 1.2 寸，上是“心”，下是“腎”，左右各為“肝”和“肺”，“脾”在中央；混元竅處在“脾宮”處。若以“形”定混元竅的坐標位，是在“中脘穴”和“脊中穴”的連線，和人體前三分之二、後三分之一縱軸中線的交叉點。這個形體位，差不多在橫膈膜（膈肌）或胰臟（胰腺、胰島）的中心附近（圖 9）。

“混元竅”所在位，即是智能功講的“混元位”。但這“位”卻不是一個實體位置，而是和實體呈兼容的混元氣。取此位置的理由，因此處是古典氣功“神氣並練”和“煉氣化神”的玄關竅，也是智能功認為的“臟真混元氣”集中的地方，是神與氣的混融之處所；意守這一部位，可凝聚混元氣，使意識和混元氣合一，就可逐漸體察到“無內無外”的混元氣的整體狀態——玄關竅開的景象。我們依混元竅所在位結合古文獻和智能氣功理論，稱其為“中田玄關”或“中宮玄關”，較容易讓人理解其所在的“形位”。混元竅或玄關，其實是在表示一種意識狀態，也在表示練氣功達到一個新的健康層次並有這麼一種從未有過的練功態的體會。這一意識狀態、身心健康程度和功態體會，是由於實踐了某種練功方法，在不太長的時間內達到的狀態。這個方法就是混元竅的開啟。正因如此，混元位才有“混元之中”這一別稱。因為達到“混元竅開”，體察到“別無內外”的景象，有“氣包神外”的體驗。這種體驗也可稱“混元之中”。過去的道家老師常告知說：要“守絳宮”，現在才明白，這“絳宮”是指

“心下臍上之中丹田位”。

老子《道德經》第六章有曰：“穀神不死，是謂玄牝。玄牝之門，是謂天地根。綿綿若存，用之不勤”。“穀神”在此可謂“水穀之神”，就是中醫所指“脾”。脾是消化、吸納、運轉由食物轉化而來的“水穀精微”之臟，水穀精微乃後天之物，脾之氣因而稱為“後天之本”。古道家認為，人的五臟各有形、氣、神。“穀神不死”就是說，脾之氣的強盛，脾功能提昇了活力。這個效應來自脾的形、氣、神三者功能的整體統一後，脾之神和脾之形的聯繫，由脾之氣的量和質二者都提高而得以強化。“牝”為“母”之意。母性生物有繁衍、生殖、育化的天賦功能。“穀神不死，是謂玄牝”，總意為：人的生命的後天之本的脾功能若被激活（不死），人的生命力就如母性生物功能那樣，生生化育，綿綿不斷。人這“脾”為後天之本，人之“腎”為先天之本。“腎”直接與人的先天生命質度有關。脾為後天之本；後天之氣有補養、充養先天之氣的功用。人之後天之氣的充盈和強化，對人的生命活動和生命質度的提昇的意義，因此不言而喻。

如何做到“穀神不死”？筆者認為，開啟中田玄關，讓人之真氣和天地之氣相通，這是活化“穀神”功能的根本之法。中田處的“混元竅”，就是“玄牝之門”，就是天地相通的“根本之門”、“天地之根”。因此，道家對玄關的稱誉，就有了“天地之根，生命之門”，“玄之又玄，眾妙之門”；“結金胎之勝地，成仙路之階梯”；“金丹返還之根，神仙聖胎之地”等等。“綿綿若存”體現的是混元竅開啟後的生理景象；“用之不勤”表現的是玄關開啟後的作用和必須的養護原則。也是《性命圭旨》中言：**蓋祖竅者，乃老子所謂玄牝之門也。悟道篇雲：要得穀神長不死，須憑玄牝立根基。所以紫陽言：修煉金丹，全在玄牝。於四百字序雲：玄牝一竅，而採取在此，交媾在此，烹煉在此，沐浴在此，溫養在此，結**

胎在此，至於脫胎神化，無不在此。修煉之士，誠能知此一竅，則金丹之道盡矣，所謂得一而萬事畢者是也……純陽祖師雲：玄牝玄牝真玄牝，不在心兮不在腎，窮取生身受氣初，莫怪天機都泄盡。"要得穀神長不死，須憑玄牝立根基"和"穀神不死，是謂玄牝"意思相同。此處的"紫陽"，應為道家北宋的內丹學家、主張佛道合修的張紫陽(西元 984-1082 年)。"採取在此，交媾在此，烹煉在此，沐浴在此，溫養在此，結胎在此"；簡言之，就是時時將意念專注於此，如此才能"金丹之道盡"，"得一萬事畢"也。

記得 2003 年元旦那天正下大雪，我去赫相臣老師紐約家中。他告訴我，在元朝道學家李道純《道德會元》一書中，有對玄關解釋的一首詩："此竅非凡竅，中中復一中；萬神從此出，真氣與天通"。赫老師當時的解釋是："中中復一中"，這裏有三個"中"；其中一個是指"天地之中"的"中"，一個是指"人體之中"的"中"；另一個"中"，是指人體之"中"和天地之"中"這二個"中"合而為一的"中"（"復一中"的"中"）。玄關開，人之"神"（精神、意識）就能從玄關進出，人之真氣也和天地之氣相通了。

在古代，由於沒有人體解剖學作依據，古人對中宮祖竅之玄關或混元竅的體內定位，全憑個人體會。說法因此各異。"混元竅"是智能功創編人龐明教授借用了道家混元派用的名詞。赫相臣先生在 2000 年上海舉辦的"中國首屆自然醫學大會"上宣讀的論文中，用的是"玄關"一詞。我們已知，"混元竅"和"玄關"，都是表示某種意識體驗態的詞匯。龐明先生在《傳統氣功知識綜述》中說："**中宮祖氣之心下玄關，其部位在混元竅附近，凝神於此，臟真混元氣得到強化、充斥，意元體可得到充足的濡養，感知功能被敏銳，因而感知到混元竅內之氣可自行開張，下連丹田……**"。古修煉家認為：有氣成竅，無氣渺茫。"竅"為空腔。既稱為"腔"，中必為"空"。然而，即是物理學說的"真空"，也並非什麼都沒有，至少還有

“氣”這種科學還不涉研究的物質存在。無論是“混元竅”還是“玄關一竅”，要形成為“竅”，必須有“氣”充實於內。否則就不是竅穴，只是一個竅位所在之處而已，存在或不存在的意義，差之不多。

第 2 節 開啟混元竅於優化生命的意義

人體修煉的實質是優化生命系統。中國傳統的優化生命的理論和方法，主要流承在道、醫、佛、武界。當代氣功學，繼承了中國傳統修煉文化中的精華。中醫認為，人由精、氣、神組成。氣功學認為，人是形、氣、神三位一體的生命質體。“精”和“形”相比較，“精”無形。當“精”凝聚成“形”，由“形”體再現“精”的存在。而“精”和“氣”相比較，“精”有形而“氣”無形。中醫是治病術，重視人體之精甚於人體之形。因為治病只要求“氣”的正常即可。氣功學認為，形、氣、神三者的本質是混元氣。“形”和“氣”由“神”統率。因此，形、氣、神三者在一定的條件下，例如人的精神的支配下可以發生轉化。氣功理論所指的人體之“精”，主要是指人的先天之氣這一精華物質。先天之氣是形、氣、神之本。道術在古代就是“修仙”的方術。由人變仙的過程，就是人自覺地改變自身內氣質度的過程。人的內氣質度的改變，不但要有“量”的積累，更要有“質”的變化。先天之氣在內氣中占有的比例，是內氣質量高低的主要成分。

武術界重視“形”的能力的培養，練武就是開發與鍛煉“神形相合”的能力。人體之氣是“形”和“神”的中介物，是“神形相合”的生命功能展現的必須媒介。所以，氣足，就是氣功實踐，或者說人體修煉的根本條件。而道家走了“神氣相合”之路，直接以“氣足”達“形豐”。這與武林鍛煉原則殊途同歸。氣滿才能神足。

這是道、武二家的共同觀念。佛家雖不明言“氣”而修。但佛家修煉的本質也是人體修煉術，只不過是從精神修煉入手，以煉“神足”為先。按智能氣功學的定義，精神也是混元氣的一種，不過是一種特殊態的混元氣。正因這一原因，“神足”需要“氣足”作後盾。因為“神”這一混元氣從質地上說，雖然比人的體混元氣精微得多，但“量”遠不如體混元氣。人的體混元氣是“神”的“後備倉庫”。

綜上所述，聚焦到一點：練功首先就是練人體內氣的充足，再者就是提高內氣的質度，這要以養煉先天氣為原則。練內氣的充足，功夫界歷來積累了很多方法。在中國氣功功法中，有採氣、收氣、聚氣、貫氣等的方法，舉不勝舉。可是，這些方法多為從外向內的採、收、聚、貫（氣）。我們知道，不管是人體內氣還是自然之氣，都是受人的意念支配的。運用採、收、聚、貫這類方法集氣，是因為初學者當時的意識還不能真正的、有效的進入體內，是不得已使用的權宜之法。不管從物質變化的規律，還是從氣功鍛煉的規律或通過氣功鍛煉使人體質度發生變化的規律來看，人體內氣都需要先在體內的深層組織中充養、充實，然後再從深部組織向外層滲透，最後達內外一體的身心境地。這就需要“意駐體內”為先。而採、收、聚、貫等方法，是用意念引著人體外界的混元氣，從體外向體內集中。雖然，從外向內集聚混元氣的原則，也是用意念引導混元氣，因為“神”和“氣”都是一個本質的存在物，二者很容易發生混化。但是，這裏有一個氣功生理的規律在起作用。這個規律就是：意念或意念引氣，難以從外向內徹底的滲透。再說，即使有一部分混元氣從外而入內，在沒有達到深層組織時，就被消耗了一部分或全部被消耗。如此，人的整體形體組織，只能有一部分得到混元氣的濡養。得不到的永遠得不到。這當然會極大地影響到生命質度的提昇。正是因為這個氣功生理學機制，使得以意引領外界混元氣進入體內的方法，有了安全性高的優點。所以，這種方法適於普及。

在普及氣功的活動中，氣功鍛煉是全民化、社會性的活動，由此組建起社會性、群體性的“大氣場”。在大型氣場中練功，與單修獨練有明顯的差別。以上所說“以意引領外界混元氣進入體內的方法”的缺陷，雖然受到氣功生理機制的制約，不會得到根本上的克服，但在大氣場中，至少能將其減低到最小程度。

在沒有社會化、群體性的大氣場的古代，為了增大採、收、聚、貫氣的量，提高集氣的效率，傳統氣功中有很多開關、開竅的方法來開啟身體某些穴位，促使人體和自然之氣相交通的通道多一點。氣功鍛煉中的穴位，有代表著道家“三才”的“天、地、人”的穴位，如：稱為“天關”的“天門”，稱為“地關”的湧泉穴，稱為“人關”的勞宮穴，還有昆侖、百會、天目穴等。然而，這些穴位即使開了，所收的氣的量，對於整個人體來說還是杯水車薪。比如說，今天練功了，內氣充實了一點；可是人要勞動，要學習，生活中也會消耗內氣。如果內氣入不敷出，健康就會發生問題。如果內氣只是略有節餘，這對練功人來說是遠遠不够的。所以，對於生活在當代社會的練功人，必須有一種方法，讓自己的內氣先有超乎常態的積累，再從量變達到質變。尤其是在沒有大氣場的護佑的今天。

中國傳統功夫法門中並不缺優秀的鍛練人體內氣的功法，如，道家龍門派的丹道周天功就是一例。這個被稱之為“金丹大法”的入門是從練下田（丹田）氣開始。意和氣的存駐、流走，是在人體較深的生理層次。但因人體生理特性，使這種方法產生多種弊病，一直以來沒有有效的措施可以解決。簡言之，從下田開始修煉，俗稱“命功”。若不同時“修性”（佛家稱“修心”），修命功者的精神素質此刻還和常態人一樣，無法避免人自動物進化而來的生物本能生理活動對意識的幹擾。這是造成修此功成功者少的非可更動的因子，也是修此功者要遠離市肆、隱居山野的一個原因。因為修煉此功，入門之際若“煉己不純”，這第一步煉精化氣就完不成，下

一步的“過關服食”之“結大丹”便無可能。而結大丹的階段，才是真正培育比丹田氣更為精純的真氣的階段。而且此階段的體內之氣已經和自然之氣相通了。然而，即使要打好煉“小丹”的基礎，也要以“煉己”（提高精神素養）來“築基”（打好煉丹基礎）。這實際上就是先修性，再修命的模式。所以，煉丹道周天功，即使是為了“結小丹”， 在練功初期也要性命雙修，才有可能成功。所以，煉金丹大法，也促進了道家龍門派在對“性”的修持的研究上，走在各派之首；龍門派法、理並進的修煉模式，也使其成為道家最知名的門派。

或問：為何不在入門時就練結大丹的功法？這是因為沒有經前面結小丹的鍛煉過程，鍛煉者意識力量，即，意識凝聚“氣”的力量不够，意識支配、調控“氣”的能力也不够；而且此刻鍛煉者體內的內氣的量也不够充足，有了量，氣的精純度還不够，就做不到結大丹。而結小丹的固有的難度，又使在結小丹過程中淘汰了很多鍛煉者。如此一來，能結大丹者自然就少了。所以，過去練丹道功者，達結大丹层次的成功者並不多見。

龐明教授以自身的氣功素質，將中國武、道、禪家修煉術融會貫通，分別以“鬆腰”、混元竅開啟和用意識主動感知意元體的原始性狀這三大部功，變通替換了道家正宗修煉的精華之法“金丹大法”的第一步“煉精化氣”（俗稱“結小丹”），第二步“煉氣化神”（俗稱“結大丹”），以及禪宗的“見性”等，讓現代修煉者有合乎人體規律的功法可循。這些功法以《混元整體理論》這一氣功科學基礎理論作指導，目的是要讓古典人體修煉術中的優勢功法，能廣濟普世，造福於民。在達到“鬆腰”和混元竅開啟的人體修煉效應後，就必須以修養意識、涵養道德，陶冶情操作為功夫修煉的日常課題。龐明先生創编《混元整體理論》，揭示出禪宗修煉的氣功生命科學原理。這在本書第九章有詳論。在此從略。

鬆腰，混元竅開啟，再達意識圓滿，這是建立在現代人文理念上的三大修煉效應層次，不但在理論上對應著“人道、仙道、聖道”這“三道”古典修煉層次，在方法上又避開了古法的缺點，保留住優點。與古法相比，新型的功法在方法上更為簡潔，內容易明，直指根本。更重要的是，智能功理論提出的“圓滿意元體”的修煉層次，是相當於傳統修煉的禪宗的“見性”後的身心層次。然而，要達到此，混元竅（中宮祖竅玄關）的開啟，是承上啟下、必不可少的一環。開啟混元竅的意義和作用也在於此。

第 3 節 混元竅的開啟為何有一定難度

依上所敘，讀者已知，我們現在已具備從初級到高級的完整的修煉方法。讀者也知道了混元竅的開啟，在人體修煉的整體過程中的地位（中級層次，承下啟下）。然而，混元竅的開啟，在氣功界歷來非常神秘。

原因之一，混元竅是人體內氣和實體兼容並存的一種狀態，能夠自我感受到。由於一般人的內氣沒有達到能夠讓自己的意識可以體察到的充盈程度，有體會的人，很難從形體位置表述混元竅所在處。過去沒有解剖學，體內位置更難以說清。我們現在有解剖知識，說混元竅的中心在膈肌或胰臟的中心，或說在中脘一脊中二穴的矢狀軸和人體縱深處後三分之一中線的交叉點，還是讓人難以真正得到體位所在的感受。老前輩們回答弟子“混元竅在哪兒”時“不在身中，不離身中；不在體內，還是在體內……”之類表達，雖然說，這樣的表達沒有錯，但也增添了混元竅的神秘性，盡管這是混元竅開啟後的真實體驗。

原因之二，是混元竅和其它竅穴最大的不同之處在於，它很難

用形體的開合，從外而內地開啟。要達混元竅開的狀態，必須要先讓意識進入其內，意先到，然後氣到。氣足竅開。這又是一個受氣功生理規律約束、氣功鍛煉的真理性原則所規定的客觀性困難。這些規律和原則集中到一點：要求意念先行進入身體某部，讓该部位“得氣”。問題在於：絕大多數人從小至大，幾乎都沒有接受過如何讓意識向自身體內聚合集中這方面的教育和鍛煉。意識一動，習慣性地向體外散射。前面所述的修煉道家金丹大法，不能在一開始就練“結大丹”，而一定要從練結小丹的程序開始，步步為營地鍛煉。這中間除了意念凝聚氣的力量不够，氣的“量”和“質”不達要求以外，另一原因就是，意念向內聚焦的習慣還沒有養成。初入門者，因沒有意識向內集中的真切體會，由此不知道什麼是意識的向內、集中，不知如何做到意識向內、集中。這些最基本的問題沒解決，“意到氣到”是紙上談兵，“氣足竅開”是畫餅充饑。在傳統和現代氣功中，都有很多培養意識向內集中的方法，任何人只要經過一段時間的刻苦鍛煉，都可以得到“意識內聚”的體會，也可以悟到“什麼是意識向內聚”這個理。但需要有正確的方法，還要有持之以恒的鍛煉。

原因之三，人的生理特性決定了人體越外層的生理組織的感覺功能越敏銳。比如說，人的表皮組織比真皮組織，對刺激的感受度更高一些。有過針灸經驗的人一定有體會：當針刺入表皮時，會感覺輕微的痛；針持續深入，又不感到痛了；這時針已入真皮組織。“混元竅”位於人體深層組織內。意念對如此深層的感受，從出生以後就沒有過。若要意念向人體最深層組織集中，必須要有一種有效的、能讓意念集中的方法。古人從實踐中總結出“三元歸一”的方法。這的確是一個不可多得的好辦法。“三元”是：眼、耳、意；“歸一”就是“看、聽、想”三者，同聚歸於混元竅。採用這個方法集中意念到混元竅，是成功的開啟混元竅的第一步。然而，問題又出來了：這“三元”又如何“歸一”？如果想著三者同歸於某處，這是在想“三元歸一”這個事，而不是做到了“三元歸一”這一狀態。這是用“三元歸一”的概念開啟混元竅最難突破的地方。因此，用這個方法，成功者不多。這是啟開混元竅自古以來的又一難題。

龐明先生曾教授以雙手在混元竅體外的開合，幫助開啟混元竅。這一方法，對於意念集中能力、意念穿透能力較強的人效果佳。經教學實踐發現，對於絕大多數練功者來說，此法難以奏顯效。龐老師曾在講課中說到：在大的氣場中，若有幾個人對一個人的混元竅部位同時發氣，被發氣者的混元竅很快就能被打開。進入千禧年，中國境內的社會化氣功活動消聲匿跡，大型的氣場不再，這個方法如今沒有條件施行。然而，混元竅的開啟，又是人體修煉中不能忽視的一環。打個比喻，要上大學，就必須先高中畢業。這開啟混元竅就象讀高中那樣重要。有沒有另外的方法？這正是這一章的中心議題。

第 4 節 赫氏旋轉開啟法

針對以上開混元竅的難點，聚焦到一點就是：如何讓意識集中到要開啟的竅位。赫相臣老師採用的是“旋轉法”，解決了這個難點。通過意想“旋轉”，引意念集中到需要到的部位。下面是參考赫老師創立的方法總結的。

1、端身正坐或站立；百會上領，下頦微內收，雙目垂廉；全身用意念從外到內、從內向外放鬆一遍。

2、意念想著胃脘後面深處，按解剖學是在胰臟的中心。

3、眼“看”混元竅，耳“聽”混元竅，意念想著混元竅。整個精神（意識）都向混元竅集中。

4、意念做水平逆時針方向旋轉（假設鐘或表的時針面向上的逆時針方向）。可從軀幹的前方→左方→後方→右方的順序，即，平面的模似旋轉的形式。可跟據自己的愛好或經驗，如：想像電扇，車輪、旋渦的高速旋轉，或其它高速旋轉的物體。旋渦的想像是最佳的；因為這是一個上部開放，下部收小的漏斗型形象，容易讓人的意識由不集中到很快的集中，由散漫很快地轉變到聚焦狀態。旋渦的圓周錐形的尖底，意念在胰島的中心。

解说：這個方法的最大優點，在於發揮了人人都會的形象思維功能，用很簡單（旋轉）的方法，讓意念進入單一又持續集中的狀態，這在不知不覺中做到了傳統氣功開關通竅的“三元歸一”。“三元歸一”的狀態，能讓自己的精神全部專一於混元竅。這是傳統氣功界就發現的規律。由於人往往很難讓自己的精神保持在一個持續性的內向性運用意識的狀態中。而開啟混元竅，恰恰需要有這種意識狀態。古人“三元歸一”實際上還是講得比較壟統的，因為只泛泛的講到意識的集中方法，而沒有提及如何持續地保持住這個狀態，讓混元竅部位能有持續的意念力去聚氣，也沒有提到意識集中的程度（火候）。開啟混元竅的過程，是混元竅部位從“無氣”的“渺茫”到“有氣”的“成竅”的過程；是關竅之內的混元氣從無到有，又從量變到質變的一個系列過程。因此，若沒有三元歸一之狀態的持續進行，用意念聚合的混元氣的量的積累就會不夠充份，凝聚於混元竅的氣的量就不足以讓混元竅的狀況發生質的變化。即使能聚氣，也不一定能開啟混元竅。

“赫氏旋轉法”雖然是從“形”入門的方法，但一次性解決了所有問題。雖然混元竅不是一個形體位置，“赫氏旋轉法”在實施過程中又提倡意識落實到“形”（胃脘處，胰臟的中心）；但是，從“形”鍛煉入門，對於每一個有正常思維的成年人來說，是非常容易接受並行之有效的方法。相對於從形入門，還有從“氣“入門開混元竅的。對於那些意識容易集中，對內氣感受比較靈敏，意識和內氣結合得比較好的人，從氣入門開啟混元竅，是一個簡單又快捷的方法。但有這類素質的人目前並不多見。氣功要為民造福，就要慮及多數人的接受能力。赫氏旋轉開啟玄關的方法的意義也在於此。“赫氏旋轉法”還有一個大優點就是隨時隨地可以練習。

第 5 節 混元竅開啟後的身心效應

混元竅開啟後，人體和外界的混元氣的通道建立了，人體能夠收更多的外界混元氣到體內，使體內之氣比以前更充足。體內混元氣的充足，也包括了先天之氣和經脈之氣的充足。有的人打開混元竅後，因此出現類似任脈通或督脈通的感受。因為這些氣功效應，在傳統氣功中就有人感受過。龐明先生在《智能氣功科學精義》一書中有例舉：**“任脈各竅點氣充足也可呈現反應，其中心點是中脘部，氣充足時可呈水氣泡滾動聲，此聲可從腹延至胸部，可有噯氣、放屁現象，爾後有食欲亢進或減退。其氣可上行至胸衝動氣管或食道，化粘痰或血痰，以及嘔吐之類，覺胸部梗塞堵悶，而後豁然，此則為打開“十二重樓”。爾後則可有甘露下降，而胃口大開，令至小腹關元、氣海後可直下沖，性器官與會陰恥骨部可有刺痛感，氣通後則性機能旺盛。此時，切勿有性行為，否則前功盡棄”**。因中脘深部就是混元竅位的中心區域，混元竅氣足，出現以上所述練功反應，應屬正常反應。[14]

內氣充足，體質會明顯感到和以前不一樣。這是由於混元竅所在的氣場，和人體“中田”的氣場是兼容的。因此，混元竅氣足，

中田氣也足。中田是智能氣功學命名的“臟真之氣”的集聚之所。臟真之氣和丹田氣有質的不同。臟真之氣的物質層次比丹田氣的物質層次高，氣的顆粒更細膩，質地更精純。臟真之氣是供內臟功能、內臟分泌功能的混元氣，而軀體混元氣只是供應“形”、包括內臟形體活動所需要的混元氣。混元竅氣不足，但丹田氣比較充足的人，例如，練武功有素者，有一部分丹田氣就會上昇到中田，轉化為臟真混元氣去濡養內臟功能。所以，有練內家武功有素者，不練混元竅或中宮祖竅玄關的開啟，其內臟功能也能得到強化，就是這個氣功生理機制在起作用。丹田氣和人的日常生活密切相關。皆為此因，人從小就被培養出意念支配丹田氣的能力。也因此由，丹田氣很容易在日常活動中被大量消耗。

人由形、氣、神三者組成。練功最終要達到的是人的“神”（意識活動能力）的強化。臟真之氣因其質地比丹田氣更精純、細膩，因此能供腦細胞所用，古稱“養神”。而丹田氣本身的質地，不能為腦細胞所用。所以“養神”之功能，丹田氣沒有，只有依賴臟真之氣。有的當代練功人，用意念將丹田氣強行上昇到頭部後，感到頭暈或其它；歷史上有道、佛修煉者，練功出現生命危險的佚事。據我們考察分析，這是用意念強行調動丹田氣上昇頭部所致。因丹田氣受人的意念支配。古中國和古印度的修煉人，都不知道在人的頭顱內，有主管人的思維和人體整體機能的大腦以及腦細胞這些異常嬌嫩的神經組織。對人體內氣類型和人體機能的關係的認知，遠沒有今天的氣功學那樣明晰和辯證。解釋不了機制，將練功神秘化，就是必然的。過去練功，出了正面效應，歸於神、佛的恩賜；出了負面效應，歸於妖魔鬼怪。

混元竅開啟後，中宮祖竅之氣和丹田氣交流的程度甚於常態。丹田氣和中田之氣的頻繁交流，促使丹田氣的質地也變得精純。丹田氣質地的提高，使丹田氣和先天混元氣場的質度更接近，容易轉

化為混元神室之先天氣。我們已知，人的先天之氣即為“真氣”。只有“真氣”可以進入脊椎腔而“斂氣入骨”，從而“從內而外”改變脊椎的形態，最後鬆開腰緒關節。這是混元竅開啟以後，也能鬆開腰諸關節的氣功學機理所在。

問：能否將丹田氣練得很足，再上昇到中田轉化成臟真混元氣再養神？從理論上說可以。但在實際情況中行不通。這是因為：1）人的日常生活主要依賴於人的隨意肌、包括感官的活動。這部分人體機能的活動靠的是丹田氣。一般人的丹田氣在工作、學習和生活中已被大量地消耗掉了。因此，由丹田氣積蓄的生命之能的“量”，對於整體的生命活動來說是有限的。2）丹田氣較充足的人，或善於用氣功煉養體質的人，日常活動不致於造成丹田氣的不足，是會有一部分丹田氣上昇至中田，轉化為臟真之氣。因為從中田到下田（丹田）的“氣路”，不練功的人也是通的。但這些轉化成臟真之氣的軀體混元氣（丹田氣），因內臟活動被消耗掉一部分或大部分，這就沒有足够的臟真之氣繼續去養神了。

混元竅足氣，對人的身心發生的效應總結起來，至少有以下幾方面：

1、使人的心理（性、心、精神）素質向完善、完美的方向躍升。由於混元竅的實質是氣場。混元竅開，就是混元竅這一氣場的氣發生質變，神（意識）能有所駐，才會有“神駐氣內，氣包神外”；“神駐氣中氣自回”的感受，才有“不內不外”的練功體會。所以說，只有體會到“別無內外”，才是混元竅開的標記。這其實是體會到自身意識的狀態的一種感受。這種感受，是由自身意識通過自身混元竅這一部位，感受到自身意識狀況，所以很難用語言描述。因為人類目前對這一實踐活動不多，人類語言還沒有發展到能夠正確表達這種心理感受的豐富程度。當感受到自己和外界不可分時，念頭一向內動，

自然之氣就能由意念收聚入體內，直接受益的是臟真之氣。臟真之氣充盈、上昇，濡養腦細胞，活化了腦細胞的活動。腦細胞活動的實質是信息交流。腦細胞一活躍，信息交流頻繁，大腦功能增強，思維更為活躍，人變得更聰慧。修煉者到此，對以前存有的一些修煉議題、疑問，會有“豁然明朗”的理悟之見。到此方知，自己於氣功修煉才剛入門，才知道什麼是“悟後啟修”。

2、混元竅開的實質，是意識和體內混元氣的聯繫加強了。意注中田，中田氣足，混元竅部位能自動開合行中、下田之氣的混化。臟真之氣的質度高於丹田氣。高一級的物質在具備一定的條件時，能夠改變比它層次低的物質。這時的混化和常態的自然混化的效應就不同了。這時的混化，中、下田之氣的混化，能引動小腹的自動呼吸或可進入類似胎息的呼吸。胎息式呼吸有增進中、下田之氣的混化和增速丹田氣和混元神室之氣的混化的雙重功效。胎息由此被稱為“長壽功”不無道理。胎息就是傳統氣功“後天（之氣）補先天（之氣）的一個例證。

3、中醫認為“脾主肌肉”，“脾主四肢”。混元竅、中宮祖竅、脾宮等的實質是混元氣，相互兼容存在。混元竅開，脾宮氣足，四肢、軀幹和全身的力量就會增加。若再有“鬆腰”功成，全身體力的運用更為自如。這也是中醫認為人的“後天之氣”——脾氣的充足能夠補養“先天之氣”——腎氣的一個例證。混元竅開，中宮祖竅玄關之氣和丹田氣的混化加強，再強化混元神室的氣場，這一“後天補先天”的氣功生理機制，和中醫的後、先天氣互補的理論是一致的。這是“氣功實踐是中醫理論的源泉”（龐明語）的一個傍證。

以上這些變化，一是自我驗證混元竅開的標記；其二也是可受別人驗證的一個標記。混元竅開，在練功時會有體內和體外為一體的感受，這是意識進入體內的感受。這是前輩老師說混元竅“不在身中，不離身中，不在體內，也不在體外”的真實原因。另外，老師也能根據學生的一些外表跡象，或學生自述的體會，或老師用功能體察感知，來瞭解學生的混元竅的開啟狀況。有沒有明顯的、外觀上的標記來表明混元竅開？若要說有，筆者認為，最典型的就是“鬆腰”。鬆腰這一議題，雖然不是開啟混元竅的議題，可以在鬆腰的形體功法鍛煉中達到。但是，開啟混元竅以後，無論從理論還是從實踐來認識，都有可能鬆開尚沒有鬆開的腰椎諸關節。因鬆腰是形體變化，用常態的方法即可驗證。

第 6 節　助開混元竅的發音引介

龐明先生曾披露很多發音開竅穴的方法。在此引介三個發音法，是筆者結合龐老師的講解和經自身多年實踐體會，和氣功教學過程中在學生身上發現的問題，綜合而成的一文。

一、“嗡—清”音

這裏的“嗡”是近似的代用字。在練功發音時，不發這個字在漢語字典中的發音。“嗡”在練功中發音的漢語拼音是“ē-ūng”。發“ē-”時，音引意念到喉口。發“ū”音，音引意念向下到上腹部裏面的中央，這裏差不多就是混元竅的中心部位。發“ng”，意念從混元竅的中心，向外全方向地“開”。這個“外開”，好象從一個塑膠氣球的中心向外立體地“開”。這個“開”，用從中心突然“炸開”來比喻，比較恰當。“ē-ūng”引動混元竅的“開”，所以是體會混元竅“開”的發音。

發畢“ē-ūng”音，接著發“清”字音（qing）。這個音是用漢語字典中標明的“清”字的拼音。按拼音法則，這是一個鼻腔音，讀音時要用鼻腔發共振音。在練功中的發音要注意：發鼻腔音，但不能用鼻腔振動來發這個音。而是用混元竅發共振音；也就是說，發共振音時的意念在混元竅，不在鼻腔。這是發“清”音的原則。

發“ē-ūng-qīng”（嗡-清）音的功用，就是引動混元竅的開合，從而就能體會到混元竅的位置和混元竅的狀態。發“e-ung”，體會混元竅的“開”；發“qīng”，體會混元竅的“合”。只有體會到混元竅在體內的相對位置，才有可能將意念向這個部位集中。

二、“中”字音

發“中”字音是按字典標記發音（zhōng），是鼻腔音。發這個音的原則，和發“清”一樣，即意守混元竅發共振音。發“中”音體會到的上腹部的內動之處，就是開混元竅的意守位。這一點和發“嗡一清”音相同。不過，發“中”音不是為了引動或體會混元竅位的開合，而是體會五臟之“中”。發“中”音還能幫助體悟“中”之精神境界，也能體會“先天中脈”的中心線所在處。先天中脈的中心線和混元竅位相容。[15]

從精神修煉的角度說“中”，這是儒家修煉的“中”之境界（簡稱“中境”）。“中”是“喜怒哀樂未發謂之中”的“中”；發之無過或不及謂之“和”。“和”為萬物生化之綱紀（規律）。“庸”在此為“經常”之意。儒家修煉為此稱“中庸之道”。“中也者，天下之大本也”。[16]“中”是儒家氣功修煉的最高境界。

儒家這個修煉意境和道家的“虛無”，佛家“虛靜”之意境，在練功中體會，區別並不大。但“中”之意境能夠轉移到日常生活中，從而在日常中時時讓自身的精神處在“中”的狀態。這是合乎

“先天上乘大法”修煉理念的心理境界的。而道、佛家追求的練功意境，要轉移到日常生活中比較難。這或許就是儒、道、釋三家中，唯有儒家能將練功效應運用於社會活動的原因吧。《道德經》曰：“多言數窮，不如守中”。“中和法門”和“虛無法門”或“虛靜法門”，同歸在智能氣功學總結的練氣功的模式中的“清靜模式”裏。作為中國功夫修煉的一個哲學門派，儒家能成為世俗修煉的榜樣，應該和儒家對“中境”的實踐和應用有關。由此而言，發“中”字音的意義，並不全在於體會混元竅的部位。這是向讀者介紹這個發音的主旨。

三、“靈”字音

發“靈”這個字的音，在拼音發音中是第二聲“lín”。這個音比較容易發。不是鼻腔音。有較明晰的體會混元竅位的作用。主要通過發音，體會混元竅部位的內動，從而確認混元竅的位置。在發這個音前，還要加上“靈”字的第一聲（līn）。這兩個音要連起來發，即“līn-lín”。發這個音到“默念”或“心念”時，就會有混元竅內的動觸感，能够感知到混元竅的中心處在哪。古人沒有解剖學知識，做老師的即使有練功體會，也無法向學生講明混元竅位的所在之處。除非學生有一定的感應功能，能够感到老師加持的信息。用發音法體會混元竅的位置，是龐明先生的創舉。

道、佛念咒有“聲念”、“默念”和“心念”三種。實踐氣功發音法，也有這三種類型的發音。“聲念”就是聲帶振動的念音，主要功用是檢驗發音是否正確。當發音正確，就要轉入“默念”；這時嘴唇有微動，聲帶已不振動了，所以別人已聽不到你正在念的音，自己可聽到，或也可能聽不到。“心念”是連嘴唇都不動，自己都聽不到聲音，這其實是用心想著這個音，或者說，在思想（意識）中念這個音。發音、念音、想音，是為了形成條件反射，引動

體內氣機變化。體內氣機一動，通過感覺（傳入）神經，將感覺傳入中樞神經，經大腦皮層分析、判斷，由運動（傳出）神經再將判斷信息傳入氣機變化的部位，使人感受到某處有某種感覺。例如，意念一念或一想上述的“līn-lín”音引起的氣機變化，引起混元氣在混元竅處集聚。

出聲發音，振動的是體混元氣，雖然感受明顯，但意念不易集中到體內深處。默念時的意識較平靜，能夠體察進去。只有心念時的意識，才能完全集中到需到之處。從解剖學說，混元位在膈肌的中央。發音使混元竅所在位振動，還是要由神經系統來感受。所謂的混元竅部位有動觸感，是否與橫膈膜中心的微動有關？因為膈肌是隨意肌，和自身意識聯繫得非常緊密。人的神經體作為實體物，有神經質體自身的混元氣場。膈肌也有神經組織。膈肌因發音練習形成的條件反射，強化了大腦皮層和膈肌中央處的聯繫，從而使意識感知到此部位的存在，而使意識容易向該處集中。這是一個通過複雜的神經生理活動，建立條件反射的過程。在條件反射形成以前，任何方法都是“千金難買”的貴寶。在條件反射形成和鞏固後，一切方法都是渡江之舟，都要放棄。

第 7 節 功夫在詩外

所謂混元竅的開啟，就是人體修煉層次從初級向中級過渡時的身心狀態的體驗。這在古典功夫中屬“仙道”的修煉內容。我們在教功中發現，得到此方法的人雖不少，但收到應有的效果的人卻不多。經過反復考察發現，這不是由於方法上掌握得好與不好的問題，而是因為對混元竅開啟的理論沒有同時跟進所致，以致學員，對從形入門鍛煉的必要一環——混元竅開啟所必要的體位體認，認作開啟混元竅的全部。認為只要得到開啟混元竅的具體方法，就得到了有關混元竅開啟效應的全部。所以，得到了赫氏開啟法的人，一開始往往覺得非常有幸，這是普遍現象。認為有了方法，一切都有了，自己的功夫就可由此輕鬆的上層次了。這些同道沒有引起重視的是，混元竅的開啟是人體修煉的中級層次的內容。如果對傳統道術修煉的理念、理論，對結小丹、結大丹，開關、聚氣等沒有概念，不清楚開啟混元竅對提昇生命活動層次的實際意義，光得到了方法，就好像初中生得到了一本大學教本，就算能全部背出來，還是不可能真正掌握教材中的知識，更不能奢求活用書本知識。有的同仁有一定的武術基礎，有的有一定的養生氣功基礎，但對“道”、對“氣”的概念認識膚淺，即使有老師的帶功、喂氣，一時開啟了混元竅，有的當時還被老師認為開得比較好。幾年後，卻不見功夫有明顯的長進。這不得不懷疑，曾開啟的混元竅是否又閉上了？實為可惜！因為遇到這樣的明師，一生難有幾回。這就是為什麼，筆者要在前幾節中化費如此多的篇幅，來講述和混元竅相關的理論的原由。希望本書讀者能有幸避免上述同修的弊病。

應當明白的是，無論是古典文獻還是當今氣功學者，對混元竅或玄關的描述，即使描述得再具體，也不能理解為對一個具體的形體位置的描述，而是對練功達到了一定層次的一種氣功態的感受的描述。“混元位”、“混元竅”或“混元竅開”、“玄關竅開”，和“小丹”、“大丹”或“結小丹”、“結大丹”一樣，都在表明某種練功狀態或某一練功過程。這在古典氣功中稱“景象”，其實質是對練功過程中的一些氣化反應的感受。這類感受若用語言描述，就是我們看到的這些文字詞組。例如《性命圭旨》中的描述：**“虛無一竅號玄關，正在人身天地間……大包法界渾無跡，細入塵埃不見顏。這個名為祖炁穴，黍珠一粒正中懸”。“此竅正在乾之下，坤之上，震之西，兌之東，八脈九竅，經絡聯輳，虛閑一穴，空懸黍珠，是人一身天地之正中，乃藏元始祖炁之竅也”。“混元一竅是先天，內面虛無理自然。若向未生前見得，明知必是大羅**

仙”。多少年來，人類的生活和生產活動的進步，主要通過對“器”這類有形的物理性物質認識而至的。因此，某一非實質性的事物，要人們能認知和理解，最簡易、最有效的方法，就是用有形有像的物質概念來描述。例如古人在描說“泰珠一粒正中懸”之玄關景象時，先要提及“虛無一竅號玄關”這一概念。在“空懸泰珠”之前要加上“虛閑一穴”強調之。

人的神經生理特點，使人對混元竅這一部位的變化的感覺不明顯，這也是一個原因。有的人不善於捕捉微小的感受、感覺，卻又抱著急於成功之心，反而又為此分了心。本來就不太容易集中的注意力，因分心而分散。有的人一旦開啟不順利，失去了信心，半途而廢。開啟這個玄關，是從“氣修”往“道修”走的必要一環，除非是修丹道功結了“大丹”的人，才不需要走這一步。這是人體修煉路上，既重要又嚴肅的大事。跟據我們的教學經驗，開啟這個中田玄關，需要明白開啟的重要性；繼而用行動，按老師的要求去做，而不是“想做”。用行動，就是切實地從身體力行投入初級功夫的學習開始，打好基礎。若基礎功夫不紮實，對氣功理論又知之非深，機遇往往會擦肩而過。要避免以自身的偏好，幹擾了老師的教學計劃。過去的老師不主張學生在學功一開始，就得到開啟玄關、中脈開通、天門點開這一些功法，也是有其原因的，不能單一的歸糾於“保守”。從理論上說，在入門之初就做這些，可以大大縮短學功過程。但從教學實踐看，過去的老師的一些做法，不是完全出於保守或古板，也有其合理的一面，有時也是不得已的做法。除非碰上了心理素質特好的學生。但這類學生往往千中無一、二。就算碰上個把個，還要看其德性如何。一般來說，老師會根據各學生的學習進度和生、心理素質，做一些學業上的調整，達到什麼水平，教什麼方法。有的老師會“說而不教”，讓學生先得到有關知識，並認識到混元竅的開啟於提昇身心質度的重要性，先讓學生從“理上開竅”。這的確是一種既明智，又對學生負責的教學方法。

每個人的混元竅的開啟情況往往大相徑庭。從時間上說，最快的一個小時就開了。有的幾天，有的一個星期或二個星期。一般不超過三個星期。想開啟混元竅者，一旦自身開啟混元竅的時機，老師認為已成熟，就要毫不猶豫、全力以赴、排除一切雜務，一鼓作氣，在短時期內完成。在得到老師的驗證以後，在半年內或一年內，毫不鬆勁，鞏固成效。在這期間，重要的還不在於“身”的素質的變化，而是“心”的變化。這就是改變“意元體參照系”的內容了。混元竅開，意元體參照系會發生自己能察覺的變化，這對練功來說，是一個難能可貴的改變。有的學生經常和老師相處，混元竅開啟比較順利一些，這不是老師對某學生有特別的關照，而是經常聽氣功道理，改變意元體參照系快一點；再一個就是“接氣”，借老師的功力促進自身長功。當然，除此以外，還有其它因素，不過這二點是主要的。

混元竅開了以後，用簡單的方法練功，能收到以前要用複雜的功法才能收到的身心效應。這時，對什麼叫“大道”，對“大道至簡，大道無法”的真正含義也會有所理解。混元竅開，因此就是身（命）和心（性）二方面都能得益的功夫狀態。筆者認為，所謂的“大道至簡”並不是完全指“大道”的方法簡單，主要是指練功到了“大道”的階段，練功的方法不需要象剛入門時那樣複雜化。而“大道無法”指的是，練到“大道”階段，是靠學理論、修心性這些“無法之法”來提昇身心素質。

第五章 混元坐功引介

在介紹混元坐功以前，先介紹一點和坐功鍛煉有關的常識。氣功鍛煉有三大表現形式：動功、靜功和自發功。其實，這三種形式中都有靜、動，其實質都是動靜結合的練功，只不過外表以動、靜或“自發”形態表現而已。氣功鍛煉有四大體勢：站、坐、臥、行。站勢有強壯體力和養生保健的雙重效應。最典型的是樁功，有發動真氣快，氣感較明顯的特點。武術氣功尤重視樁功的鍛煉，養生氣功也從不忽視樁功。坐勢，有很多種；這是本章重點介紹的。坐勢練功啟動真氣雖然不如站式來得快，但真氣不易外散，對氣的消耗、力量的消耗遠低於站勢。所以，坐勢適合長時間的練功。臥勢適合無能力站立或久坐之人；也可用作睡前、醒後的輔助功法。基本姿勢有側、仰、混元臥三種。行勢，可以理解為步履移動的樁功；有的武術前輩稱之為“活步樁”，只有進入氣功態的行步，才屬於這個類型的鍛煉法。這四大體勢和三大表現，可以組合成多個混合鍛煉類型。

第 1 節 氣功坐勢常見類型

一、盤腿坐

盤腿坐勢，有散盤腿坐勢，簡稱“散盤”；單盤腿坐勢，簡稱“單盤”；雙盤腿坐勢，簡稱“雙盤”三種。大多數道、佛功門都主張盤腿坐，簡稱“盤坐”，又稱“蓮花坐”。除非是真正無能力者，一般來說，練氣功的最低要求是單盤。按傳統氣功界的規矩是一定要雙盤的。按氣功界內的共識，男女盤坐的腿勢安排略不相同：

女士單盤：先將右腳踝放在左大腿根部內側，或靠近左大腿根部內側處；男士相反，左腳踝放在右大腿根部的內側，或靠近右大腿根部的內側。做雙盤時，女士將右腳踝放在左大腿根部內側後，再將左小腿拉起，壓在右小腿內側面上；二小腿成交叉。男士相反，即在將左腳踝放在右大腿根部內側後，再將右小腿拉起來壓在左小腿上（圖 10）。

雙盤腿的雙腿姿勢，據筆者觀察，有難度不一的三類：第一類是印度的瑜伽師和佛教密宗上師用得較多。做法是雙腳踝不壓在對側的大腿上，而是將雙踝和雙腳都超出倆大腿的外側。倆個膝部形成的寬度，和倆側髖部（大腿根部處）形成的寬度差不多或稍大一點點。在這個體勢中，不依賴雙踝的內屈壓平雙大腿，而是用雙小腿的壓力，迫使髖關節平開。在這一體勢中，腰部的前彎或後彎的幅度，因下盤的穩固而被限制在一個很小的範圍，對腰部起到固定作用。但其難度非從小就經艱苦鍛練不可。成年人已錯過這一學習年齡，只能“望腿興歎”。第二類就是中國的道、佛家或氣功界的雙盤腿勢，難度中等，這在前面已介紹，此不重復。還有一類，做雙盤時，雙腳背不是放在大腿根部並盡量向對側方向拉，而是將雙腳背很隨便的放在對側大腿的中部。這個腿勢其實是靠雙腳踝的極度內屈使雙大腿放平，對雙小腿的壓力不大，練起來比較輕鬆，但不能很好的固定腰部。在打坐“入靜”之際，一旦上體晃動，必須要用意念主動控制。這會影響練功時專一心念的狀態的繼續。這一來自日常生活的雙盤勢，不適合作為練功夫的體勢。

二、跪坐

日本人喜用這種坐式，可能與平時的生活習慣有關。難以做單、雙盤腿者，用跪坐式比用散盤坐式，在體勢上更穩固一些。做法是，雙腿併立，下跪，臀部坐於小腿後部。雙手一般手心向下，平放於雙大腿上。上體身形要求和盤坐同（圖 11）。

另外還有一式是雙膝著地的跪式練功，筆者也附歸於此一並介紹。這是一個和坐勢和站勢相比，有獨特效應的練功勢，主要鍛煉腰部力量。因為除了宗教徒，大部分人從小就很少處在這個體勢下做練習，比如說練氣功。此法可以從另一個鍛煉方式上完善腰部綜合承力功能和強化大腿根部力量。練功體勢可採用入廟拜佛，直身下跪這一體勢。雙手合實，或採用自有興趣的手勢。和站樁一樣，保持住體勢，安靜地耗功。練習時的腰部不要向前挺，而要向後鬆，使命門向後鬆凸。這一點是跪式練功首要注意的。另外要注意的就是百會上領，收下頦，舌抵上齶，面部表情放鬆，雙目似垂廉，鬆肩空腋，含胸拔背。其它要領，按一般的身形要求做（圖 12）。

三、座具坐

坐在座具上練氣功，座具不能太高。坐下時的大腿和小腿成直角為最好。若大、小腿的角度大於直角，上體和腰部不易放鬆。座具也不能太低；大腿和小腿的角度小於 90 度（直角）時，身體又難以放鬆，上體也不容易坐成垂直（圖 13）。為了讓大腿和臀部盡量減少座具的反作用力壓迫，臀部接觸座具的面積越少越好。面積接觸最少的是“抵穴坐”，即用尾骨尖坐於直角形邊的坐具一角（圖 14）。這有一定的難度，年老體弱者不宜。道、佛氣功老師一般不教座具坐。這是現代氣功出現後流行的普及型的坐法。“座具坐”這種方法，對工作中坐的較多的人，確有特別的“惠顧” 之處。例如，在工作間隙或稍事休息的時間中，用這種方法可以利用時間方便地練功。

第2節 混元坐功系列介紹

“混元坐功”是智能氣功靜功的主要功法，功法分“外混元”、“內混元”和“中混元”三大部。(17) 混元坐功的練功不像智能動功那樣，各階段功法有明顯區別。只是在練功的過程中，依據需要來調節意念活動的內容。文中所言的“外混元”、“內混元”和“中混元”是代表智能氣功的練功階段的專業詞匯。“外混元”就是“外混元階段”的簡稱；以此類推。“外混元”鍛煉的是：1、人體各組織層的混元氣場之氣和各組織層的混元氣的混化，2、人體混元氣場之氣和自然界混元氣的交流與混化。其本質是周身之氣和自然之氣的混化。這個混化是從體內深處的混元竅向外和自然之氣溝通進行的。“內混元”階段是臟真混元氣和軀體混元氣的混化鍛煉，也是臟真之氣和周身之氣的混元鍛煉。“中混元”階段是用意識通過混元竅統率全身之氣，與此同時一方面進一步鞏固意識專一集中的能力，另一方面開始鍛煉意識在集中狀態下再分散到身體各部，進而分布到最小生命單位——細胞的層次的能力。最後到達意識無處不到，人和自然成一體的“人天渾化”。 這三大階段的鍛煉，都需要混元竅的開合。因此，混元坐功必須以混元竅的開啟為前提條件。

一、外混元功法

（一）姿勢

1、預備式：取任何一種坐勢均可，端身正坐，百會上領，下頦回收，目似垂簾或微微閉合，含胸拔背，腰前塌，兩手成混元合印手*置於腹前。調身完畢後，默念“開始練功”。

注*：“混元合印手”又名“混元靈通印”。做法：I）兩掌掌心相對，左手在上，右手在下，似接觸而未接觸（這能體會二掌之間的氣感）。II）兩掌向兩側手腕方向平拉開；左手中指尖按在右手的無明指（第四指）的指根部，右手中指尖按在左手的無明指的指根部。III）兩手手指重疊後，捲曲而互相握住，拇指按住小指背側的一面。食指和小指卷曲成旋渦形。將“旋渦”對住混元竅位。

2、起“頂天立地掌” *：鬆開兩手，轉掌心相對，兩臂前伸，似直非直，向上捧氣至頭頂上方向頭頂貫氣，停留一個呼吸的時間（此時要注意體會頭頂是否有跳動感，如無任何感覺，可收縮頭皮下的腱膜數次，自可產生氣感）。而後兩手下落，至額前，兩腕相交，左手在上呈立掌，右手在下呈陰掌，於此同時兩手扣成混元指環訣。兩手沿中線下落至右手混元指環正對混元竅，左手的混元指環正對膻中穴，此即頂天立地掌。

注*：“頂天立地掌”做法：A）兩手先掐成“混元指環訣”；做法是：二手食指彎曲，食指的指甲根部，抵到拇指的指關節橫紋處（近於赤白肉交界處）；此刻的食指指尖，靠近拇指根部；這是手之“天門”，與頭頂天門相通（圖 15）。[18] 此刻要舌抵上齶，悉心體會頭頂的天門處是否有跳動感。練混元坐功是開了混元竅以後的功夫。一般來說，在開混元竅以前，就要完成“開天門”這一功項。所以，此刻體會天門動觸，已不是新課的內容了。B）變“頂天立地掌”：雙小臂成水平，橫於腹前；左手極度屈腕直立於胸前，掌心向右，掌背向左，食、姆指形成的指環，正對“膻中穴”。右手手心向下，手背和小臂呈平（平腕），右手指環正對左右肋弓連接處——連線的中點——此處的深部為混元竅位。做“頂天立地掌”時的雙肘，要各向二側和前方微用意微撐開（圖 16）。

3、叩齒攪舌：先叩門齒 9 次，繼叩左臼齒 9 次，繼叩右臼齒 9

次，最後再叩門齒 9 次。而後攪舌，舌尖抵上門齒從中央到左上臼齒，到左下臼齒，到右下臼齒，到右上臼齒為一周，共繞三周，再反向繞三周。然後舌尖點上齶三次，點下齶三次，點上下門齒縫三次，然後舌自然放在口中，舌尖微下收，意念中把舌尖對向混元竅，而後進入練靜功狀態。

（二）呼吸和意念（雙糴導引法）

借助呼吸導引內氣外放，外氣內收。呼吸對氣的導引作用有兩種不同表現，對人體內之氣，是吸：開、昇；呼：合、降。對人體外之氣，則是吸：合入；呼：開出。混元坐功的"雙糴導引"，是對人體內、外二氣同時導引。用腹式呼吸，吸氣時胸腹壁層外向擴張，意念隨胸腹外張從混元竅部位擴散軀幹（熟練後可延及四肢）皮表，與此同時，意想外界混元氣向人體皮膚層聚攏；呼氣時，胸腹壁層內向回縮，意念隨胸腹之回縮從皮表集中到混元竅部位，與此同時，意想皮表混元氣向周圍虛空擴散。此過程是兩個活動內容同時反向進行：吸氣時人體內之氣被意念引著外達皮表，外界混元氣被意念引著內聚於皮表；呼氣時，人之氣內斂，外界氣外散。如此練之，不僅使皮表之氣充盈，而且加強了氣的內收、外放的功能。*

注*：此功法從文字上理解有點複雜。不過只要抓住：吸氣時，意念從混元竅中心向周身全方位（立體 360 度）開出；與此同時，意念從虛空帶著虛空混元氣向混元竅方向內合；從混元竅開出之氣和進入體內的虛空混元氣在體內"相接"混化。呼氣時，皮膚以內的混元氣向混元竅之內聚；皮膚外的氣，向虛空全方位擴展，越遠越好，最好擴展到"天邊"（天地交界、無限遠處）。這個方法，實際上已經開始在鍛煉意識的"集中—分散"的能力。這是比意識的單一方向的集中、聚焦難度更高的鍛煉。正因為難度大，才是培養意識集中的能

力的有效之法。

由於外混元階段練的是人體“膜絡”之氣。人的皮膚固然是人體最大、最外層、直接和人體以外之氣相接触的“膜”，但是，人體內，從最小的生命單位——細胞，到各類組織，再到內臟、血管、神經等都有膜。所以，當練內氣外放、外氣內收時，人體各組織之膜是呈立體狀的無數層。混元竅從人體中心向外，層層全方位的擴展，“接住”用意念收入體內的虛空混元氣，這一“擴“、一“接”，就不光是皮膚這層膜的內外的混元氣的開合出入，而是全身所有各個層次組織的膜絡，都有混元氣在開合出入。對於這一概念，讀者必須理清。

在練雙向導引功法以前，先做單向導引練習，是一過渡的方法。具體做法是：腹式吸氣，意念從混元竅帶周身之氣向虛空“開”出；呼氣時，意念虛空混元氣從毛竅、腠理向混元竅內“合”。這樣做，是因為這一方法鍛煉不到意識的集中一分散，無法繼續上進到意念無處不到的能力。

（三）收功

把頂天立地掌變為“混元靈通印”，默念“收功、收功、混元靈通”。然後閉眼轉目，環視周身上下一遍，把混元掌印手鬆開，變成“合實手”上昇再下落，至面部分開，兩手敷面；再上昇，敷頭部掠至後頭部，然後沿頸側落至前胸，掌心對胸內，兩手指尖相對，下降至臍，還原體側，睜眼起坐。

二、內混元功法

（一）預備功

練外混元能感覺到氣隨意念運動，能感覺到皮表內、外氣的出入後，即可練內混元。做法：1）縮提會陰，即"封閉海底"之意，切忌用力，而是意念微微一照而已。2）開張體側的帶脈穴，倆個帶脈穴和會陰穴形成三角形，同時配合腹式呼吸的吸氣；呼氣時從兩側帶脈穴向內上聚攏到混元竅，如此共行3次。3）第4個呼吸，吸氣時意念在體倆側的"大包穴"，大包穴隨吸氣向外開張，開張牽連著混元竅的開張；呼氣時，倆側的大包穴向內上，合攏至喉頭，也成三角形，共行3 次。4）第7個呼吸，吸氣時意念到倆耳尖與頭側的"天沖穴"，天沖穴隨吸氣向外開張，開張時，牽連著上齶的軟硬齶交界處的中線處著向二側開張；呼氣時，從天沖穴向"天門"合攏；如此也行3次。

（二）正功

從第10個呼吸起，吸氣時，意念從混元竅開向三心（頂心、手心、足心），呼氣時從"三心"合向混元竅，反復習練不止。練此功時，有人會出現呼吸停止，不必理它，任其自然，切勿緊張。過一會或是呼吸自變，或是出現胎息。

（三）收功

同"外混元"的收功。此從略。

注：在古典道家修煉術中，中宮祖竅這一玄關打開後，因中田之氣充盈，向上昇，能濡養神；向下伸，能固養"五臟六腑之本，十二經之根"的先天之氣。這就是著名的出土文物"行氣佩玉銘"所示"伸則下，下則定，定則固"之意。向下這個"固養"，是通

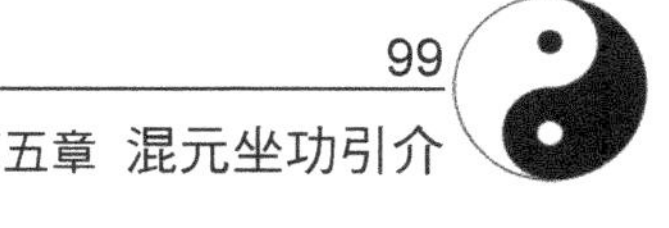

過中宮祖竅之氣和下腹部的丹田之氣的交流、混化實現的。因為只有丹田氣和混元神室直接並存於下腹氣場空間。然要詮釋開這一功法的原理，我們必須用混元整體學理論來解釋：丹田腔是人的“軀體混元氣”集聚之處，“軀體混元氣”是供人體生命之“形”的活動的生命之氣，這個“形”包括了四肢、軀幹、臟腑、感官，以及組成這些宏觀器官的各层次的組織體，包括細胞和細胞以下層次的所有形體。在中宮祖竅玄關或混元竅開啟後，處於人體中田的“臟真混元氣”開始充盈。臟真之氣向上昇，濡養腦神經組織；向下運動，則和軀體混元氣交流、混化，從而提高了軀體混元氣的質度。

處於中腹腔的臟真混元氣要向下腹部運動，主要靠橫膈膜的活動來實現。和傳統道家功法有所不同的是，在混元坐功的內混元鍛煉中，加了意念從混元竅向“五心”開伸，再從“五心”向混元竅闔回的活動，這比傳統功法單一地注意橫膈膜的上下活動所需要的意識專一、集中的程度更高，難度也更大。因為此刻的意識不僅要集中，還要在集中狀態下均勻地沿軀幹、四肢這五個縱軸分配、分布。這是內混元坐功比古典坐功，有更明顯的身心效應的原因之一。從氣功生理機制上分析，在內混元功法中，意識從混元竅向“五心”開出時，只有沿軀幹縱軸向上到頂門的意念是帶動臟真之氣養腦；而向雙手心和雙腳心的意念所帶動的臟真之氣，是要通過軀體混元氣和這“四心”相連的。正因為臟真之氣沒有和人體之“形”直接發生作用的功用，臟真之氣在意識支配下和四肢聯繫時，必須通過軀體混元氣向四肢的運動才能完成。所以，這一功法至少就有了三個效應：1）促進了軀體混元氣的聚散能力；2）由於軀體混元氣在聚散過程中有所消耗，這會引動更多的臟真混元氣去補充軀體混元氣，從而擴展了中田和下田之間的混元氣通路。這和“五元樁”的第十一式“抖翎心寧四末齊”有異曲同工之妙。3）混元竅打開後的人體和自然界的通透度發生了質的改變，又能促進人體混元氣和自然之氣的交流。這些原因，造就了內混元鍛煉在強化臟真——軀體混元氣這一方面，比古典功法有了更優的效應。

外混元坐功，鍛煉的是人體各生理（組織）層次的“膜”的功能。傳統氣功稱為“膜絡”。“膜”是實體組織的內外之氣交流的通道。比如說，某細胞的細胞膜，就是該細胞的混元氣和該細胞外的混元氣（細胞間隙中存在的混元氣或鄰近組織體的混元氣場之氣）進行交流的通道。生物體的膜，是有形之體，也是由軀體混元氣提供其活動所需生命之能。因此，外混元坐功中的意識雖然也是以混元竅為中心聚散，但也同時產生了強化臟真——軀體混元氣通道的佳效。其原理同內混元坐功相一。

內混元坐功鍛煉中的上、下二田之氣的交流，是由膈肌的活動來促進的。由於人平時的呼吸也主要依靠膈肌運動。練功中的橫膈膜的活動，就能夠引起呼吸變化。這個變化包括了出現胎息式呼吸。似胎息的腹式呼吸在此有二個作用：一是，這個呼吸引動意識從“中田”到“下田”，將臟真之氣主動地“拉”入丹田，這提高了臟真——軀體混元氣的混化效應；有的傳統功門不講主動運用意識練功，而講“出什麼，練什麼”。而練功出現這一景象，就是此說法的典型：“出”了胎息式呼吸，意識被動地配合呼吸。因此，這類呼吸就是“半自動”或說是“半自發”的呼吸。二是，胎息式呼吸，是從丹田中心向外張的功態呼吸，利於丹田氣和先天混元氣場的混化。

練這一功法建議用雙盤式。因為“內混元”鍛煉已屬中級功法，和初級時的要求是有區別的。雙手也可成“無像手”。即：手心向上，手指微屈，置於雙膝或大腿。這是頂心、手心、腳心“五心朝元”的體勢（圖 17）。練武者若學坐式靜功，這是一個推薦的功法；通過“五心”和混元竅的強化聯繫的鍛煉，是通過靜坐練氣來體會周身一整體的另一個途徑。不過要稍稍變通一下——呼吸時的橫膈膜的昇降力度要稍強烈一點。意在用膈肌的昇降，強化混元竅和四肢、五心的聯繫，形氣並重運練。

三、中混元鍛煉引介

（一）輔助功法

在練“中混元”坐功前，先推薦智能動功第四步功的“練氣八法”[19]中的“聚氣法”和“斂氣法。這二個功法有鍛煉“聚氣入脊”，“斂氣入骨”的效應。“聚氣法”還有聚氣、收氣、增力、長意志力的效應。練聚氣法，意念需在同一時間管住不至一個身體部位的運動，因此，在鍛煉意識的既高度集中又均勻分布方面，比前面的功法更有效。練“聚氣法”是“練氣八法”中最累的。一份耕耘，一分收獲。“斂氣法”同樣也是鍛煉意入脊椎、氣入骨髓的能力，和聚氣法相比，斂氣法僅少了馬步樁勢。這二個功法的鍛煉，應當在實踐“內混元”鍛煉法的同時就開始，為練“中混元”靜功打下紮實的基礎。

<I> 聚氣法

“聚氣法”是“練氣八法”中的第五個功法，是第六個功法“斂氣法”的基礎功法。這二個功法要同時先後練習，效應才可互相促進。聚氣法的鍛煉分“直腿勢”和“馬樁勢”二個體勢。前者是預備功，後者屬正功。簡介如下：

（A）直腿勢預備功

1、**下肢部**：（i）雙腳平行，最好是微有一點點的內八字形；雙腳間距約一肩半寬（二腳長），身體重心放在兩腳的中點。（ii）雙腿膕窩盡力、盡量向後繃緊、繃直，臏骨上提。（iii）做好這一點後，每一腿的膕窩、膝蓋和膝二側這四點，用意念固定；這個固定可以借用武術"爭力"的方法，即，意想膝關節的前後左右各有四根繩索向四個方向緊拉；膝部被此"四繩"固定，既不能向前彎，也不能向後移；不能向左動，也不能向右走。這個爭力已經是"四爭力"力。做好這些後，保持住這一體勢，再做其它。

2、**頭頸部**：（i）用"耳根勁"強力做百會上領和下頦內收；兩耳的耳根後面的"提氣穴"用力上提，喉頭往回收；也就是將二耳後側到鎖骨的"胸鎖乳突肌"，以及頸項後面的"斜方肌"用力繃緊，使鎖骨、胸骨和肋骨上提，並把頸項部固定住。（ii）舌抵下齶，意念點到混元竅。（iii）面部表情放鬆，這是鍛煉意識獨立性的一個要法和極好機會。意識的獨立程度，是體現功夫程度的至關重要的一個方面。這在聚氣法鍛煉中尤其要注意。因為在聚氣法的鍛煉中，做到面部表情放鬆這一點，不太容易。

3、**上肢部**：（i）兩掌在頭頂上方相合，成"合實手"沿中線下落，至手腕與肩等高，合掌的姆指的指背，距離額頭約二到三拳；雙手掌心合實；十指尖向上、微向後傾斜一點點（雙手腕尺側處的"神門穴"張開，就自然做到十指尖向後上方微斜）；雙姆指與"印堂穴"齊平。（ii）大臂盡量向前方推出，在不改變雙手勢的狀態下，小臂盡量向前推，讓大、小臂之間的角度增大；盡量不讓大、小臂的角度小於 90 度；注意雙肘用暗勁向前、向各自二側外撐，形成一個"圈力"。（iii）肘部不能高於肩、腕。（vi）肩部放鬆外拉，肩井穴下塌；含胸、拔背、鬆肩。保持住這一體勢。

4、**軀體部**：（i）胸部保持住用胸式（逆腹式）吸氣時的狀態，即：兩肋向上提昇並向兩側開張。（ii）垂尾閭，提會陰，恥骨往後貼；小腹內收，命門放鬆，盡量後凸；雙骶髂前棘向背後的穴位"腰陽關"用意念合住；合住後再稍稍上收，推動兩肋向上昇。（iii）百會（天門已開的，用頂門）和會陰調成一條直線。（vi）做好泛臂，圓襠。保持住這一體勢。

5、**意念和呼吸**：（i）意念雙手的中指形成的混元氣柱，在頭頂1米（約合2英尺）處，和頭頂的天門上昇的混元氣柱匯合；匯合的氣柱向上昇，到無限遠。（ii）雙腳中趾微內扣，雙腳心微含上提，同時帶動雙手的中指微內扣。（iii）吸氣發"喝兒"音（喉呼吸）。吸氣時雙唇閉合，舌抵下齶；發"喝兒"音盡量發出聲，達充分"開喉節"的作用。吸氣時橫膈膜強烈下降，促使胸肋向倆側開張；會陰、尿道和肛門（三陰）收縮上提。吸氣時，要意念無限遠的虛空混元氣，通過天門收入混元竅；同時，通過雙中趾和雙中指的內扣，各收天、地之氣至體內；通過趾、指的收、合，帶動並體會天門的開與闔，以及天門的收氣。

（vi）呼氣時，舌抵下齶不鬆動，閉唇，也發"喝"音；"喉呼吸"是以喉部的擴張和收縮為動力進行呼吸，引動體內氣機開張。中趾放鬆，微上翹，同時中指抒展放鬆。會陰稍稍跟著放鬆一點點，為了不讓會陰肌過於緊張。中趾放鬆帶動中指放鬆；中指的放鬆，帶動天門"開"；體內混元氣通過中趾、中指和天門，向天地虛空接氣。

提要：聚氣法是很有效的鍛煉意識的集中一分散的能力的功法。這比單一的意念集中要難得多。練這一功法，精神要在同一時間集中於二趾、二指和頂門這五點，並配合這五點運動收、放氣，還要想到從中指延伸出去的混元氣柱和天門延伸出去的氣柱在 3 市尺（2英尺）的高度相合，這就需要調整好合實手的手指和頭頂的角度，還要感受中指的氣柱接住天門氣柱的感覺。吸、呼氣還要發"喝兒"音。全身各部的身形要求，還要時時用暗勁保持。做聚氣法是中趾帶動中指，中指帶動天門闔開；吸與呼的動作，也是由中趾的收扣和抒展帶引。中指帶引天門的闔與開，是通過中指和天門的氣柱的進出天門來引動。人體之氣和周圍虛空的氣，都要往混元竅和肚臍這一帶聚集，從而加速臟真混元氣和軀體混元氣的混化。臟真混元氣比軀體混元氣的質地更精細，有促進五臟之氣“氣化”的作用。

總之，做聚氣法時的意念，要在同一時管住呼吸、發音、收、放氣，還要指揮中趾收縮帶動中指收縮，通過中指氣場（中指氣柱）和天門氣柱的連接（合住）這個意境，帶動天門的開闔；中指的氣場和天門的氣場在頭頂 1 米高處匯合，並延伸到無限遠。要完成這些，意識必須在非常專一和集中的狀態下，均勻地分散、分布於身體各部。由於人是一個整體性非常強的質體，如此久久練習，身体各部就能在意識的統一下提高整體性，人的生命活動的整體性高了，生命力就更強。

（B）馬樁勢正功

這是在直立勢的上體姿勢基本不變的馬步樁式。所以，做好了直腿勢中要求的所有要領，再做馬步勢就不難了。具體做法是，兩膝蓋外撇，屈膝下坐成馬步勢。小腿儘量豎直，膝蓋和腳尖在一條垂直線上，膝蓋不超過腳尖。

提示：1）“聚氣法”顧名思義是在“聚氣”。在整個馬樁聚氣過程中，不管是吸氣還是呼氣，胸肋部既放鬆，又始終保持住逆式呼吸（胸式呼吸）滿吸氣時那種肋間肌充分緊張、胸腔竭力向外擴張的體態。這時的橫膈膜保持在下降狀態，隨著強烈的呼吸動作，有一點上下運動，但幅度不大。這是一般人平時不會有的橫膈膜狀態，也是傳統氣功中不太多見的功法。一旦能每日堅持做，光是這一功

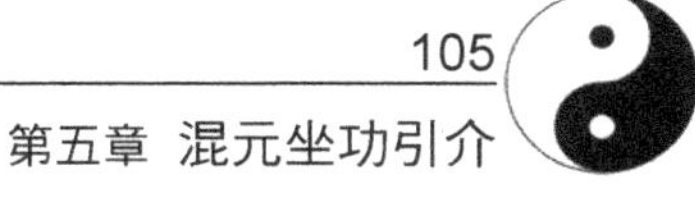

法的長氣、長力效應就不是一般的效應。

雙手合實時的手心向內擠，但兩臂用意外撐；雙肩井穴下塌，促進兩肋上提；身體下坐，但要提住會陰穴；尾閭下垂，但要“泛臀”，還有百會上領之勢；頭頂帶領全身上領，為的是使周身氣機既沉穩又不失輕靈；這一切，都是站樁功的普遍原則。身體要中正，百會或天門和會陰調成一條垂直的直線。做這些，都是為了借用形體來幫助聚氣。

站這個樁還有特殊的要求，這就是小腹內收，命門後凸，雙骶髂前棘用意齊向背後的“腰陽關”合。由於聚氣法的聚氣，是向人體之“中”聚，這就可以初步得到人體之“中”的感受。。這個對“中”的感受是通過“法”（氣功功法練習）得到的；前章節有說到對儒家倡導的“中”的境界的感受，是通過“理”（氣功理論學習）認識的。

2）聚氣法的形體要求，是為“氣”服務的。馬樁勢一開始達到的下坐高度，以個人所能達到的自然高度為宜，為的是不讓形體束縛住內氣的運動。下坐後，只管按要領集中意念聚氣。待氣斂入脊椎，腰部諸關節鬆開，馬樁高度自然會一點一點放低。放到上體基本垂直，大小腿約成 90 度，膝蓋不超出腳尖就差不多了。因為此刻是腿部伸肌和屈肌處在相互頡頏的臨界點，是最不能承受力量的時候。如果能得到負重鍛煉，鍛煉效應有獨特之處。關於站樁時間：循序漸進，多多益善。

收功：百會上領，將全身帶起，二腿直立，雙腳採氣併攏。雙手掌鬆開，手向二側展開，大、小臂在體側伸直，整個人體成“十字”。接做“斂氣法”。

<II> 斂氣法

有了聚氣法的鍛煉體會，再練斂氣法就有基礎了。“斂”是“收斂”之意，是在聚氣的基礎上，把混元氣通過意念和動作，進一步往人體之“中”集聚、斂收。練習這一功法時的整個人體的基本形態是“十字”形。

1、**體勢：** A.下頦用力收住，然後在下頦內收的狀態中頭往後仰，保持這個姿勢不放鬆。最好是連做三次，一次比一次強力。B.雙“天柱穴”向下擠，連帶著頭、背部的斜方肌繃上勁往一塊縮。C.尾閭上翹，泛臀，塌腰，收腹，頭後緣與臀部後緣在同一直線上，整個脊柱成反弓形。D.舌抵下齶，意念點到混元竅。

2、**呼吸和意念：** A.吸氣，用中指帶動中趾抓地，腳心微含上提；中指同時帶動天門，意念從雙指、雙趾和天門這五點，將混元氣向脊椎中心和四肢的骨髓內收。B.意念最好能沿着脊椎骨上的神经孔深入到脊柱，进而深入到脊髓里边去。收氣既要向脊柱和四肢的縱向內部收進，還有兼顧橫向的內收，同時還有向混元竅內收的意念，因此，斂氣法也是培養意念的專一又分散的方法。吸氣可以一次性連續做三次強化吸，這三次都是只吸不呼，等吸完再呼。C.呼气时放鬆形體，意念充斥全身。

提示： 聚氣法和斂氣法這二個功法，是練氣八法中最吃力的。但要鍛煉“氣”入“中”、得到氣深入到體內深處的體會，筆者認為是其它功法難有的。對於有功底的人來說，這二步功要按先後一起練，才能把從聚氣法得來的體會，作為練斂氣法的基礎。把“氣”聚斂到脊柱、脊髓當中去，即為“斂氣入骨”，既可強化脊神經的功能，也為練“中脈混元”功法打下基礎。這樣練“斂氣法”，就有事半功倍之效。

（二）中混元坐功

<I>中脈混元鍛煉

說明：練中混元功，除了要開啟混元竅外，還要開了頂門（由老師帮助開或在組場條件下由老師帶著開），另外就是建立了“先天”中脈。所謂的“先天”中脈，其實是處於人體沿縱軸中心，從頭頂到會陰（海底）的混元氣場，說其是“先天”，是因為這個氣場是在胎兒時就有。出生後的人，由於沒有氣功鍛煉而致這一氣場的氣不足，就不感到其存在了。中脈可以是在混元竅開啟前，由資深的功夫老師先開了頂門，再通過帶功、喂氣，初步形成。然後也是最根本的，是靠自練鞏固。因為有的功門沒有開混元竅這一程序，所以才說這些。

若是先開啟混元竅，就可自我建立中脈了。嚴格地說，是自我恢復先天就有、後天失卻的這一人體之中的混元氣場。當練至先天中脈氣足，就可以練中脈混元功，將先天和後天的中脈統一起來。所謂的“後天”中脈，就是人的整個脊椎腔體。這是正常人都有的生理組織，脊椎腔內有除了腦組織以外最重要的中央神經組織。當意識向此部位集中，全身之氣都向此處集中，這就強化了人體之氣和中央神經系統的混元氣的聯繫。就是強化了周身之氣和“後天”中脈之氣的聯繫。無論是先天還是後天中脈，都是人體深層混元氣所在。所以，中脈混元功就有“練通中脈及其和全身之氣的聯繫，使之混化為一個整體”的功用。為此，也就有了開發超常功能的條件。原有的超常功能的層次也會有大幅提高。因為“中混元”其中的一個含義就是：把意念集中到中脈，使氣形成一個直通人體上下的“氣柱”，使人體之氣與此中氣相混化。[18]不管是“先天”的還是“後天”的中脈，都是“中脈混元”的內容。

從聚氣法和斂氣法中已知，智能功“中脈混元”階段鍛煉的中脈，和傳統氣功最大的不同點是，不僅修基礎（主）中脈，而且還修從混元竅到四肢最遠端的“四肢中脈”（四肢中心的混元氣通道）。聚氣法和斂氣法是通過“形氣合一”的方法，收斂意氣進入脊椎腔和四肢骨髓之“中”。這是後天中脈的全部內容。中脈混元的靜功（坐功）鍛煉，也是意念和混元氣的結合，從混元竅向這五條中脈的末端——天門、中指尖和中趾尖這五點開出去，用“神氣相合”的方法，疏通混元竅直到軀幹、四肢末稍這五點的混元氣的通路。方法有“以意引氣”和“以意領氣”二種。若有聚氣法和斂氣法的鍛煉基礎，練中脈混元靜功並不難。需要提醒的就是，在練靜功前，先將先天中脈之氣練足，把先天中脈氣場練鞏固。最好能練到先天中脈氣場和後天主中脈（脊椎腔）聯成一體。以下引介中脈混元坐功方法。

（1）引氣法

用意念帶著混元竅處的混元氣，螺旋形地從混元竅向“頂心”（天門）和雙手中指尖、雙腳中趾尖這五點的內面引動。

（2）領氣法

1、吸氣，將混元氣從混元竅位引入脊內，再向頭頂和會陰這二頭的內面充領；呼氣，從二頭的內面回到混元竅。

2、吸氣，將混元氣從混元竅領向雙中指、雙中趾和天門這“五點”的內面；呼氣，從“五點”內面回到混元竅。

提示：引氣法也可和領氣法一樣，分二步練。領氣法配合呼吸，所以，從混元竅位出去為“脈”，從五點回來是“線”；這就為練下一步功中線混元鍛煉，培養意識條件。對中脈的體察，要用感覺，即，運用感覺運動思維體察，而不要用內視的方法去感知中脈。動用形象思維很容易出現意識造型，就是用意識“造出”（想像出）中脈的形像而出現不真實的形像。形象感知，一般來說，要伴有運動思維感覺才為真實。這二種方法，都是先“打通氣道”。在做這個事情的過程中，一定要意識向內凝聚。意識內凝內聚，周身之氣就向意識凝聚之處運動和集聚，這就是這一功法鍛煉周身之氣和中脈之氣的聯繫的機制。

<II> 中線混元鍛煉

通過以上鍛煉，意識有了在集中狀態下分散的能力，這意味著集中的能力更強，此刻便有可能集中意識從混元竅經“天門”出人體，收虛空之氣再經“天門”到體內最深處。意念能够凝聚中脈之氣達多少微細，全靠各人的意念力了。中脈之氣收聚得越至細至微，出得越遠。這裏就需要意念力強和混元氣質地高，這倆個因素缺一不能聚“脈氣”為“氣線”。氣出體外，意和氣都要和體內連著，如同放風箏。這是“氣出體外”時的原則。否則就有“跑氣”、“耗氣”、“損氣”之嫌。所謂的“中線”，是意、氣在混元竅內（五臟之中心）凝聚，混元氣被固定在從頂門到會陰這一先天中脈之中，細得只能用“線”這一文字來描述的混元氣場。尤如數學中的“點”，是一個空間概念，不是有具體大小的一個點。意念能深入到中脈之中，全身之氣也隨意念與中脈之中之氣發生聯繫，這又強化了周身之氣和中線之氣的混和聯繫。隨著意識在混元竅內繼續集中、集中再集中，中脈之氣收聚到一定程度，便從混元竅中心（中脘一脊中穴）的水平向上出“天門”和虛空之氣（自然界混元氣）結合。若用放在水中的溫度計打比方，隨著水的昇溫，溫度計的水

銀柱，是依水得到的物理能（熱力）的多少而自行上昇。水銀柱上昇多高，不在於水銀柱本身，而在於溫度計得到的水溫（能量）。

被意氣加持形成的中混元氣場，在體內是“線”，出了體外就是“氣柱”的形式了。這個“柱狀氣場” 的質地，和開混元竅以前的天門氣柱，當然不能同日而語。意氣出體外，與虛空精純之氣混化，出去的意氣當然越遠越好。因為越遠的氣，越接近原始混元氣，氣的質地越精純。這是接虛空精純之氣的“有法之法”。另外還有“無法之法”一著。這二個“法”，對於氣功實踐者來說，不可有偏之。這“無法之法”，就是本書第一章第 1 節一開頭就說到的，練氣功的要旨的第一和第二項“修養意識”和“涵養道德”。假若一個練功者，他/她有足够的意念力和足夠的混元氣，將中脈之氣加工成足够微細的“線形”混元氣場，並在體外形成混元氣柱接收自然界的精純之氣。然而，能否接收得到自己希望得到的那個層次的混元氣，並不取決於練功者的臆想和希望，也不完全取決於“有法之法”掌握得如何。那麼取決於何？取決於此人的意識修養的程度和道德涵養的水平。這不僅是氣功實踐的一個鐵的規律，更是身心修煉中顛撲不破的真理！

意識修養的程度和道德涵養的水平越高，意識能够接到的混元氣的層次越接近原始混元氣。到底接近到什麼程度，取決於意識修養和道德涵養到什麼程度。關於這一點，讀者在學習了第七章的內容後，更會明白其中之理，在此不多論。總之，方法只是技術性的操作程序。使用方法能够達到什麼層次的身心效應，不在方法掌握得如何，而在於練功人自己意識中的信息，與自然界混元氣的信息有多少同一性。比如說，自然之氣無公亦無私，人的意識中，往往“為私”多於“為公”。意識也是混元氣的一種，和自然之氣的體性不相符的意識，又如何帶動體混元氣和自然之氣去結合混化？既不能混化，又如何能收自然之氣為己所用？就是因為這個原因，功夫修煉人若不把修養意識、涵養道德作為功夫修煉的靈魂，方法或技術學得再多，也只是得了一半真傳。

<III> 中道混元釋義

意念自混元竅內沿中脈出“天門”到無限遠處，再收虛空之氣復經“天門”進入混元竅，意念此刻和虛空精純之氣相連又形成從虛空向體內延伸的“中線氣場”，這是不分體內、外的“混合氣場”，內連體中，外連虛空，虛空之氣源源不斷地供應練功需要。進入體內的混元氣，從中脈的中心向全身發出無法清數的“氣線”，穿透各層次生理組織，例如細胞。此刻的意念活動容不得一絲半毫的無謂之動。這又是鍛煉自身意識“集中一分散”的具體方法。不過這一次，意識不但需要有比中線混元鍛煉階段更高程度的凝聚和集中的要求，而且意識已經不能限於幾個方向的運動，而是要有全方位的、極高均勻度的分散的運動。難度不易用語言描繪。對“中中複一中”，“真氣與天通”之言，在中線混元階段，會有更進一步的體會，並驗證到其真理性。中線混元鍛煉法，是龐明先生所言鍛煉“意識的無處不到”的一個不可多得的具體方法。“中道混元”又名“渾化歸元”。功成，是意識從人體最深處，經全體生理微細組織，和自然界混元氣渾化為一；意識將自然之氣、自身混元氣渾成一體的表徵。

按智能氣功科學的觀點，修煉到“渾化歸元”這個水平，還只達到了人體修煉之路的中級層次。高級程度用什麼方法？達高級層次沒有方法。最高級的“功法”是用意識修意識。克除我執、建立“大我”就是日常主修內容。因為達到“渾化歸元”，已達“煉神還虛”的階段，即自己的意識能在同一時間遍布全身最小的生命單位，全身之氣已由“神”（意元體）這一特殊的混元氣所替代，“神”和“虛廓”（宇宙）合為一體。

需要說明的是：練靜式氣功，特別是坐功類靜功，若持續性的意識專一、集中做不到，很容易成為“頑空枯坐”而浪費時間。因為一般人的意識一動就向自身體外。混元坐功是以神氣結合為主，神形結合為輔的氣功靜功功法，和以神形結合為主、神氣結合為輔的氣功動功功法相比，最大的不足之處是難以普及，主要原因就是初學者在坐功中難以集中精神。另外，神氣結合的方法，教者難教，學者難明，這又是一原因。這一點，還容易增添氣功鍛煉的神秘印象。筆者認為，鍛煉者若有智能氣功動功的“形神樁”（形神合一樁）、“五元樁”（五氣混元樁）和“練氣八法”這三部大功法的紮實功底，並達到了功法鍛煉要求和效應，再實踐混元坐功，就能“百尺竿頭，更上一層”。因此，要實踐混元坐功者，建議先從系列化的神形結合的動式氣功入門鍛煉，先打下較紮實的神形結合之功的基礎，再入神氣結合的鍛煉模式。

在動功中的鍛煉者，只要意念專注於做好規定的動作，就會收到該功法的效應。這是動式氣功適合普及，練動功者的身心變化很快的一部分原因。而且，上述的智能氣功的動功的每一步，每一法，都有相應的理論（功理），闡明功法的機制。凡是有理論的技術，就不是“術”而是一門學問。任何學問，只要學，都會有看得見的效應。混元坐功當然也有其優點，這就是，適於自學（對有一定氣功水平者）。

第六章 其它功法介紹

第 1 節 揉腹臥功

“揉腹功”這個功法，可以在坐勢和站勢中做，並不限於臥式。在此介紹臥功的原因，是依照練功實踐，在臥式中的身體容易放鬆，做的時間也可以比坐、站勢中更長。揉腹功分武當派和少林派。武當派揉下腹丹田部位，少林派揉上腹中田部位。析其機制，二者實為殊途同歸。現分別引介如下：

一、武當揉腹功

1、仰臥，兩腿平伸或彎屈，要讓腹部、特別是小腹部放鬆。

2、男士用左手掌的中心“勞宮穴”對準肚臍，右手掌按在左手的掌背。女士相反，即右手掌的中心“勞宮穴”對準肚臍，左手掌按在右手的掌背（圖 18）。

3、直接按在腹部的手，要“粘”住腹部皮膚，沿順時針（上→左→下→右→上）的方向揉動；也是可以相反的方向。雙手稍用力，要讓手上的物理力“透”入皮下到腹肌。

提示：肚臍深處對應人體先天氣場的“混元神室”（腰椎內面）。做這一功法時，意念一定要守在第 2 和第 3 腰椎的內面（命門穴前面），這實際上是守在混元神室，能強化意識和混元神室的聯繫。也就是說，通過意識專注於此，來強化混元神室的先天氣場。

這個功法，從外表看是用物理力按摩小腹，如果這樣理解，是對此功法的誤解。用手和臂產生的物理力按摩小腹，當然有對小腹內生理組織進行物理按摩的作用。但做此功的真正目的，是通過連續不斷的單一性動作，先讓意念集中到肚臍周圍；不斷重復這一動作，慢慢的就會忘記動作本身，意念就不再滯留在手的運動或腹肌表面。堅持鍛煉，意念就會不知不覺地進入肚臍深部和人體先天氣場相結合，這是達到練此功的最初目的。不斷的持恒鍛煉，意注混元神室的能力越來越強，意念和先天混元氣場的聯繫得到強化以後，人的生命力也就能自然得以強化。

《十三勢歌》中“命意源頭在腰隙”；“刻刻留意在腰間”；“詳推用意終何在，益壽延年不老春”。這四句詩文的內容，體現了武當揉腹功的思想。武當山是中國道家最大門派的龍門派的南大本營。武當揉腹功的思想和效應，和王宗嶽的太極功的思想效應在理論上有一致性。這是“天下太極出武當”這一說的根據之一。

本功法的基本要點析

1、揉腹時的意念，始終注於肚臍深處的腰椎之前，也可以想到自己的手在腰椎前面揉腰椎內面。

2、揉腹時的手掌和腹部皮膚，不能有相對的摩擦運動。手掌和腹部皮膚，好象是用膠水粘在一起的轉動的。

3、揉腹的時間沒有限定，多多益善。如果初學者一定要有一個時間作參考，每次半小時屬最低要求。初學者最少不得少於 15 分鐘/次，每天二次。因為要讓人的體質能通過一個功法發生作用，這是一個體質的質變過程。按哲理，量的積累是質變的唯一條件。所以，鍛煉原則是“多多益善”。

二、少林揉腹功

1、仰臥，兩腿或平伸，或彎屈，腹部盡量放鬆。

2、用左手掌的中心的勞宮穴對準腹部的中脘穴的附近。這個位置的自我定位：先在兩乳頭的連線上取一個中點，然後將這一個中點和肚臍相連。二乳頭連線的中點向肚臍延伸的全線的中間點，就是這個揉腹功要取穴的地方。右手掌按在左手的掌背上（圖 18）。

3、和揉小腹功一樣，左手"粘"住中腹部的皮膚，沿順時針方向（左→下→右→上）揉動。按揉時，臂、手都要用力，讓手上的物理力"透"入皮下為佳。

提示："中脘"屬"胃脘"，深處為"脾宮"所在，是人體後天之氣集聚之處。做這一功法時，意念一定要守在中脘深處的脊椎的內面。這實際上是用意念透過了混元竅的中心。佛家雖然不提"氣"，也沒有"混元竅"的概念詞，但這個功法實際上就有強化意識和混元竅、中宮祖竅之玄關及脾宮的聯繫。其機制是通過意識活動，強化後天之氣的氣場。實際上，漢地佛教徒都懂一些中醫理論。

這個功法同樣也不能誤解為在用物理力按摩腹部。通過摩腹動作，對腹部生理組織產生功能上的促進作用，是這個功法的"副產品"。也就是說，只要做了，就有這個效應。做此功的真正目的，是要通過"揉腹"這一動作，讓意念能集中到胃脘縱深處、即脊中穴附近的脊椎內面。當能自如地做到意注這個部位，這個揉腹功的真正功效就自然產生了。

據龐明教授的解說，此法是少林派（易筋經）“練氣入膜”之要法，也是少林派練“神勇餘力”之秘法，又是培益中氣之妙法。通過揉中腹“培中益氣”，先壯內，再壯外。據龐老師透露，過去的少林派進門第一年，每天於子、午、卯、酉这四個時辰（共計8小時）練此功，共練十二個月，其間不許習練其它功法。一年下來，練出“神勇餘力”。其實質是體力大增。這是人的生命活動質地發生變化的外在表現，是“脾”的混元氣充盈、脾之混元氣場強盛的標記。其氣功或中醫的生理學依據就是“脾主肌肉”，“脾主四肢”。第二年開始練低勢馬步樁，要達到低馬樁一次能耗一個時辰。據本人所知，第三年是練低樁勢的步法（活步低馬樁）。在此基礎上，再學武功和拳術。說這一些，是讓讀者理悟，為什麼說做揉腹功的鍛煉時間是“多多益善”。

龐明教授認為，練此功一周左右，有的人可感覺腹內氣隨手轉呈恍惚、蕩漾之象。練1—3個月，中氣倍增，自覺氣力足，有精神，說話聲音洪亮（有膛音）；上腹部豐滿，腹直肌腱劃部分豐滿，以及腹中線之凹消失。這是“筋膜騰起”之征驗。人的腹直肌的六塊肌肉，在體操運動員身上最明顯，一般認為這是肌肉發達、體質強健的標志。從氣功生理角度分析，六塊腹肌明顯，是腹肌之間的腹肌筋膜下的混元氣不足，使腹肌間的腹肌筋膜下凹而出現“溝凹”，才顯出這六塊腹肌。因此，揉腹功讓腹肌筋膜下的混元氣充足，使腹肌筋膜下凹消失，是人的身體素比以前更高的一個外在標志。此法不僅是習武功者的內壯之秘訣，也適用於中氣不足者及胃腸病患者的鍛煉。

本功基本要點和武當揉腹功差不多：

1、在揉腹過程中的意念活動，始終在胃脘深處的脊椎內面，或者幹脆想到自己的手在脊柱內面揉動。

2、揉腹時手掌和腹部皮膚之間不能有相對的摩擦活動，手掌是"粘"住腹部皮膚揉動。這一點在一開始做的時候就要注意。

3、鍛煉時間相同，"多多益善"為上。這個功法源於武功方法，鍛煉要收到高於常態身心健康要求的效應。每天半小時至一小時，並非高要求。

三、揉腹功的氣功生理機制

從表面看，武當揉腹功和少林揉腹功，一個注重練下腹，一個注重練上腹，部位不同。這是武當和少林兩家在入門修煉的理念不同造成的不同。武當山是道家龍門派的南派基地，龍門派以練丹道功見長，這需要強化丹田氣（下田之氣）為先。武當揉腹功由此是以意識強化後天之氣（丹田氣）和先天混元氣場（混元神室）之氣為主要通衢，先天氣和後天氣的共同強化，是武當功夫的特點。人的先天混元氣場是養生之根。先天元氣的培固，為武當派最重視。"混元神室"是道家修煉的學術名詞。培固混元神室之先天之氣的方法之一，就是培固丹田氣。這一點，讀者已知。由此而究，丹田氣這一"後天之氣"，和混元神室之先天氣場的氣的關係，就是相互相成的關係。武當山又是中國武林內家拳發源地之一，武當揉腹功是武功"內壯法"的入門方法之一。武當派的另一擅長，是長壽功法中的"龜息法"（胎息法）。這是道家煉養派的必修之功。而練功出"胎息"，是由中宮祖竅的玄關之氣（中田之氣）和丹田氣（下田之氣）自動交流、混化，引起混元竅的自動開合後，形成的。和少林派相比較，武當派的修煉理念是：養生在先，尚武在後；因此稱為"養煉"或"煉養"。道門中人掌握武技，為了是行走江湖，或尋師覓道，或帮人解難。這是道家修煉必須的一課。

少林是以尚武為先的教派；因秉承了佛家思想，不喑養生之事。然要有高超的尚武技藝，必先有感官功能的靈活，四肢形體的強健發達，並有充分的力度。這就必須有一種方法，按中醫“脾主肌肉”，“脾主四肢”的理論，強化“脾”之氣場為先。少林揉腹功這個中國功夫的精華方法由誰而創，尚不得而知。但從其功看，有“筋膜騰起”之效應，能將腹直肌肌膜內的混元氣充起來，這說明，這一功法是從強化人的“膜絡之氣”為先的方法。人體各生理組織都有“膜”。生命的最小單位的細胞有膜；細胞內的各種組織也有膜。細胞形成的各種生理組織有膜，內臟、神經、血管等同樣有膜。人的皮膚就是人體最大、最外層的膜。由於這個原因，“膜絡之氣”的強化，可以在人體各個組織層次。因此，“膜絡之氣”的充盈和強化產生的健身效應是整體性的。氣功學認為，膜絡是人體生理組織間混元氣交流的通道。膜絡氣足，膜絡的功能得到強化，人體各层次組織得到的混元氣就增多，生命功能必能得到強化。

以上二法，知一足矣。因為人體是一個有機整體。學功只要有明師面授相導，有自身的刻苦學練，任何人都有可能達到自己想要達到的、改善身心素質的目的。若再有理論作指導，學功當勢如破竹。

說明：這兩種揉腹功的操作原則，都是“神隨手轉，不即不離，意注腹中，隨動環轉”。用力由輕而重，範圍由小而大；轉速慢而勻，手勁穩中有沉。在《智能氣功科學功法學》的“揉腹臥功”中，是“左手掌按於上腹正中，右手掌按於左手背”；“兩手沿順時針方向（上、左、下、右）揉動”。不過，哪一手在上，哪一手在下，揉腹轉圈是順時針還是逆時針，這些可根據個人情況和偏好，在開始的幾天試做。一旦定下來，就不要再改變。

第 2 節 吃氣法

會做揉腹功，再做“吃氣法”，就有了“揉氣”的基礎了。雖然“揉氣法”和揉腹功不是一個功法，但其中的“揉腹”一項是一樣的。“吃氣法”是龐明先生整編的智能動功第四部功“中脈混元”的輔助功“練氣八法”中的第一個功法，“揉氣法”是第二個功法。在人體修煉效應上，“吃氣法”有多個功用。比如說，若談及“鬆腰”，對鬆腰有所助；若談及“混元竅的開啟”，也有所及。還有長氣、生力，助通中脈等功用。在此僅作為鬆腰的辅助功法介紹。練“吃氣法”助鬆腰的機理是，通過“吃氣”強化混元神室這個人體先天混元氣場。由於“吃氣法”分发音、吃氣、吞氣、憋气、呼氣、吸气六大部分的鍛煉內容，不是單一的“吃氣”，而是一個系列性的功法，“吃氣”和“吃氣法”就不是一個概念。這一點，讀者要分清。“吃氣”是“吃氣法”中的一個內容。“吃氣法”的方法，分述如下：

1、**發音**：發音有五個連續的字音：“喝兒食吾母”。這五個字的發音，在此功法中是吸氣發，並一氣呵成。先說這“喝兒”音。它本身就是“吃氣”的一個必需的發音。“食吾母”從含義上說，“母”在此是“天地之氣”。胎兒靠臍帶吸取母親之營養發育成長，我們靠吸取天地之氣維持生命活力。因此，這“天地”就是我們現在的“母親”。“食”為“吃”之意，“吾”為“我”之意。“食吾母”即“服天地之氣為我所用”的意思。

2、**吃氣**：吃氣時，要吸氣發“喝兒食吾母”的字音。發“喝兒”將嘴張大吸氣；發“食”繼續將氣進一步吸入，吸氣盡量吸入；發“吾”閉嘴，將最後入口的氣封在口中；發“母”將口中的氣吞下。

3、**吞氣**：這個動作，要連做三次。每一次做，都要配合“坐腰”，即命門微後凸，將吞入之氣用意念送入命門前的混元神室。這有後天氣補養先天氣之意在內。這裏要注意的是，A、發"食吾母"的吸氣、封閉氣和吞氣，是一個整體動作，為用文字敘述方便，才不得不將這三個動作對應這三個字的發音分開說。B、吸入體內的氣，絕大部分是被吸入肺腔，只有最後那個"母"字音吸氣時，配合會咽的吞咽，才有少部分氣通過氣管口被會咽封住、食道口打開。這個習慣性的吞咽動作，將最後一口氣"壓"入食道；通過食道管壁的蠕動，將混元氣"逼送"入胃內。

4、**憋氣**：吞氣後，將氣憋在體內；憋氣的時間需要循序漸進，或按明師面授的要求做，或按自身體質做。憋氣的時間，從理論上說當然是偏長為好。

5、**呼氣**：呼氣時發"淵"音，舌尖輕抵下齒齦，口型形成發"於"字的形狀。這時要"提會陰"，意念守會陰，"氣"向會陰穴"呼"。"淵"字有"極深處"之意，會陰也有"深"之意。有人在意守會陰呼氣時，感應到從會陰到頂門的一條細的"氣柱"或"氣線"。這是人體先天中脈(14)在這一方法中開始形成的表現。這條極細的"氣柱"或"氣線"，在先天中脈的中心。中脈位於人體之"中"，在人體中央。有了這一體會後，便可將"氣"呼引入中脈處。當肺腔中還留有 20-30%的氣的時候，意念將餘氣從中脈向周身的毛孔呼出，也就是將人體最深處和最淺表處用意念連接。這個呼氣的方法，已經有了藏傳佛教的"寶瓶氣"練法的呼氣內容在內了。

6.**吸氣**：吸氣發"唵"音。這個字一般的字典中沒有。練此功時發這個音，介於"淹"和"壓"（漢語拼音 yān 和 yā）之間。吸氣發音即：唵、唵、唵、唵……。一"唵"一吸氣。音和音之間是間斷的。吸氣發音，聲帶不振動，所謂的"發音"是氣流從外入內的聲音。在發"唵"字音吸氣的同時，也要提住會陰穴，用胸式（逆腹式）呼吸吸氣，盡量擴張肺部，也即，吸氣時橫膈膜上昇，二肋向外擴張，吸氣到極點，把肺腔吸滿，連肺尖都要吸滿。

發“唵”字音的吸氣，一次連吸 49 個。一般來說，初學者吸不了 49 個，肺和肋肌的擴張就到極點了。要做到 49 個“唵”音吸氣，據筆者體會，當肺和肋肌的擴張因吸氣到極點後不能再擴張時，此刻，要繼續提住會陰穴，同時做橫膈膜下降的吸氣。這樣做，一方面還可以向吸進一點空氣；另一方面，橫膈膜下降的吸氣，有助於鬆腰。對於腰椎等諸關節鬆開的人，配合橫膈膜下降的吸氣，是能夠做到一次做 49 個“唵”的吸氣的（或許還不止）。用“唵”的吸氣，還可以以發四個“唵”音為一組吸氣，帮助橫膈膜下降。做法是：第一個“唵”音吸氣的意念和橫膈膜下降力度和幅度，重於後面的三個吸氣。這個吸氣方法，對鍛煉心血管功能有其它鍛煉法所沒有的效應。如果是站著練，還會感覺到橫膈膜下降，對雙下肢的血液循環的改善。

以上鍛煉程式做九次，是“一趟功”。做完九次，若想再做，間隔幾小時。如同日常吃飯。

第 3 節 內八字樁轉尾閭

在第二章的“鬆尾閭四步功”一節中的最後一步是“轉尾閭”。由於那個轉尾閭是要在低勢馬樁中做，適應性較窄，難以大眾化。赫相臣老師 1995 年在上海華東紡織大學舉辦的超常智能班上，曾講到在“三心併樁式”中做轉尾閭。在這個體勢中的轉尾闾，一次性練習的時間可以以小時計。

做法：先用內八字步型站立，然後屈膝下坐，在三心併站樁的樁式中，先做尾閭的前扣、後翹（尾閭如鐘擺），再做尾閭的左右擺動。當能够熟練地做尾閭的左右擺動，就開始做尾閭的平面轉動。開始動的幅度是非常小的，此刻要檢查是否做到了“圓襠”。襠不開，會影響轉動。另外，“大椎穴”要用意念向上拔一拔，配合尾閭下垂，將脊椎拉拉直。當自覺感到尾閭能轉動了，要趁熱打鐵，不要放鬆鍛煉。因為此刻的轉動感，到底是客觀存在的還是自我感覺，還不能確定。練上幾月，有了較明顯的感受後，在不同的鍛煉階段，要請不同的人，用觸摸法檢驗。經三到五個人的檢驗，都能確實地感到你的尾骨尖能轉動，這時才能確定自己是能轉動尾閭了。

提示：當確定自己的尾閭能轉動，就可以在坐勢中（座具或盤腿），或在仰臥勢中做尾閭轉動。這時就可以時時刻刻地做了，越做越熟練。在做這個轉尾閭的功法中的會陰穴，不能太用力收提。會陰太過用力收縮，極易導致尾閭只有前後方向的動，而沒有左右方向的動。因尾閭的左右方向的運動，比前後方向更困難一些。所以，轉動尾閭，先要保證、先要培養其左右方向運動的能力。

機理：人有大腦和小腦。腦的最下部有“延髓”又稱“延腦”。延腦是腦和“脊髓”相互聯繫的通路，下與脊髓相連，上接腦與“腦幹”；延髓的其主要功能是控制最基本的生命活動，如，呼吸、心跳、消化等，還被生理學認為是心血管的基本中樞。延髓向下經枕骨大孔（第 1 頸神經根部）連結脊髓。在人的脊椎管中，脊髓是人的中樞神經的一部分。脊髓兩旁發出許多成對的神經，稱為“脊神經”。脊神經共有 31 對，分佈到全身各部，管轄皮膚、肌肉和內臟器官。脊髓也是周圍神經與腦之間的通路，又是許多簡單反射活動的低級中樞。

脊髓在平枕骨大孔處通過延腦與腦相連，下端在成人的第 1 腰椎下缘，共計長約 40—50 厘米。人體管轄腰以下的系統共有五對神經，分別位第 1 腰椎和第 2 腰椎內。人的第 2 腰椎的椎管很狹窄，脊髓的末端在此變細，稱為“脊髓椎圓”。由脊髓椎圓向下延伸，在第3、4、5 腰椎，延為細長的“終絲”。這是無神經組織的細絲，有點像馬的鬃毛外形，解剖學稱為“馬尾神經”。馬尾神經在第 2 骶椎水平部分，由硬脊膜包裹，並向下延長、延伸，止附於尾骨的內面。生理學認為，脊髓神經功能與馬尾神經功能有關，而馬尾神經又是由腦部管轄。由於人有這樣的脊髓神經生理特性，一旦尾骨能得到活動，這類活動就能刺激終絲和硬脊膜，從而影響到脊髓和腦的功能活動，繼而由腦的功能活動，影響整體生命活動。持續轉動尾閭的氣功養生的巨大效應的氣功生理學機理，就在於此。[20]

古人曰：“要想不老，還精補腦”。這是“還精補腦”的另一個融通方法。前面幾章節說到的氣行脊內、斂氣入骨，是以內氣濡養脊椎腔內的神經組織，來提高生命力。這裏介紹的轉尾閆之法，是通過形體活動，讓脊柱腔內的神經組織得到鍛煉，加強其功能，從而對自身生命活動發生影響。正是這一機制，使這一功法有益壽延年的巨大效應。這個方法比“斂氣入骨”的方法更簡單。所謂“簡單”，就是避開了用意念和內氣結合的方法，而是用意念強化形體活動的方法。“神與形合，氣在其中”。內向性運用意識的形體鍛煉的實質，還是神、氣、形的統一鍛煉。意識和形體活動相結合，是人人從小就學會的，是每個正常成年人都能做得到的。轉動尾閭在一開始做當然比較困難，這是因為大多數人從小沒有得到這方面的學習和訓練。按人體功能“用進廢退”的這一規律，這是正常現象。萬事開頭難。水滴石穿。

做轉動尾閆的鍛煉，還能引起人體的下段椎體群有規律的運動（律動），這個脊柱椎體的律動，能刺激椎體腔中的椎管中的“腦脊液”產生律動。腦脊液是和腦組織這在椎管一個封閉的腔體中進行生理交流的組織液。腦脊液的律動，能讓腦組織得到類似“按摩”的效應。前蘇聯的專業學者，用注射器針頭刺入人體椎管，抽取 5 毫克腦脊液，然後再注入；再抽取，再注入。用這種方法改變椎管內壓，使腦組織得到刺激，稱為“腦按摩”。我們用轉尾閭或脊柱湧動的辦法得到“腦按摩”效應，是最方便、最安全、最經濟的辦法。這要感謝老祖宗的聰慧和當代氣功學者的潛心發掘和總結。順便在此一提：智能功動功的第二部功的“形神樁”的第一節的“鶴首龍頭氣沖天”中的“鶴首”，[21]做熟練以後，也能引動整個脊柱做正向（從上到下）或反向（從下到上）的“擬波浪湧動”，也有類似於轉動尾閭的脊柱律動產生的“腦按摩”效應。其機理相同。這一功法比轉尾閭這一功法更容易學。

第 4 節 拉氣

“拉氣”是一個簡易氣功鍛煉法。通過“拉氣”能够體會到人體氣場（皮膚界面以外的“氣”）的真實存在，還可以敏銳雙手對“氣”的感應度。拉氣有素者再配以較強的意識能力（主要是意識的穿透能力），就可調動天然混元氣為人做“外氣療愈”而不會傷及發氣者的丹田氣。“拉氣”的姿勢不拘，站、坐、臥都可以。“拉氣”的手、臂姿勢有多種。舉例如下：

1、**指腹相對拉氣**。這是最普遍的方法。做法：雙手置於腹前，呈自然放鬆狀態，十指的指腹相對，手心放鬆；大臂帶動配合手腕活動，雙手拉開一合攏一拉開……；一開始氣感不明顯，雙手拉開幾厘米就合攏，合攏時手指不要相碰。等氣感略強，拉動的距離就可以增大。

2、**手心相對拉氣**。這是助開竅位的方法。做法：雙手指向前，掌根對著中腹部，雙手心相對成平行掌；大臂帶動，雙肘帶領雙手向二側拉開—合攏—拉開……；拉開時的雙手距離只需幾釐米。因

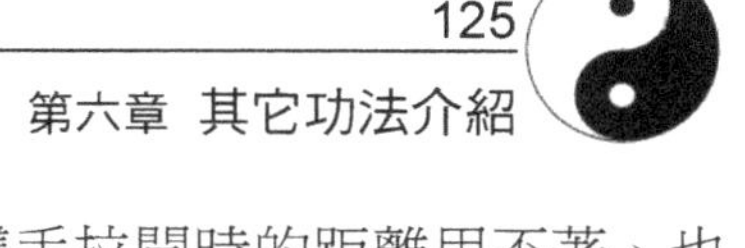

為做這個拉氣是幫助開竅穴的，所以雙手拉開時的距離用不著、也不能太大。例如：助開混元竅之用時，拉氣時掌根距上腹前 1-2 釐米，指尖朝前；助開“天門”掌根在天門上方 1-2 釐米處，指尖朝天；雙手拉開距離都只有幾厘米。

3、**小臂拉氣**。這一方法來自“練氣八法”中的“拉氣法”。做法：雙大臂垂直在體側，然後小臂抬起，雙小手臂的距離與肩等寬，小臂與大臂成 90 度直角，雙手心相對。雙肘尖貼緊兩側的肋部，手腕將手和小臂固定成一個直線。以肘尖為支點，將小臂盡量向左右二側一起拉開，然後內合；內合時的雙小臂距離，比肩略窄一點。這個拉氣，是和體內之氣用意念相連的拉氣。拉氣和收氣時雙肘尖都要貼住二肋，不能離開。這一點有點難度。

4、**整臂拉氣**。這一方法來自“五元樁”。做法：雙手臂從肩到手指都伸直，與肩等寬、等高。雙手先將手心合攏，手不相觸；然後以肩關節為支點拉開，拉至雙手比肩略寬，再回合。這個拉氣的方法，是體會從大臂、小臂直到雙手的氣感。特別在“撐臂”後做這個拉氣，氣感更明顯。

“拉氣”的氣來自何方？這是初學者好奇的地方。其實，通過拉氣感受到的“氣”，是人體混元氣場的氣，每個人天生都有。既是如此，為什麼平時感覺不到？主要因為人的意念一動都向外，不向體內收、守，就不能體會到自身的狀況。意識若不和人體混元氣場的氣主動的連上，意識就感覺不到“氣”的存在。“拉氣”這個方法，就是將人人本來就有，但從小沒有受到這方面的教育和實踐而“隱退”了的功能，再重新開發出來。通過“拉氣”，先將意念集中到自己的手上，和手的混元氣場聯為一體。隨著“拉氣”的熟練程度的提高，意識和“氣”的結合越來越強，意識對“氣”的感應也越來越靈敏，再加上自身的混元氣越來越足，這三個原因，促使拉氣實踐者對氣的感受越來越明顯。這其實是屬於開發人體潛能的方法。由此可見，氣功就是教你怎樣將自己的意識和自身之混元氣結合得更加緊密，以此來提高自身生命力和生命質度的方法和技術。人體潛能得到開發，是生命力提高的外在表現。意和氣的結合程度，是潛能開發的關鍵。有了氣感，再行採氣、捧氣、貫氣、聚氣，和沒有氣感或氣感不明顯時做採、捧、貫、聚氣的效應，是不一樣的。當捧、貫、聚氣不是對著自己，而是為他人時，就是智能功的外氣發放了。

第 5 節 撐臂功

這個功法又名“直撐式”，體勢很簡單：雙腳併攏站立，雙手臂在軀體二側平舉，大臂與肩等高或略高；坐腕、立掌，指尖背往回拉，五指分開，掌心盡量張開外腆，促使手掌中心的勞宮穴打開；指尖向上或略轉向前上方。全身重心略放於前腳掌，以利腰向後放鬆。雙目垂簾，自然呼吸。整個人體如同一個“十”字，在這個體勢中“耗功”（圖 19）。若成馬樁勢，名“五丁開山式”。身形要求參見第一章第 3 節。這個功法的要點在於：在保持體勢，做到各部身形要求的前提下耗時間。也就是在一個固定的姿勢中耗功。在整個耗功過程中，雙臂不得低於雙肩；這是撐臂耗功功法中不可動搖的原則。臂是否低於肩，不能用眼看，而是用感覺：若大臂比小臂重，臂已低於肩了。所以，要使臂略高於肩，最好是讓小臂略“重”於大臂。耗功時的雙手手心可以向下或向前，手指、手腕都可以活動；甚至小臂也可以有上舉或下落的動作，就是大臂始終保持和雙肩在一個水準上。通過這一鍛煉，是為了強化自身意識整體合周身之形、氣的能力。這是練氣功的一個重要目標。這需要意識向內集中，體察、感知形、氣之狀態，所以提倡不睜眼做。有的功友在撐臂勢中做面壁蹲牆，也有在“膝跪足面”[22]姿勢中做撐臂。撐臂耗功的時間，除初學者外，要以“小時”計，如，半小時，一小時，二小時。

低勢樁功、大鼎功（手倒立）、規範的雙盤腿、撐臂功以及某些平衡功，都是靜態體勢中的身心統一鍛煉。而要在一定的時間中維持住某個特定的體勢，需要意念集中統率全身各部。這就強化了意識對周身之“形”、“氣”的統率能力。過去的功夫前輩常說“樁功中什麼功夫都有”，其氣功學機制就在此。而這個過程，又是培養人的意志力的過程。意志力不是功力，但卻是功力發揮的不可缺少的精神內容。意志力也是心理健康度的標志之一。缺乏意志力者，意識很難從散亂到集中，這會妨礙最基本的氣功態的進入或氣功技能的發揮。若要幾十年如一日不懈地進行功夫鍛煉，沒有意志力者更是奢想。直撐式耗臂功鍛煉的身心效應的實質，是意元體通過神經細胞混元氣統率全身之氣。

第 6 節 平衡勢耗功

在這裏介紹做平衡的方法，不是為了鍛煉平衡能力。所做的平衡姿勢，也不是武術套路中的平衡勢那種難度的平衡動作。這裏說的“平衡練習”，是一種鍛煉、培養和體會“意識內向”的方法。只要堅持練習，就能通過形體的練習，培養出意識內向的能力，並體會到什麼是意識的內向。而且，這個意識的向內，是意識向體內集中的聚焦式的內向，是集中精神的內向，是意識專一的內向。此刻的你，才有了較自如地將自己的意識向自身體內集中的能力了。用形體練習體會和培養意識的內向並有所體會，優點是練功時只管盡力保持平衡，其它不管（也管不了）。這本身是一個良好的專一心念的途徑，是一個不知不覺地讓自己進入精神專一、集中狀態的捷要之法。經眾多的學員的實踐證明，這一方法可以在不長的時間內，

讓練習者得到意識內向的明確體會。這對於初學氣功者，是非常重要的一課。因為“意識內向”這一點做不到，意識內向的體會也就不會有，最基本的氣功態——意識的內向性集中就做不到。最基本的氣功態若不能自由、自覺地做到，練功夫就入不了門。意識向內守這一狀態，根據實踐，不是想做就能做到的。必須培養出這種能力才行。眼睛閉上，不一定意識就能向內集中；在閉眼的狀態中，意識還是可以想到人體以外的目標，只不過看不到而已。通過形體練習，鍛煉意識內向的能力，這個形體動作可以自已設計。設計的原則，待閱讀了下個段落有關平衡耗功培養意識專一內向能力的機理，就自然能明白。

人睜眼時做平衡動作非不難，原因是眼睛可以看著某個物體，將此物體作為平衡參照物。比如說，當你睜眼做一個平衡動作時，看到眼前的參照物向左移動，你會習慣性地警覺到，自己身體正在向右偏斜或傾斜，從而及時糾正過來；當參照物向右移動，你就會知道你的身體正在向左偏斜或傾斜。糾正到何種程度，也是通過參照物的“移動”和自身感覺結合確定的。這裏介紹的平衡體勢練習，和一般的平衡體勢練習的不一之處是：必須閉上雙眼做平衡！當雙眼閉上，看不到外界的參照物，也就是說，此刻已經沒有可以帮助你掌握平衡的任何習慣性的參照物。在這一情況下，人必須向體內尋找參照物來平衡自身。可是，向內看，什麼都沒有！這時，身體為了保持平衡，思維習慣又逼著你不斷地向內尋找參照物來掌握平衡。

處於這種“絕境”的狀態下，為了保持身體不倒，此刻必會全身心地向內尋找參照物，這本身就是意識強烈地集中又向內的生命態。就在這個精神高度集中、試圖在向自身體內尋找到平衡參照物的過程中，你的意識（精神）不知不覺地進入了高度的專一、集中又向內聚的狀態。這就是閉眼做平衡耗功，能培養精神內向性集中的機制。這個狀態，對於沒有氣功態體驗的人來說，就如同沒有去過海邊的人，要想像什麼是海一樣的困難。這是一個高效、簡單的功法。所謂“簡單”，就是形體動作簡單。只要設計一個基本固定的姿勢就可。這一體勢必須是閉上雙眼做時，很難做到不失去平衡的那一種。有些甚至在睜眼時也難以做到不失平衡的動作。有些動作，幾乎沒有人能夠在閉住雙眼時做得到不搖晃或不傾斜的。正是這種體勢，才能在不長的時間內培養出意識集中、專一地向內聚焦的能力，並有明確的體會。有了體會，就如有了一盞指路燈，引導你的意識有方向性地去集中。因為氣功狀態中精神方面的體會，是很難用語言說明白的。古練功家“開口皆錯”，當為此指。

第 7 節 外氣發放引介

外氣發放，是中國氣功中一項很重要和有特色的技術。在傳統氣功中，這個“外氣”是發出體外的丹田氣。過去的氣功界內對外氣發放的機理不明，理論又沒有，就變成一種神秘方法。人的丹田氣，氣功學稱為“軀體混元氣”，是受自身意識支配的人體混元氣的一種。每個人都具有將自身丹田氣向體外發放這一生命功能。練氣功只是強化了這一功能，比一般人敢於用、有信心用這一功能而已。並沒有點滴神秘之處。只不過人的體內之氣的量是有限的。所以，即使是生命質度比一般人高的練功人，丹田氣的外放也必須是有限度的。因為練功就是為了提高生命質度。提高生命質度的必須條件之一，是內氣的充足。丹田氣一外放，會嚴重消耗掉自身的一部分內氣。這就犯了功夫修煉之大忌。這是古氣功界對包括丹田氣發放在內的功能，有“慧而不用”的主張的原因。但古人也有他們辦法，例如，將“氣”發在紙上，再將紙燒成紙灰，放入水中，和水給病人喝，以這種方法治病。這是既少消耗丹田氣，又可以用“氣”治病的兩全其美之法，其實質是氣功療法的一種。在過去，說是這紙中、水中有“靈”有“靈氣”。現在我們知道，這是發氣人的生命信息在其中起作用。

人的意識活動的本質是信息活動。不論是直接對人“發氣”，還是對著實物（紙、水、食品）發氣，都是人的意識信息作用於物質，使該物質帶有發氣人的生命信息。能够為人治病的發氣人，多為氣功鍛煉有素者，其生命質度高於常人。發氣物質帶有的生命信息，一旦被病人接收（這裏需要有一定的條件），病人的體混元氣，就會按發氣人的生命信息的導向發生轉化。當然，這個變化也有一個從量變到質變的過程，還需要時間的積累。達質變的時間，一方面取決於發氣人的功力，這包括意識集中的能力，意識支配自身生命信息的能力，以及自身生命信息的層次等。另一方面，取決於接受者（病人）“接氣”（接收信息）的程度（優，次優等）；這和病人對氣功療法的信心，和病人對發氣者的信任度這二大因素密切有關。現代氣功中的“信息食品”、“信息水”，就是在弄清楚了古氣功的這類外氣形式的實質以後， 開發出來的另一種“混元氣載體”的形式。

在以文盲農民為最大群體的中國古代農業社會中，沒有現代意義上的氣功科研活動。練氣功得來的功能，要為人服務，基本就是治病。而現代社會可從事氣功活動的科研項目，數也數不清。人的丹田氣和人的生命活動固有的關係和規律，滿足不了廣泛開展氣功科研的“氣源”這一難題。由龐明教授創立的新類型的外氣發放技術，至今已有 30 年歷史。龐氏外氣發放術的依據，來自“人的意識有調動一切層次的混元氣”這一氣功學理論。這同樣也是一個氣功規律。在龐氏外氣發放術中使用的“外氣”，是自然界的混元氣（天然混元氣）。天然混元氣取之不盡。這就很恰當地避開了丹田氣外放的弊病，又極大地增加了氣功科研所需的“氣源”。智能氣功科學學術研究方面的人體外氣效應實驗所用的外氣，基本上都是龐氏外氣發

放技術運用的結果。

現代科學認為，人從動物進化而來，但人和動物畢竟有很多不同之處。比如說，在對自然界的能源的利用上，動物只會本能地利用食物能和體能。人卻不一樣。人類不僅能主動、自覺地運用食物能和體能，人還發現並主動運用了火能，繼而又發現、利用了水能、風能、太陽能這些“自然能”，進而又掌握了電能、原子能這些來自人類科學發展的物理能。但是，迄今為止的人類，還沒能充分認識到人的“潛能”有多大。對人體潛能中的“意識能”，科學遠還沒有注意到。外氣發放是對人體潛能開發的啟導。從人的外氣實驗效應中可以發現人的意識能最初級的作用。

如何做龐氏外氣發放？最主要的基本功就是“拉氣”。這個“拉氣”，除本章第 4 節“拉氣”中介紹的水平方向的拉氣，還要加上“上下方向拉氣”，“向前、向後的推、拉氣”，“旋轉拉氣”等多種拉氣的方法。若能將天然混元氣“採、捧、貫、聚、收”入自身，也就能夠將混元氣貫、聚入體外目標，例如，各種外氣實驗物、外氣應用物等。意識和混元氣聯繫與結合得越緊密，外氣作用於物質的效應越強。由於智能功外氣發放技術運用的過程，就是意識和混元氣結合的過程，也就是練氣功的過程。意識和混元氣結合的程度越緊密，“功夫”越高。所以，智能功模式的外氣發放用得越多，長功夫越快。因為智能功外氣發放的本身，就是在練意識和混元氣的結合能力。

第 8 節 自發功略談

“自發功”或稱“自發動功”這個名詞，是在 1979 年以後的中國境內出現的。但這種鍛煉方法早已存在。例如，根據二千多年前編纂的《呂氏春秋•古樂篇》中記載：“**昔陶唐氏之始，陰多滯伏而湛**

積，水道壅塞，不行其原，民氣鬱閼而滯著，筋骨瑟縮不達，故作為舞以宣導之”。結合當代人的氣功實踐和氣功學理論分析，此處之“舞”可治筋骨之患，就是一種可以疏導氣脈、通利關節、去陳苛、防疾患，類似於氣功中的“導引術”。據當代人類學家的考察，某些原始部落民也多喜、偏喜伴有明顯節奏的“舞”，這類“舞”的動態和體姿，極像氣功的“自發功”。在筆者投入的民間氣功的實踐中，練功形式就是二種，一是靜功（打坐為主），二是自發功。依照以上所說，自發功是否最原始或最早的氣功鍛煉形式，或者是和靜功同時產生，並且有相互彌補各短的氣功形式？

自發功這種練功形式，在目前並不是氣功界的主流形式，因此不被公開提倡，所以不太流行。以 1980 年代的中國境內，曾二次流行於全國的自發功的情況分析，自發功是普羅大眾很樂意學習和練習的一種氣功鍛煉法。主要因為自發功發動真氣較快，氣感也較其它功法強，學習者很容易體會到“氣”的真實存在而提高對練氣功的自信心。為什麼歷來的主流宗教內部，對自發功都不予推崇，甚至反目？龐明《中國氣功發展簡史》中引用《翠虛篇》貶指自發功的一段：**個般詭怪顛狂輩，坐中搖動顫多時，屈伸偃仰千萬狀，啼哭叫喚如兒嬉，蓋緣方寸無主人，精虛氣散神狂飛。一隊妄人相唱哄，以此誑俗誘愚癡，不知與道合其真，與鬼合邪徒妄為。一才心動氣隨動，躍跳顫掉運神機。或曰此是陽氣來，或曰龍虎爭戰時，或曰河車千萬匝，或曰水火相賓士。看看搖擺五臟氣，一旦腦瀉精神羸。還有《性命圭旨•序》中：近一方士，教人伏氣撚訣，頃刻關開，忽笑忽啼，四肢搖戰，見者駭其瘋狂，而彼方詡為神奇，良可哀矣。**

自發功的外表如此讓人難以接受，不瞭解氣功的人當然無法接受。不少修煉門派也因各種原因不練自發功。例如，佛家不言氣的鍛煉，所以，佛家練功不著意於“氣感”，當然對自發功就不會提倡。道家正宗有自己的系列功法，足以讓一個常態人上昇到超常態，自發功有的效應，道術功夫中都有了。也就不需要實踐“自發大動”這類功法。自發功這種氣功鍛煉形式，在民間宗教（會道門）中流傳甚廣。民間宗教團體利用了自發功給人的神秘性來擴大自身的影響。由於歷代民間宗教人士在氣功理論上的水平，落在宗教界之後。再加上自發功鍛煉過程中出現的動作，是日常生活中不太多見的，有的動作在公共場所出現，不得不說有失雅觀。這也是主流宗教對自發功有所反感的原因。記得我的一位道門老師，看到有人練自發功，告訴我：“這是外道”。也有的人士誣自發功為“邪法”。筆者認為，這是過於偏激的言辭。是對民族文化內容不甚瞭解，缺乏理論上的總結而導致的思想狹窄所至論斷。

自發動功可以專練。1979 年在中國北京首現的“鶴翔樁”和幾年後在武漢首現的“自發五禽戲”，是當代中國公開流行過、曾蔓延大半個中國的兩大自發功。練功者進入功態，一反平時用意識去控制自身形體的習慣，在放鬆的勢態（站、坐、臥）中，先用某種方法加上意念，啟動內氣。當內氣發動以後，意隨氣動，氣催形動。自發功亦會在練靜功或動功過程中出現。當通過一定方法，體內“膜絡之氣”形成一股氣流沿運動器官縱向衝動，引起形體的運動。此刻，若神與氣結合，神氣二者不即不離，神不為氣所動，“膜絡之氣”得以強化。膜絡氣是人體內氣和外界混元氣混化的通道，膜絡之氣的通透度達一定程度，人的生命功能有顯著的改變。比如說疾病的康復。當混元氣向人體內層通透，鍛煉到“臟真混元氣”，練自發功就不再出現“大動”而顯“小動”。再往內深入，練到中脈之氣時，就“不動”了。從“大動”而“小動”而“不動”的過程，就是通過練自發功，人體內氣從外向內通透、滲透，內氣的質度由粗糙到精純的過程。

根據氣功生理學知識，人的混元氣有不同的形式，由此形成“形”、“氣”、“神”三者。三者共處於一個整體生命體系中。

人由此是由形、氣、神表現的生命質體。人平時的形體運動，是神和形結合的結果；內氣在神和形的中間起作用；內氣在此為“形”服務。當神和內氣結合，形是為內氣的活動服務的。在做自發功時的意念，主要是和內氣結合而動。由於形和神的相合，是一個正常人從小就被培養出來的活動模式，正常人成年人都會自如地運用自身形體。但神和內氣結合的活動，一般來說，若沒有通過內向性運用意識的實踐，是難以體會和掌握的。

氣功鍛煉的效應模式有三：“神形統一於氣”，此刻的形為氣服務；“神氣統一於形”，氣為形服務；“形氣統一於神”，形、氣為神服務。在這三者中，自發功屬於“神形統一於氣”，形為氣服務一類。人的形體運動的氣功學機制是：精神（意識）支配氣，意到氣到，氣到血行，血行力達；使形體從靜止狀態，到有物理力量產生的運動狀態。“氣動”是“形動”直接動力。由於人們一般不注意內氣動引起形體動的內在生理過程，這一過程就沒有在意識中打下印記，自我感覺不到。當自發動功這個順應人體生命規律的氣功效應出現時，意識若不知如何去控制、主導、支配內氣的活動，再加精神沒有保持住靈動、靈敏的狀態而失卻了神本具有的主宰內氣的功能，若又加以幻想或妄行導引等， 則會出現常人說所的“著魔走火”，或有大動不已的狀況出現。這類現象，被不懂氣功者與精神病態之類狀況相混淆。

說自發功所謂的“弊端”，其最原始的本因，是當代人的心理健康層次，還不足以達可以自由練習這一功法的程度。心理健康層次不達標的表現，是精神的穩定度不够。當內氣發動，當神和內氣相結合時的精神不穩定，意識專一、集中向內的力量不够，意識跟不上內氣的流行，內氣就有可能如脫韁之馬，偏離正徑。由此出現的問題，才稱為“氣功的出偏”。因為人都從小習慣於神意和形體結合的運動，自發功是鍛煉神意和內氣結合的氣功活動，一下子要用神意管理突然增多的內氣，出現一些偏差，是合符氣功學揭示的規律的。但這一理論，在目前的氣功界還沒有普及，這是自發功沒有成為當今大眾型氣功功法的另一個原因。

不過自發功這一練功類型。有很可觀的開發前景，原因是它沒有固定的動作程式而容易學習。練自發功多為站勢，不過也有在座具坐的體勢中練自發功的，這屬於“小動”。道家的“正乙派”有此法。在盤腿坐的體勢中也能練自發功，發動以後，丹田部位比靜坐發熱快得多、感覺明顯得多。坐勢既能練，臥勢也能練。從這一點說，自發功是一個適於普及的氣功方法。在當今社會條件下，要普及自發功，筆者認為，若在真氣發動，氣催形動時，將一部分注意力放在形體上，時時稍加意念不讓其大動。雖然這種方法大大地削弱了自發動功神氣相合的鍛煉效應，但有一定的安全系數，容易讓民眾接受。

第七章 氣功學名詞釋要

讀者可能會問：氣功來自古代，古人沒有說過練氣功要學理論，為何現在要學氣功理論？簡言之，古中國是一個以文盲農民為多數人口的小農經濟社會，在這個文化背景中，氣功界幾乎沒有出現過全面、系統的功夫理論。有的門派雖然有自己的理論，但古中國沒有現代社會的學術交流條件，就算有的門派有一點閉門造車的理論，遠不全面。再說，過去很多學功人沒有文化。不學理論，只有靠死練功，直待練到氣充全身，氣能養神、充神，然後開了悟，再真正步入功夫修煉的門徑。這是傳統氣功的練功模式，有自身克服不了的耗時費日這個缺陷。現代學功人多為業餘者，耗不起這麼多的時間。若從人體修煉效應上說，個人自身修煉要達到美完境地，是用自身功夫和社會需求相結合，達到“意識混元”才為究竟，為此也必須縮短學習進程。農業時代的民間練功人，有一個優勢是現代人沒有的，就是季節性的休閑和平時非繁忙的生活。而現代人有一個古代人沒有的優勢條件，那就是由普及教育帶來的文化修養。現代人的常態智能、思維能力的精細、慎密，是古人無法相比的。這就有了學習理論、包括氣功理論的條件。當代學功人要充分利用自身這個優勢，在實踐功法的同時學習氣功理論，這是當代人修功煉道的一條捷徑。

或問：氣功是一門技術，不學理論也能操作，能否以練功法為主，學理論為輔？我們認為，參與氣功實踐，必須“功理、功法並重”。氣功固然是一門實踐性、實用性很強的技術，但任何行業中人，若只懂“術”而不明“理”，充其量只能是“匠”，而與“師”無缘。這就如同一個泥水匠和一個土木工程師的關係。或曰：我學氣功只是養生保健，學點功法就能得到這個效應。筆者認為，此話不算錯。但不懂氣功理論的氣功養生者，充其量只有一般的所謂“好

身體”。這類水平的體質，不學中國功夫也可有。有很多人學多年功夫卻不長功，其中就有不明氣功道理這一原因。

本章精選了混元整體學中最基礎的概念性理論，它們是理解本書理論章節的基礎知識，也是理解本書所示功法的必要知識。讀者首閱這些，可能會感到陌生，或又感新奇、好奇。這是因為，當代社會的主流知識是來自人類用外求實踐考察自然的總結。氣功乃是內向性運用意識的實踐活動，在用內求實踐考察世界得到的有關客觀事物的屬性，甚有別於外求實踐。因此，氣功學知識的內容和當今絕大多數人頭腦中已有的知識體系不盡相容，原因是它們不是來自同一個實踐模式和學問體系。另外，在當今社會，大多數人在成長過程中沒有氣功的環境，嚴重缺乏氣功方面的教育及實踐機會。這又是造成對這些來自資深的氣功前輩們總結的時代化氣功理論難以理解的一個原因。正因如此，學氣功者應當深究細研這些氣功學名詞中的內容。一旦能够學懂、學透、學通了這些理論，不僅對這個世界、包括人的生命世界和精神世界的認識能前進一大步，對學功夫亦能“以理悟法”，進而“以法解理”，從而達“理法圓融、理法不二”，“法就是理、理就是法”的境地。屆時，實踐鍛煉高屋建翎，對氣功的理解也勢如破竹，如此才有可能為提高自身生命質度自覺地去修心培德，走進克除小我、私我之偏執的大善之途，才知道為什麼學功之人，必須將“我”擴大，從家庭、周圍人，一直擴大到整個社會，乃至全人類。這才可能為上乘大道之修立下精神根基。鑒於本書是以介紹氣功功法為主，書中的氣功學理論用問答的形式表述，或許更能與實踐相結合。

氣功科學理論是一個整體的體系，在解釋一個概念名詞時，往往會出現其它名詞。但筆者在名詞的編排上又不得不有一個先後次序。這一情況，對初學者會造成理解上的困難度。所以，只有在所有問答題都有所通讀，這些困難才會逐步減少。由於學問體系不一和缺乏氣功實踐這二個原因，這些內容光通讀一遍是遠遠不够的。因為要讓這些從未見過的知識，在意識中打上烙印，需要反復強化。在此特別提醒讀者：在本章介紹的理論中的重中之重，是“意元體參照系”（本章第 9 節），這是和氣功鍛煉關係最密切、最直接的部分。讀者一定要弄懂、弄通這一理論。而這一理論又和其的理論有交互關係。精讀這一理論，能帮助理解其它的概念。

第 1 節 氣功、“氣”和“精、氣、神”

一、“氣功”一詞之由來

氣的修煉（氣功），是博大精深的中國功夫的核心實踐內容。在古代一直沒有統一的稱謂，這是因為“氣”的實質一直以來沒弄清楚。各修煉門派有各自的稱謂，如：行氣、服氣、吐納、還丹、胎息、周天、修命、修性（道家）；禪定、止觀、修心、打坐（佛家）；正心、執中、坐忘、養心（儒家）；導引、按蹻、（醫家）；武術中的“靜功”、“站樁”就是氣功锻煉；民間習功者和江湖術士也都有各自的行話。

據龐明教授的考證，“氣功”一詞首見於晉朝許遜（西元 239-374）的《靈劍子》一書中的“道氣功成”。清朝末期的《少林拳術秘訣》中有“氣功之說有二：一養氣，一練氣”。民國初期的《意氣功詳解》，《肺癆病特殊療法——氣功療法》，《氣功驗治錄》以及“公溥氣功治療院”，使“氣功”一詞逐漸替代了在這以前五花八門的用詞。1950 年代劉貴珍總結的練功功法，由河北省衛生廳定名為“氣功療法”。其後，劉又撰《氣功療法實踐》一書。對於“氣功”一詞的內涵，劉氏認為是概括了靜坐、吐納、導引、內功的修煉方法。“氣功”

一詞自那時起，得到中國官方的認可。1970 年代初在北京出現的“行功”，後更名為“郭林新氣功”，又使“氣功”一詞流傳開。1979 年夏，中國政府有關部門在浙江省莫干山召開了“全國氣功彙報會”。此後，全國範圍出現了氣功和武術表演活動；緊接著，一場史無前例的氣功普及和改革運動在中國大地掀起，“氣功”一詞終於被草根民眾知曉。

“氣功”一詞並不能體現“氣”或氣功修煉的確切含意，充其量只不過是一個約定成俗的方便用詞而已。就如道家的老子言“道”、言“無”，佛家的龍樹說“中”、說“空”一樣，“氣功”也是一種“假借”或“名曰”之謂。佛家重在練“意”（意識），為此又不言“氣”。這一點和道家大相徑庭。不過，一個東西取什麼名字並不重要，重要的是其內涵和定義。

二、什麼是氣功之“氣”

我們現在所稱的“氣”，古代另有一字是“炁”。這“氣”當然不是空氣之氣。因為“空氣”這一物質，按照氣功理論也是由“氣”形成。氣功之“氣”，是自然界中無處不在的客觀存在物，普通人看不見、摸不著，所以認為它不存在。但它是構成宇宙萬物的最基本的物質。道家認作此“氣”乃萬物之源、宇宙之本。中醫把“氣”看成是維持生命的動力物質。因人體的複雜性，中醫又把“氣”分為元氣、宗氣、營氣、衛氣等。人是宇宙自然界的一部分，因而人的生命運動過程，就是“人之氣”與“自然之氣”相互作用的過程。“得氣者，即生即長；失氣者，即衰即亡”。人體固有的生命之氣是有限的。自然界擁有的“氣”是無限的。人只有通過氣功修煉，才能主動地攝取自然之氣來提高自身的精神和肉體的素質，也就是提高身心素質，或者說提高人的整體生命活動的功能和質度。在智能氣功科學理論中，氣功之“氣”統一為“混元氣”。

三、氣功之“氣”有無分類

氣功所言的“氣”，是一個廣義的“氣”的概念。但根據人和大自然的關係，以及和氣功鍛煉最有關係的“氣”可以粗略地分三部分：自然（界）之氣，（自然界）萬事萬物之氣和人之氣。萬事萬物之氣包括了人之氣，自然之氣包括了萬事萬物之氣，自然之氣就包括了人之氣。

人之氣俗稱“內氣”。人之內氣若粗分，可有：混元氣、經絡氣和“真氣”這三類。此言“混元氣”，是和經絡氣、“真氣”相區別而言的體內之氣，不是氣功學所稱的、廣義的混元氣。但凡混元氣都受人的意識支配。人體混元氣因此在自身意識支配下，對自身生命活動發生全面效應。經絡氣是由中醫理論定義，是和內臟功能有密切聯繫，不是廣泛分布於全身，而是在特定的生理部位，如肌肉間隙中存在的內氣。若說其本質，也屬混元氣。但因經絡氣不受常人的意識支配，由此才提出和混元氣的區別。生理活動（血液、淋巴液或其它組織液的流動）或軀體運動，都能引起經絡氣的運動。這也是動式氣功有引動經絡氣的作用的原因。“真氣”的本質，是先天稟賦的混元氣，是和自身“意元體”（神）遥相存在、富含人的生命全息信息的內氣，集聚在古稱命門之前、二腎之間的“混元神室”。

四、什麼是氣功所言的“精、氣、神”

氣功修煉界歷來將人最簡單地分為“身”（形）和”心”（神）

二部分。若再細分，就將“身”分為“形”和“氣”，這就有形、氣、神的分位。若再將“形”細分，又分出“形”和“精”。這就有了“形”、“精”、“氣”和“神”之分。古代沒有解剖研究，對人體內部各組織體的“形”的概念很模糊，例如，古人不知道人的生命的最小單位是細胞這個有形質體，也不知道人體運動少不了神經組織的參與，等等。這是內求實踐（氣功）觀察世界的必然。為此，古人多講“精、氣、神”這些無形無相的概念。“精、氣、神”可以用自然哲學式的解釋，無需精確的論證。這是由古中國的文化、科技背景和當時的人的智力水平決定的。例如《高上玉皇心印妙經》曰：“上藥三品、神與氣精；恍恍惚惚，杳杳冥冥”。《抱混元仙术》中說“純一不雜為精，融通血脈為氣，虛靈活動為神”。而智能氣功學認為，精、氣、神三者都有全息、聚散性，本質是一個——混元氣（狹義的）。“氣”凝為精（形）；精（形）散，亦可轉化為“氣”。意識能够支配這些物質的聚和散。所以才有真氣（先天氣場之氣）凝聚為生殖之精的常態型轉化，也有人體生命混元氣充養先天混元氣場的練功型的轉化；也才有將真氣轉化至足，行“煉精化氣”、“煉氣化神”，最後達“還精補腦”之功的道家煉養法則。

五、氣功所言的“精”是什麼

氣功學認為的“精”，有屬於人的先天之氣這一人體精華之氣的“精”，還有就是生殖之精。生殖之精相對人的先天之氣的“精”，是有形之“精”，是“精之形”，是精氣凝聚而成的有形之物。無論是先天之氣還是生殖之精，都含生命的全息（整體、全部）信息。人的生殖之精因此也是人的“精”的一部分。所以，當氣功學談到“精氣神”的“精”，必然會談到生殖之精。生殖之精若頻頻流失，先天之氣會不斷地生成生殖之精。人的先天之氣因含人的生命的全息信息，人的生命活動是按生命信息的導向發育、發展的。頻頻消耗先天之氣，這無疑會降低人的生命力。而練功夫就是要提昇人的生命力。高等（哺乳類）動物，一般都是定期或季節性的“發情”來繁生後代，生殖之精的流失在這些動物的一生中是有限度的。這是動物和人相比，有比人更強勁的生命力，包括對自然環境的適應能力的原因之一。這一現象早就被中國古修煉者注意到，再結合自身功夫實踐，凡真正意義上的中國功夫門派的老師，都會看准時機，主動地向學生強調“節欲葆精”的重要性。

六、氣功所言的“氣”有什麼特點

混元氣受人的意念支配，人體生命混元氣也遵循這一規律。經絡之氣不直接受意識活動的引動，而由生理活動或肢體運動引動。人的先天之氣（真氣）若充盈到一定程度，會沿特定路徑上昇，濡養腦細胞（養神），這是一個從根本上提昇人的生命力的通則。古道家“童顏駐世”、“長生逍遥”的修煉觀，就是依人體先天之氣的這一特點建立的。氣有“全息性”，含有全部生命信息。氣還有“運動性”，能夠流動、敷布全身。氣有“聚散性”，形體運動和意念都能促成氣的聚或散。氣還有“集附性”，集於在有形質體之內，附於有形質體之外形成“混元氣場”。

七、氣功所言的“神”是什麼

精、氣、神三者的本質是“氣”（廣義），但三者的體性是不一樣的。在廣義的混元氣中，純一不雜者是人體生命活動之“精”；融和通達、哪裏需要到哪裏去的是“氣”（狹義）。虛靈清明的混元氣就是“神”。古典氣功所言的“靈”，在氣功學中稱為“信息”。

“神”集聚在人的頭部（大腦），是信息量最豐富的人體混元氣。“精”和“神”二者，“精”含人的種族和個體生命的全息信息（全像訊息），“神”涵宇宙全息信息。

八、“形”和“精”的關係是什麼

氣功中有形體鍛煉，所以重在講解“形、氣、神”。中醫是治病術，不強調形體變化，但人體之“精”在治病康復中有重要作用，中醫所以注重“精、氣、神”學說的發展。但氣功也重“精”，所以“精”就放在氣功講廣義的氣的屬性時，講到“形”的時候討論。簡言之：精無形時，稱為“精”；當無形的“精”凝聚成有形之物，例如生殖之精，就屬於“形”的範疇了。

九、形氣神三者能否統一為一體

由於形（精）、氣、神三者的本質是氣（混元氣），所以只要具備一定的條件，就能在自身意識（神）的支配下得到統一。氣功實踐是強化精神對氣和形（精）的統一的最有效的方法。受到時代文化的限制，古典氣功沒有理論解釋這一機制，使氣功修煉落入了神秘化的陷井。

十、形氣神的統一有幾大類型

人的形、氣、神三者的統一，有三種類型。一是常態的形氣神統一，二是練功的三者的統一，三是超常的形氣神的統一。

十一、什麼是常態的形氣神統一

常態的形氣神統一分為三種模式：

1、**神氣統一於形**；人的日常活動（生活、工作、學習）就是不自覺的神氣統一於形。所謂“不自覺”，就是體會不到神與形的統一。小孩的精神比較單純，神與形相合的程度高於成年人。所以，從身高、體重的比例來衡量、比較，小孩的力量比成人大。成年人往往弄不懂，為何小孩偶爾打人一下，大人覺得“有點痛”； 這是因為小孩處於不自覺的、但高於成人的神氣統一於形的身心狀態。

2、**神形統一於氣**；這在常態人的表現，是在情緒出現時。此刻的意識在支配內氣的出入而自我不知。中醫有“志一而動氣”，“氣一而動志”的情緒學說。當自己並不知道自己的“神”在支配內氣而丟了對“形”的管理，就有了肝氣動而“怒目圓瞪”，心氣動而“喜笑顏開”，脾氣動而“茶飯不思”，肺氣動而“愁眉苦臉”，腎氣動而“驚慌失措”等表現。這是五臟之氣出入不正常，“氣一而動志”引起的形體不由自主的反應的外在表現。這些表現是“情不自禁”的。也就是“神”聽命於“氣”而忘了“形”的生命活動的表現之一。

3、**形氣統一於神**；這在正常人身上幾乎看不到，不過在有精神病態的人身上常有表現。例如，有的精神分裂症病人會在老式的瓦房頂上走、跑，頗有如高級武功輕功者的能力。有的精神病人在地上起來跑比常人還快，跳得比常人高。又如，一個患“歇斯底裏”症的女性，疾病發作時，需要三到四個壯力男子才能將其制服。這是病態的、不自覺的形氣統一於神的範例。

十二、什麼是練氣功的形氣神統一

通過練功夫的形氣神統一，也有三種模式。

1、**神氣統一於形**；這是武術和武功鍛煉者在初、中級階段要達到的。智能功的動功系列中的第二部功，“形神樁”的主要鍛煉效用即為此。這一模式又稱：“神形結合”或“神形相合”。

2、**神形統一於氣**；主要在練“自發功”又稱“自發動功”時出現。因體內“膜絡之氣”啟動，形成混元氣流沿軀幹、四肢內在縱軸方向運動，形成軀幹和四肢的活動。由於此刻的神和氣處於“不即不離”的狀態，“神”不主動地支配形的活動，形體活動因少受神的支配而隨氣的沖動而動，因此會出現和神支配形的日常動作相異的肢體活動態。

在傳統煉養派的氣功鍛練中多為靜功。練靜功時的神與氣結合得較好的人，練自發功不易不偏；因為神能夠管住氣。若平時練功注重神和形結合的，如，練武術者，練自發功也不易出偏。這是因為神能習慣性地管得住形。且以上二者因平時的練功，精神穩定度比一般人好。練自發功最容易出偏的人，是既少於神氣結合的體驗，又缺少神形結合的鍛煉者。一旦內氣發動，神容易為氣所役，使神面對大動之象，一時不知所措而心生妄念。如，以主觀想象制氣、制動，從而使意念失去專一、集中之態，意和氣就不能結合一體而使內氣失控。或在內氣發動以後，自認為肢體運動的幅度越大越好；神與氣的結合三心二意，也使內氣失控。

3、**形氣統一於神**；高級武功中的“輕功”，道家練功的“三住（念住、氣住、脈住），印度瑜伽師的超能力表演等，就是練功夫的形氣統一於神的結果。不經艱苦卓絕的鍛煉，是難以有此等成效的。在這一模式中，形和氣都服從於神，形和氣受神的統一調遣。神一動，形氣皆動；神一靜，形氣皆靜。瑜伽師普遍認為的"嚴格的精神訓練"，應該就是此指了。

十三、什麼是超常態的形氣神統一

超常層次的形氣神合一，不能分神氣統一於形，神形統一於氣或形氣統一於神了。傳統功夫界中流傳的"無生有、有變無"，"能隱能彰"，"入水不溺"、"入火不焚"這些功能，都屬於超常层次的形氣神相統一的表現。

第 2 節　內求實踐和外求實踐

一、什麼是內求實踐

內求實踐是"內向性運用意識的實踐"的簡稱；氣功或瑜伽是這一實踐活動的形式。內求實踐是人類的實踐活動之一。在內求實踐活動中的人的精神，必須主動地向自身肉體或精神本身持恒集中，以精神的運動，將人之"氣"從內向外和自然之氣相結合，並以精神的凝聚力收聚自然之氣為自身生命運動服務，在這一過程中，促使人的生命狀態向高於常態的功能態昇華。然後在高於常態的生命功能態中，瞭解自然、社會和生命現象。內求實踐方法的應用，有直觀性和整體性的優點，又有主觀性、模糊性、隨意性和神秘性，這些靠內求實踐自身難以克服的缺點。

二、什麼是外求實踐

它是“外向性運用意識的實踐”的簡稱，是相對於“內求實踐”而設立的氣功學名詞。外求實踐是與內求實踐平行相處的，處於感性的人類實踐活動之一。在外求實踐中，人運用感覺器官接收信息，以求得對自然、社會和人體生命的認知。外求實踐是人類對“器”（物理性物質）的認知的主要手段，是生產勞動、生產資料的積累的主要模式，也是人們生活中必須的方式。外求實踐方法的運用，有精確性和具體性的優點，但缺乏直觀性和整體性。

第 3 節 內求法和外求法

一、什麼是內求法

“內求法”是人類理性地認識客觀世界的科學方法之一。內求法是在唯物一元整體觀指導下，以內求實踐開發的人體超常智能為主，觀察、認知自然、社會和人體生命現象以及它們之間的關係和規律，調諧人與自然、人與社會的關係，強化和更新自身生命狀態，以求得人類在宇宙中更高的自由度的一種認識世界的學問體系。內求法的基礎實踐是內求實踐。用內求法考察事物，因此也帶有直觀性和整體性的優點，但又有模糊性和主觀隨意性的缺點。為了克除這個不足，在內求法中的科研中，必須引進外求法的儀器檢測和邏輯論證法則，使觀察結果盡量合乎科學思維，從而引導人類通過內求法理性地認識客觀事物的本質。內求法有以下的特點：

1、認知事物不借助感覺器官、不經過常規的思維過程，而直接得到客體本質整體性的認識（包括事物的時間整體性、空間整體性、時空整體性）；認知的過程具有整體性，即觀察和思維的過程一體化的特點。

2、與外界事物作用時，人體各組織器官不接觸客體。

3、運用內求法的過程是自身生命活動不斷昇華的過程。

內求法的應用受兩個主要因素的影響：認知主體的超常智能所達到的水平和主體的常態智能所達到的水平。中國智能氣功科學體系屬於內求法體系，亦可稱之“內求科學”。

二、什麼是外求法

“外求法”是與內求法平行而存的理性地認識客觀世界的科學方法，是人類已經能熟練運用的與大自然相互作用的方法。外求法依靠的是人的常態智能，來認識自然界，包括人；研究的對象是自身（主體）以外的內容，研究的手段（或方法）都是指向自身以外的目的物。在外求法模式中的實踐方法，基本上就是外求實踐。這需要通過人的感覺器官先收集信息，再運用邏輯論證法則對信息進行分析、歸納和演繹後，再得出符合客觀的結論。外求法認識事物有客觀、具體、慎密和精細化的優點，但不能直接認識事物的整體性和本質。外求法因此缺乏內求法具有的直觀性和整體性的優點。

外求法是現代科學賴以建立的根本方法，其方法論基礎是精神、物質相分離的二元論世界觀。外求法的研究範式因此必須要將精神因素排除在外。外求法所認識到的，是一事物的局部特性，如物理特性、化學特性等。外求法本身是和內求法相對立、又互補的

人類認識和改造世界的途徑。當代科學的範式屬於外求法模式，亦可稱之“外求科學”。

或問：科學創造的諸如 X 光機、內窺視鏡、CT 斷層掃描儀、核磁共振儀等，不是也能觀察到人體內部的某些狀況，這不是也有直觀性嗎？答：儀器的本質，是人的感覺器官的延伸，還是屬於外求法的探知模式，這是一；第二，人體內的生理組織（物質）层次有無數層，科學儀器至今沒有探視到活的生命體內最基本的生命單位——細胞的活動狀態。要做到這一點，非借助內求法不可。由於當代科學的主流至今沒有認識到內求法的優勢，所以，科學對人的生命活動這一整體性相當強的物質存在的本質，至今一無所知。智能氣功學術體系，將內求法和外求法結合一體開展對人的生命活動研究的模式，將是 21 世紀人類科學發展的方向。

第 4 節 超常智能、超常知識和超常思維

一、什麼是超常智能

“超常智能”是指超出人的正常範圍的智慧和能力的智能，是人類的智能類別之一。超常智能是處在特殊的生命狀態下才能呈現的智能，又稱“超常功能”。若按超常功能的性質分，有：超常接收，超常發放，超常思維和超常軀體功能四種。

人的超常智能的顯現，有四個途徑：

1）兒童時期自然保留下來的超常智能。

2）由意外刺激，被激發出來的超常智能。

3）用心理學的方法（常態智能）人為開發，自覺、自主的超常功能（以兒童為多）。

4）通過內求實踐（氣功或瑜伽）自主、自覺開發出來的超常功能。這一開發途徑適合所有年齡層。

由於當今社會中有這種智能的人屬於少數，故名“超常智能”，意為“超過正常狀態的智能”。“超常智能”這個概念不是絕對的。比如說，在氣功普及運動中，由於有大氣場，練氣功開發出超常功能的人，比沒有大氣場時的比例要多得多。當某種能力為少數人掌握時，就稱為“超常智能”；若這種功能被大多數人掌握了，就不再屬於超常智能的範疇，而是“常態智能”了。超常智能的習練、開發與運用，都需要借助常態智能。所以，超常智能是人類常態智能發展到一定階段而建立起來的，具有一定的普遍性的機能。說其有普遍性，是因為這種機能人人皆有，只不過自幼沒有得到教育、習練和運用，以致這些機能穩藏起來成為人的“潛在功能”。通過習練氣功，增強意元體的靈明度，打破常態智能和體混元氣對意元體的遮罩，可以不同程度地誘發出超常智能。智能氣功科學的全部理論和實踐，就是開發與運用超常智能，把超常智能運用於改造自身的生命運動、思維模式、生活模式、生產模式等，以改變人自身以及人與大自然的關係。目的是使人類獲得在自然界更大的自由度。

二、 什麼是超常知識

通過超常智能觀察世界總結而得的知識，稱為“超常知識”。

由於當今人類的整體意識中充斥了各種常態知識，來自常態知識的信息，就成了意識中的主要內容。而且在絕大多數人的生活中，均缺乏內求實踐的內容。所以，依靠內求實踐開發出超常智能的人的概率，少之又少。在這種情況下，人類不僅沒有能力運用超常智能使自身的生命運動發生質的改變，而且也無法理解這種獲得知識的途徑和方法，甚至會排斥或質疑這一方法的有效性與合理性。人的意識中有宇宙生成以來的全部信息，人類已經有了用內求實踐開發超常智能，通過意識活動直接獲取信息的理論和方法。如何發揮人的主觀能動性，主動的運用意識開發人出的超常智能，從而提高人的生命自然度，這是氣功科學的重要研究課題之一。

三、什麼是超常思維

超常思維指不借助常態感覺器官功能，不經過邏輯對思維素材的整合，用意元體的超常智能直接對客觀事物整體信息起反映，得到反映事物本質的最終結果的思維形式。是不同於感覺運動思維、形象思維和邏輯思維的特殊整體性思維，可以直接把握到事物的全部特徵。超常思維是意元體智照層面的思維活動，它和超常接收有著密切聯繫，很多情況下是超常接收的直接結果。如：對繁雜事物不借助分析、歸納等方法直接做出正確判斷，特異運算、預知未來、追憶過去，常人的靈感及夢中一些真實的東西，都屬超常思維範疇。超常思維是意元體的固有功能，但這一功能在一般常人身上由於未能經過學習、鍛煉及主動運用，以至於被“閒置”而慢慢丟失，即使偶爾顯露一點，也不能達到自覺控制。通過對意元體理論的學習和一定的功法鍛煉，人類這些超常的思維方式可以被重新開發出來。[18]

第 5 節 常態智能、常態知識和常態思維

一、什麼是常態智能

“常態智能”是每一個人出生後在生活環境中培養的智能模式，是正常人具有的智能。多少年來的人類主流實踐模式是“外求實踐”，常態智能就是通過外求實踐建立起來的人類智能。所以，常態智能是人處世於社會必備的智能。迄今為止的人類，經由科學的迅猛發展而建立起較為發達的常態智能。常態智能雖然是人類普有的智能模式，但不是完美的智能模式。

二、什麼是常態知識和常態思維

通過常態智能獲得的經驗是常態經驗，獲取的知識是常態知識。常態經驗和知識，以信息的形式在意元體中積澱，由此形成常態的意元體參照系。由於人還需要有超常智能和思維，有常態知識信息而無超常信息的意元體參照系就是不全面、帶有偏狹性的混元氣的存在形式。(23) 在這類不完善的參照系背景中產生的思維活動，就是常態思維。人類由現代科學的發展積累了有史以來最為豐富的常態經驗和常態知識，也有了較為鞏固的常態思維模式。然而人的常態思維活動，不能建立人和自然界發生互動的關係，人作為自然界的一分子，因此是有待完善化的。時至今日的人類的整體智能、知識和經驗，以及人類的整體思維模式是常態的，所以還不能全面認知自然和人體生命的規律。

第 6 節 混元氣和物質混化論

一、什麼是混元氣

混元氣是表徵物質特性的一種存在，是物質的一種形式，是質、能、信息的統一體。若站在常態知識角度描述混元氣，它是東方古典整體觀中所述的形、氣、質的混化狀態。在這裏，形、氣、質三者中的“氣”是狹義的混元氣，而“混元氣是表徵物質特性的一種存在”中的“混元氣”，就是本問題的“混元氣”。這是廣義的混元氣。這一區別在下述問答中常會碰到，讀者要注意分清。

二、混元氣有什麼特性

作為物質的一種形式，混元氣具有“聚則成形、散則成風”的變化特性。混元氣的變化受制於信息的導向。人的意念也是信息。所以，混元氣也具有受人的意念支配而發生變化的特性。

三、混元氣和萬事萬物的關係是什麼

宇宙中的混元氣，從最初始到最高級有無數層次。無數層次的混元氣形成宇宙中無數層次的有形和無形的物質。世界萬物都是混元氣的表現形式，無論是有形還是無形的物質，都是由原始混元氣演化而來。借用天文科普知識說明：宇宙中最初的有形物是彌散於整個宇宙的宇宙塵埃；宇宙塵埃經演化聚成大星系團，例如銀河星系團；大星系團再演化成小星系團，例如太陽系；小星系團再演化形成行星系，如地球星系，等等。再用地球生物的演化知識比喻說明：現代科學認識的最小物質是亞原子系列（電子、質子等），然後有原子、分子，再有無機物，進而有了有機物、生物大分子物質，再有生物，包括微生物、植物和動物；動物系列從低極到高級，最後產生人。按氣功科學的混元氣理論，宇宙物質是“從大到小”，從低級到高級的演化；地球物質是“從小到大”，從低級到高級演化；其過程是混元氣的混化，由混元氣聚集成有形實體的過程。在人出現以前，自然界混元氣的混化是自然進行。當人類出現後，混元氣的演化就受到了人的意識活動的影響。

四、“萬物”的表現有幾種形式

世界萬物的顯在表現形式有二種——實體物和非實體物。有重量、有質量、有體積的物質，稱為“實體物”，這是混元氣“聚成形”的表現形式。非實體物是以“場”的形式存在的物質，目前能夠用儀器測定的場性物質只有“磁場”一種。通過氣功實踐認識到另一類的場性物質就是“氣場”。氣場到目前為止，還沒有任何儀器可以測得到。但用人的功能能够體察和感知。

五、什麼是“混元氣場”

按物質混化規律，在實體物的內部，存在著與該物體的物質層次相同一的混元氣，該物體中的混元氣彌散在該物體的物理界面以外的那一部分混元氣，稱為“混元氣場”。這是混元氣“能”的表現。每一物體的混元氣場，都有一定的範圍，範圍大小與該物質的質地（密度）和體積成正比。即，物質的密度愈大，物體的體積越大，該物體的混元氣場延展的範圍亦越大。混元氣的這個規律體現在人身上就是：體質強的人，體混元氣場較大；反之亦反之。練氣功的人的體混元氣場，相對於不練功的人彌散的範圍要大。

六、怎樣理解混元氣“聚成形、散成風”

混元氣是質、能、信息的統一體。從無形無相的氣態物質的混元氣，演化成有形有相，看得見、摸得著的實體物，其機理是：當混元氣的“質”呈顯態，“能”和信息呈隱態並依附於“質”，這就是人的感覺器官（眼、耳等）可以辨認的實體物。這是混元氣“聚成形”的表現。當混元氣的“能”處於顯態，“質”處於隱態，物質就以“場”的形式存在。這是混元氣“散成風”的表現（“風”在此可以釋為“氣”）。 人的意識可以使混元氣發生質、能之間的顯態和隱態的轉化。

由於信息既看不到，又體察不到，對人來說，沒有隱或顯之分。所以，當“質”和“能”都呈隱態時，質、能、信息三者都處於隱態。這也是一種物質存在形式。信息這一混元氣物質形式，可以通過意識，讓“質”或“能”呈顯態，從而認知信息的存在。也可以由人的概念思維，抽象出事物的本質，得到對信息的存在的認知。這一智能是人特有的。

七、物質變化的要素是什麼

物質變化的要素是信息。信息有自然信息和人的信息二種。自然信息是自然界存在的信息。人的信息是人的意識活動產生的。物質的變化，因此受到二方面的信息的導向——自然信息（天然信息）和人的信息（由人的思維產生的信息）的導向。

八、物質變化有幾個途徑

有二個。由於實體物中的“氣”和實體組織是兼容存在的，“氣”受到信息的導向而發生運動，運動引起該物體的實體組織和“氣”相互轉化，引起物質的生、長、化、滅。這個物質變化規律，同樣也發生在人體生命活動中。練氣功後發生的變化更明顯。敘述如下：

一）從實物體內部的混元氣變化開始。由於實物體的混元氣和该物體的有形物質，屬同一層次的物質。该物體內部混元氣的變化，通過混元氣的混化機制，最後導致该物體的實體組織發生變化。從宏觀上說，就是物體的質地發生了變化。古典氣功鍛煉，就是先練封閉的體內之氣，讓體質從身體內部發生變化開始。

二）從實物體的混元氣場（彌散於该物質外部的混元氣）的變化開始，即由混元氣場與自然界的混元氣的混化開始的。由於混元氣場和该物質內部混元氣，是同一種物質（氣）的二個不同表現。通過混元氣場的“量”與“質”的變化，就能直接影響並作用到物體內的混元氣的“量”與“質”，從而促使物質的實體發生變化。智能功就是立論於這一物質變化規律，從人體混元氣場的變化開始，最後讓身心發生全面改觀。智能功立論於這一點，是為了氣功的普及。

九、物質變化有幾種混合類型

物質既然有“從內而外”和“從外而內”的變化，再結合自然信息或人的信息的制導而發生的變化，就產生四種混合類型：1、受

自然信息的導向，從物體的內部混元氣的變化開始。2、受自然信息的導向，從物體的混元氣場的變化開始。3、受人的信息（意識）的導向，從實物體的內部混元氣的變化開始。4、受人的信息的導向，從實物體的混元氣場的變化開始。

天然混元氣的自然混化、演化，是自然變化（1 和 2）。例如，人沒有出現以前的自然界中，各種物質的演化、進化、變化，就是混元氣的自然混化引起。“人為變化”就是通過人的意識對混元氣調控，從而讓物質發生變化（3 和 4）。例如，氣功外氣效應實驗中的物質變化，人練氣功後的身體變化，都是混元氣受人的意識信息的變化而發生的變化。“人為變化”優化人體生命運動，可以從人體內部混元氣的發生變化開始，也可以從混元氣場的變化開始。這二種優化生命運動的方法，在中國功夫修煉界完好的保留著。

十、什麼是混元氣的“混化”

“混化”是物質變化的過程。從“混合”到“化”的過程，就是“混化”。可以以“混而化合”來形容與理解之。物質混化論的物質變化機制，需要以“混化”來實現。不管是何種類型的物質變化，都伴有混元氣的開、合、出、入、聚、散的過程。這些混元氣的運動引出“化”。物質的變化就是“化”的結果。開、出、散，是混元氣的從內向外的“混”（運動）；合、入、聚，就是混元氣的從外向內的“混”（運動）。混元氣的內外交流、交通、混合、變換等運動，引起“化”。混化引起物質的變化；混化按信息的導向發生。

除人以外的物質的生、長、化、滅，都是自然混化的過程；也就是說，由信息制導混元氣的開、合、出、入、聚、散，是自然過程。動物因此除了意外傷亡，多能有天然的壽命，就是動物的混元氣和自然界混元氣，基本處於自然混化的狀態。人的生命混元氣的活動，本來也是處在自然變化這個層次上。但因人有了意識，有了主觀能動性，這一點和動物有了區別。正因如此，人的體混元氣受到自身精神因素（道德、心態、情緒）等的影響。所以，只要是人，就不會有完全自然的體混元氣的“開、合、出、入、聚、散”。當今大多數人的壽辰，達不到當代科學預測的人的自然壽命，和人的意識活動的偏狹有關。練氣功，就是從“精神”這個最根本的生命層面入手，強化自身之氣和自然之氣的混化效應。

十一、氣的混化規律和氣功鍛煉的關係是什麼

人的意識活動是世界萬物中最高級的混元氣，人的意識有主動性，意識活動的本質又是信息活動，人的意識因此能主動影響、支配世界上任何物質的生、長、化、滅。氣功外氣和人體超常功能效應實驗得到的結果，就是基於這一氣功規律實現的。氣功鍛煉就是為了強化人和自然之氣的混化能力的一個途徑。例如，練氣功讓自身生命活動發生變化，就是運用意識學習和實踐氣功，人為地讓自然界混元氣和自身的體混元氣，通過“開、合、出、入、聚、散”達“化”之境。這一變化過程，就是混元氣的混化過程。這就是為什麼，任何門派的氣功都有開、合、出、入、聚、散“氣”的鍛煉手法。

十二、物質混化是否需要時間的參與

物質混化過程必須有時間參與。這是因為，“混化”這個物質變化的機制，會引起物質的“質”的強化或弱化這二個相反的效

應。“質”的強化，引起物質的“生”和“長”；“質”弱化，引起物質的“化”和“滅”。按現代科學的定律，要使物質發生質變，首先需要物質有量變。量變之“量”的積累，需要時間。任何物質的存在，不但占有一定的空間，還包含著時間。這就是物質的時空整體性。因此，由混化引起的物質變化（混化效應）的發生，就一定伴隨著時間。皆由此因，練功改變身心素質，必須要持之以恒，要有時間的積累。因為人體這一物質的變化，也受到物質混化規律的制約。

第 7 節 原始混元氣概說

一、什麼是“原始混元氣”

混元氣混化的產生有一個起點，這個起點就是最初始的混元氣，稱“原始混元氣”或“初始混元氣”。原始混元氣的質地異常均勻、性能無區別，不可分割，也不可消滅；原始混元氣充斥整個宇宙、貫穿於萬物之中，是物質的一種，是建構宇宙的最基本材因。原始混元氣可以演化成不同層次的混元氣，進而形成各種有形的實體物和無形的場性物。原始混元氣相當於老子《道德經》所言“道生一，一生二，二生三，三生萬物”中的“一”；或古典氣功理論中的“元氣”、“太極”。

二、原始混元氣來自何物質

按混元整體學的觀點，宇宙中存在著“混元子”這一物質。原始混元氣由“混元子”這物質演變而至。混元子按混元整體理論的

定義，也是質地均勻、性能無區別、不可分割的物質存在。但混元子是時間和空間尚沒有展開，時間和空間都呈倦曲狀充斥在整個宇宙。當混元子的時間和空間充分展開，成了有時間和空間特性的物質存在時，就是原始混元氣。混元子對應著老子“道生一，一生二……”中的“道”。對“道”，傳統功夫界從古到近代沒有確切的解釋，僅認為世界是由“道”、“氣”、“器”組成。混元子學說，彌補了古典氣功學說的這一空白。

三、原始混元氣是如何演化的

原始混元氣是通過自然混化，演化成各個不同層次的混元氣。按物質混化觀，混元氣演化成不同的物質存在形式，有實體的和非實體的。混元氣的混化規律，同樣適合於原始混元氣的混化。有關混元氣的混化規律，本章第六節已有論述，此不重復。

第 8 節 人的生命混元氣

一、什麼是“人混元氣”

“人混元氣”是“人的生命混元氣”或“人體生命混元氣”的簡稱，又稱“人的混元氣”、“人體混元氣”。這是由人的先天之氣與後天之氣混化為一、由人的自然性和人的社會性混化為一的“混元整體”。由於人有意識（精神）活動，人的混元氣中就有人的意識活動產生的信息。人的混元氣就受到人的意識的支配。

我們已知，混元氣的不斷演化，從宇宙塵埃→銀河星團→太陽

星團→地球星系；地球上的物質，從粒子→原子→分子→無機物→有機物→細胞，進而形成生物；生物中的動物，又從低等到高等進化。最後又出現了人類。這是借用現代科學知識，對原始混元氣演化成萬事萬物的一種粗略和簡單的比附說明。由此可見，人是繼高等動物出現以後才出現的物質運動形式。按混元氣的規律，凡物質都有與其自身物質層次相同一的混元氣，人當然也有"人的混元氣"，它是宇宙萬物發展到一定階段的必然產物，人由此是物質層次最高的混元氣，也是自然界混元氣中最高層次的混元氣。人就是自然界物質最高層次的表現形式。

二、人混元氣有幾個類型

有三大類。因質地不盡相同，分"軀體混元氣"，"臟真混元氣"和"意元體"。這三大質地不盡相同的混元氣，分別對應著形（精）、氣、神三者。人體作為一個物質存在，也合符物質混化論揭示的規律：人體內部有混元氣充斥，俗稱"內氣"。內氣彌散於人體物理界面（皮膚）外的混元氣，就是人體混元氣場。

三、人的混元氣場有多少層次

人的生命混元氣場有無數層次。若借用醫學解剖知識粗分，人體有細胞、組織、器官、系統到軀幹和四肢這五大生理層次。在這五大層次之間，有難以精算的次級生理組織層次。比如說，從生命的最小单位細胞體到人體的軀干，包括四肢、感官，都有相應的、難以精算的各層次的混元氣和混元氣場。細胞以下層次物質還有生物大分子，生物分子，原子、質子、電子、基本粒子等。所有個體物質的內部，都充斥著混元氣；在物質的物理界面外，都有該物質的混元氣場。人的生命混元氣和人體的實體組織兼容並存，並按人的意識信息的導向，和實體組織通過混化發生互相轉化，從而形成人的生命的生、長、化、滅（佛教稱為“成、住、壞、空”）。

四、什麼生理組織負責氣的交流

氣的交流主要通過“膜”這一生理組織進行。比如說，細胞有“膜”，細胞內的胞核也有“膜”；血管、神經、內臟、肌肉等都有膜。生物膜是半滲性組織，是實體生物組織體最外層的實體組織。膜外就是該實體組織的混元氣場，膜內是實體組織。膜就是混元氣場之氣和實體組織內部混元氣的通道。例如，一細胞的混元氣場和另一細胞的混元氣場，因為混元氣場都是氣，氣和氣很容易混化。混化後的混元氣，通過膜和各自的組織內的混元氣發生內外混化，如此形成一細胞和另一細胞的混元氣的混化。人的皮膚是人體最大、最外層的“膜”。人通過皮膚界面以外的混元氣場和自然界混元氣混化，吸收成為自身內氣的一部分，從而維持著人的生命運動。

生物膜在古典氣功中稱“膜絡”，這個“絡”是氣血流通的通道。“膜絡”因此就是內、外氣交流的通道。所以，通過內外氣的交流和交通，提高了膜絡的通透度，也就增進了人的生命功能。人的意識能夠支配膜絡之氣的內外運動。智能功的第一部功，就是主動運用意識“採氣、拉氣、貫氣、收氣、聚氣”，將外界的混元氣收聚到體內，和體內的混元氣混化，在此同時又強化人的膜絡之氣的典型功法。最後一步功是運用意識將人體各層次組織徹底和自然界通透。不過最後一步功和入門之功的“人天渾化”效應不能同日而語。膜絡屬於生物體的“形”，因此由丹田氣（軀體混元氣）供給其活動所需的能量（氣）。

五、什麼是軀體混元氣

“軀體混元氣”對應於人體形（精）、氣、神的“形”，分佈於周身的有形組織中。這些組織就是軀體、四肢、內臟器官、各種感觉器官和腦實體組織等宏觀組織，以及從宏觀組織直到生命的最小单位細胞各個層次的有形組織。軀體混元氣供細胞自身的生長、繁殖、代謝，也是供應人體整體的體能消耗的混元氣。軀體混元氣的集聚處在肚臍周圍的小腹內，古稱“丹田”。丹田後面是“混元神室”，這是和人的生命活動悉悉相關的先天氣場。

人的軀體混元氣受自身意念的調動和支配，由意識運送到全身各處，或發出體外。人的四肢、軀體、感官是由人的隨意肌（橫紋肌）的支配產生活動的。隨意肌由軀體混元氣驅動。軀體混元氣由此和人的日常活動密切相關。氣功學所稱的人的皮、肉、筋、脈、骨，及內臟的形體，都由軀體混元氣得以濡養。人體內唯一的橫紋肌就是“橫膈膜”，所以也受意念的支配。道家的“吐納功”，就是意識配合橫膈膜運動的典型方法。

六、什麼是臟真混元氣

“臟真混元氣”是保證人體內臟的分泌功能的實現的混元氣。人的內臟的分泌功能增強了，人的消化、吸收、循環、排泄等各項功能都能得到相應的強化。臟真混元氣因此就是“從內而外”地造就人體“內外俱壯”體質，從強化人的內臟功能而強化人的生命功能的混元氣。臟真混元氣不受常人的意念支配，其集聚點在胃脘深處的混元竅。所以，強化臟真混元氣的最根本辦法，是開啟混元竅。

臟真混元氣和意元體的聯繫和統一性，甚於軀體混元氣和意元體的關係。所以，臟真混元氣對人的精神活動能發生一定的影響。由此而言，人的精神活動就能反饋性地影響到自身內臟的組織液的分泌，從而對人的生命活動發生影響。正因這個原因，混元竅開啟後的人的情緒（精神活動之一），就必須時時處於“喜怒哀樂”未發的“中”的狀態，和周圍環境（自然的、社會的、人際的）保持“和”的狀態，才不妨礙自身生命活動的正常進行或向更高层次邁進。臟真混元氣越充盈的人，越要注意自身的精神穩定度。因為此刻的精神活動，對體混元氣的開合出入的影響會明顯高於普通人。一旦精神活動是負面的，對於練功人來說後果難以預料。這是任何氣功門派都重視道德修養，重視修心重德的原因之一。

七、臟真混元氣和軀體混元氣的關係是什麼

臟真混元氣和軀體混元氣同屬人的生命混元氣，而且二者的集聚處都在腹腔內。人的腹腔中有膈肌，人的呼吸必須有膈肌的參與。臟真混元氣和軀體混元氣由膈肌的運動而產生交流。一般人的臟真之氣因混元竅沒開而不充盈。混元竅開啟後的臟真混元氣，不但有了量的變化，還有質的變化，不但強化了五臟分泌功能，同時也強化了軀體混元氣（丹田氣），從而使混元神室先天氣場得到強化。這能明顯提高人的生命力。

由於臟真混元氣的質地比軀體混元氣更精微，因此，臟真混元氣可以“養神”，即供給人腦細胞所用。軀體混元氣卻不能。正因臟真混元氣的這一功能，臟真之氣充足，就有益於腦生理態的改善和腦細胞活力的提高。腦細胞活動的實質是信息交流。腦態和腦功能的提高，意味著腦細胞對信息的接收、加工等能力有所提高，這首先表現在人的思維能力和工作能力的提高，繼而又以人的超常功

能得到一定程度的開發得以表現。

（附）腦元體[24]

原始混元氣經過一系列演化，若用科普常識做比附，形成現代科學概念上的物質，就是從最小的無機物（基本粒子）一直到動物。當動物進化，動物的神經細胞數量積累到一定程度，繼而聚集到一定程度，便形成了動物的腦神經組織。按物質混化論揭示的規律，腦細胞作為物質的一種，其物理界面內充斥了腦細胞混元氣，細胞實體的物理界面以外還有腦細胞的混元氣場。眾多的個體腦細胞混元氣融合成一個整體時，形成了腦細胞的整體混元氣場。

由於神經細胞是信息體。腦的整體混元氣就是神經細胞中信息集合最多的信息場。動物的腦混元氣稱為“腦元體”，因為它沒有概念（邏輯）性思維。但腦元體具有感覺、運動和形象接收的能力。腦元體對外界刺激的反應，形成動物的生命功能。動物有很多功能是人所沒有的。這不是動物的生命功能比人高級，而是動物生存所必需的本能。也就是說，動物的功能只是動物的腦混元氣（腦元體）對外界刺激的本能反應的一種表現。

八、什麼是意元體

當腦元體能把集合的信息進一步抽象形成概念，並用概念進行思維時，這就是“意元體”。意元體對應於著人體之形、氣、神的“神”，是人腦細胞密集聚合的整體混元氣，是人自動物進化到一定階段時才有的混元氣形式。目前的科學認為，人有 140 億個腦細胞。每個腦細胞樹突（觸突）互相接觸，腦細胞密集地集聚為一個整體的大腦組織。腦組織的整體混元氣，一方面與腦細胞的實體兼容相存；另一方面，由於腦細胞有貯存和交流信息的功能，和整體腦組織呈兼容態的人腦混元氣，也有貯存和交流信息的功能。意元體的本質是混元氣，也可以說是信息集合體。

九、意元體和臟真或軀體混元氣的區別是什麼

人是萬物中最高級的生命物質存在形式，人的生命混元氣因此就是萬物中最高層級的混元氣。而意元體作為人混元氣中最高級的混元氣，意元體當然就是萬物中最高級別的混元氣。意元體由此不僅是人混元氣的一部分和一個類別，意元體還是人體生命混元氣中最具特殊性的混元氣。和臟真或軀體混元氣相比，意元體不但質地更加精純、細微，而且有宇宙生成以來的全息信息。

十、意元體的特性是什麼

意元體的特性粗分，有分布特性、質地特性和功能特性：

1、分布特性：意元體以腦中心為中心，分佈遍及腦內外，連及周身並彌散至人體以外或更遠。

2、質地特性： 意元體質地極其精微、細膩，均勻無區別，能貫穿於萬物之中。

3、功能特性：意元體有全息性、主動性、反映性、記憶性、搜索性、選擇性、獨立性這些功能性體性：意元體還有接收、提取、貯存、加工、發放信息的功能。意元體因此對人的生命活動起到“靈動”的主宰作用。

十一、意元體和原始混元氣有何異同

原始混元氣是宇宙中最初層次的物質，意元體是在原始混元氣之上，上昇了一個“開放的螺旋”的混元氣。意元體的體性由此和原始混元氣的體性既有相同之處，例如，質地異常均勻、細膩、精微，能穿透任何物。也有不同之處。總的來說，意元體和原始混元氣比較，有以下三點異同：

1）. 原始混元氣是生成萬物不可缺少的基質原材料。意元體是從原始混元氣演化到“萬物”後的最高層次的混元氣。意元體就是以原始混元氣為基礎上，上昇了一個開放的螺旋的混元氣。正因如此，意元體積澱著自宇宙生成以來的全部信息。而原始混元氣不具備這一點，只是最初級層次的物質，

2）.原始混元氣是隨機、自然地發生混化、演化，是“從下而上”地衍生萬物的。意元體“從上而下”貫穿所有物質層次。原始混元氣沒有主動性。意元體不僅有主動性，還有全息性、反映性、記憶性、搜索性、選擇性、獨立性。意元體有接收、提取、貯存、加工、發放信息的功能。原始混元氣作為純自然物沒有這些功能。

3）.原始混元氣的物質層次低於意元體，無法支配意元體。意元體作為宇宙中最高層次的混元氣，就可以調動包括原始混元氣在內的任何層次的混元氣，繼而讓混元氣轉化與整合為不同層次的物質（氣功師或特異功能者，在身體不接觸物體的情況下讓物質發生變化的氣功學機理就在於此）。

十二、意元體怎樣形成、發展

形成：意元體在胎兒的大腦發育完成，約胎兒第7個月時形成。胎兒的意元體稱為"初始意元體"，相當於佛教所言的"第九識"的"庵摩羅識"（無垢識、清淨識、白淨識）。[18]（"混元整體醫學"優生學的"優孕"理論認為，應當提倡在胎兒期間，人為地用各種方法傳輸信息給胎兒。這一期間接受的信息，對出生後的智力發育有重要影響）。

發展：出生後的人，生命活動不再和母體有如胎兒期的緊密聯繫。但此刻的生命活動還沒有明顯失卻自然性，人體混元氣基本還和自然界混元氣發生著整體性交流。隨著新生兒的意元體不斷接收和反映來自生活環境的信息，從新生兒到少兒，意元體中積澱了越來越多的來自人際社會的信息，初始意元體的原始性和自然性漸之消失，意元體向"自我意元體"過渡。

在自我意元體主導下，嬰、幼、童、少兒作為自然體，生命活動仍保留著一部分天然體性，和自然界還保有基本的天然聯繫。這是嬰、幼兒在體質上優於成年的基本原因。從社會因素分析，自從氏族公社解體以來，人類一直處於私有制度。人出生後受到的普世教育，因此無法避開私欲觀念的灌輸。人類的生產和生活，一直以來又主要依賴於外求實踐活動，人類文化由此積累起大量的對"器"的認知的常態經驗和知識，對"道"或對"氣"的認知，總體上說相當貧乏。在這一文化環境中的自我意元體，漸之被私有觀和常態信息所占有。自然、圓明、活潑、迴靈的意元體天然體性消失，形成成年人普有的"偏執意元體"。

在偏執意元體主導下的人的生命活動，已經不再有剛出生時那種和大自然通過體混元氣進行全方位信息溝通的能力。對於意元體來說，人的肉體也是"外"，也是客觀存在。偏執意元體因此也不能客觀地反映人體生命狀況。人類目前整體的意元體狀況，處於這種不能客觀反映自然世界，包括自身生命活動的淵由就在於此！

十三、如何改善意元體的偏執狀況

意元體的偏執狀態既然是在人出生後的環境中形成，也可以在這個環境中得到改善。由於意元體可以被高級氣功態下的意識所感知。要徹底改善意元體的偏執狀況，就必須練氣功並達到一定的實踐深度。這就是中國功夫修煉能從根本上提昇人和大自然的關係，從而提高生命自由度的原因。佛教禪宗“見性”法要，是使修煉者達到這一生命高度的途徑之一。禪宗“明心見性”之目的，就是要得到對意識和意元體本身的存在的真實認知，從而主動、自覺地著眼恢復意元體本有的圓明靈動的體性，這是達“圓滿意元體”的前提。當然佛教並沒有提到這個高度來認識明心見性的實質。

圓滿意元體是在初始意元體的基礎上，上昇一個開放的螺旋的意元體狀態。圓满意元體既具備初始意元體清明純一的體性，又比初始意元體有了更大的自主性和自由性。與處在偏執意元體的人的生命自由度相比，達圓滿意元體者的生命自由度，因意元體的自主性得到圓滿恢復而有質的躍昇。

第 9 節 意識和意元體參照系

一、什麼是意識

意識是意元體的運動（活動）狀態。意元體只要活動，就是意識。意元體的運動源於人體生命過程中的內、外環境各種有關信息在意元體中的反映的結果。意識就是意元體內部的運動內容和運動過程。引起意元體運動的信息，來自人的生命活動、自然環境和社會因素（人際交流等 ）。若站在物質混元觀的質、能、信息的角度描述意識，意識就是以信息的形式存在的特殊物質。

動物沒有意元體，動物因此產生不了人的意識。但是，自然環境和動物自身的生命活動，能刺激動物的腦神經系統（腦元體）產生運動，從而形成動物的心理活動，例如，情緒。但動物的心理活動是和動物自身的生理活動緊密結合為一體的生命活動，是動物生存必備的本能反應。比如說，動物的情緒的產生，就是腦元體對自身的生理需求做出的本能反應的整體生命活動的外在表現。與動物相比，人的意識有相當大的獨立性。但目前人類的整體意識狀態，還沒有完全擺脫來自動物進化的束縛而不能在生命領域獲得更大的自由。

二、什麼是意元體參照系

“參照系”一詞來自物理學名詞（Reference Frame），是指為了確定物體的位置和描述其運動狀態而選定的作為標準的物體或系統。“意元體參照系”是人評定、判斷客觀事物的量度模式。胎兒的意元體中還沒有建立意元體參照系，人出生以後，意元體逐漸積澱了來自環境的信息。信息的積澱就是意元體參照系，成為意元體的一部分。所以，意元體參照系的本質是信息體，是由信息在意元體中的積澱而形成的混元氣。

意元體參照系不僅有來自自然界的信息，還有自身生命信息，人和萬物之間的信息和來自社會的信息，包括人與社會之間、人際之間相互聯繫的信息。所以，意元體參照系中，有人在自然和社會這個人類特有的背景中的地位、狀態等的信息。意元體參照系一旦建立，就成了人量度事物的參照模式，成為人認知、判斷事物以及

指導自身一切活動、包括自身生命活動的依據。由此而言，人的一切思想、行為，都在意元體參照系這個背景中進行。意元體參照系由此成為意元體的一部分。每個人的經歷不同，內化到意元體中的信息也不同，從而使人與人之間的意元體參照系有了難以形容的差別。意元體參照系分“常態參照系”和“超常參照系”（見本節最後“九”和“十”）

三、意元體參照系如何形成

人的意元體參照系的形成，是和此人的意元體的發展同步的。從意元體理論已知，意元體從新生兒到成人，經歷了“初始意元體”，“自我意元體”和“偏執意元體”三個階段。形成“偏執意元體”的這個“偏”的“元凶”，就是成年人具有的“偏執意元體參照系”。偏執意元體參照系的存在，使意元體體性也趨向偏執而失卻了本有的天然體性。

四、意元體參照系和意元體的關係是什麼

簡單而喻，意元體是“主”，參照系是“客”。但實際情況是，“客”和“主”共同參與而發生作用。例如，意元體參照系中的內容會以實體物的形式，如，蛋白顆粒的形式瀰積在神經細胞中；而瀰積了參照系內容的腦神經細胞的混元氣，又會併合到意元體（腦組織的整體混元氣）中來。如此，意元體的各種體性又受到意元體參照系的影響。如果把意元體的本來體性喻作一塊白布，意元體參照系的內容就是顏色。意元體被參照系“染”上了顏色，意元體的本來體性被改變，參照系“反客為主”，意元體受到了參照系內容的擺佈而失去行使自身功能的“權力”。意元體的行使功能的“權

力”由此被“篡奪”，僅由參照系來判斷客觀事物，並決定取、舍。古修煉家曰“世人以奴為主而不知”。人類今日的意元體參照系模式的不完善，致使當今人類總體的意元體和自然界混元氣的體性不一。由此造成今天的人類不能與客觀世界平等相處。

五、什麼因素造成意元體參照系的偏執

造成意元體參照系偏執的因素，主要有二：

一）人從出生的那一刻起，就被培養從外界攝取有形物質維持生命活動的觀念和能力。人還有讓自己的生命質度不斷提高的天然能力和願望，這同樣需要有物質資源作保障。由於人類社會一直以來是私有化體制，在這一體制中的物質的供應遠不足以達到人需人取、按需分配的程度。為了滿足個人的生命優化之需，人必須占有本應是屬於他人的一部分資源來保障自身生命活動的高需求。而這一切，對嬰、幼兒來說，是由家長的教化才知曉的。人由此從小至大，成年累月地接受為“私”、為“我”的教育，必然形成“先已後人”的非平等的人際觀念。

在對物質的攝取、享用過程中，人能夠得到來自感官接觸而至的精神感受。由於人對精神感受的追求沒有止點，人對物質的占有也沒有止點。占有—享用—再占有……，意元體漸而被自我行動強化的“我”所占。當然，人的意識中不能沒有“我”。然而，現實世界中的這個“我”，是在滿足私欲中建立起來的“私我”、“小我”。這類“為我”的信息越積越多，最終打破了意元體既無私、亦無公，既無我、亦無他的天然體性。意元體本有的自然、清明狀態，先被佔有欲打破，繼而又被“小我”佔有。

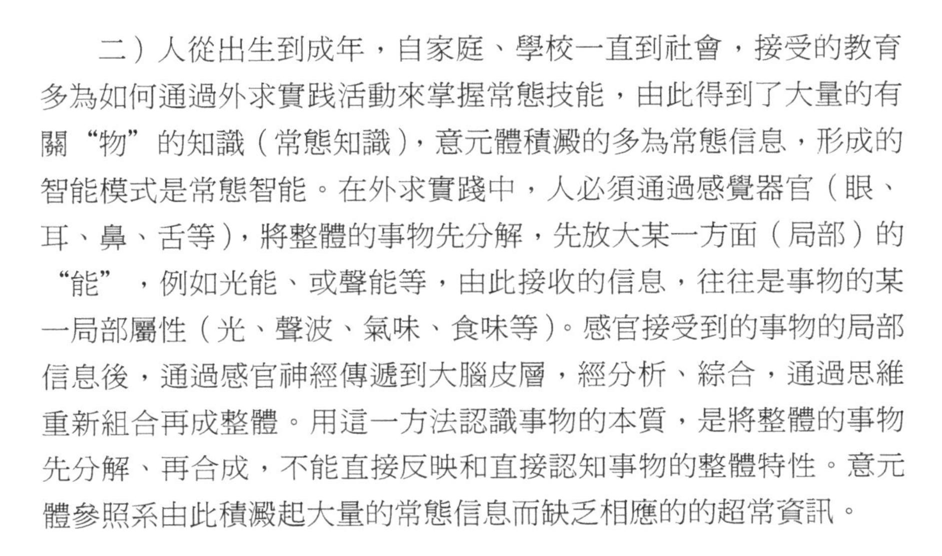

二）人從出生到成年，自家庭、學校一直到社會，接受的教育多為如何通過外求實踐活動來掌握常態技能，由此得到了大量的有關“物”的知識（常態知識），意元體積澱的多為常態信息，形成的智能模式是常態智能。在外求實踐中，人必須通過感覺器官（眼、耳、鼻、舌等），將整體的事物先分解，先放大某一方面（局部）的“能”，例如光能、或聲能等，由此接收的信息，往往是事物的某一局部屬性（光、聲波、氣味、食味等）。感官接受到的事物的局部信息後，通過感官神經傳遞到大腦皮層，經分析、綜合，通過思維重新組合再成整體。用這一方法認識事物的本質，是將整體的事物先分解、再合成，不能直接反映和直接認知事物的整體特性。意元體參照系由此積澱起大量的常態信息而缺乏相應的的超常資訊。

綜上分析，成年人的意元體參照系為“私”的信息多，為“公”的信息少；常態知識信息多，超常知識信息少。就如天平秤的法碼不均勻，天平秤“偏”向了一邊。人是自然的一分子。人的生命活動受制於偏狹的參照系，生命活動的體性和自然體性不相符，最終影響到人的生命活動的正常性。

六、為什麼意元體參照系的偏執會降低人的生命力

人的生命活動是在意元體的支配下進行。確切地說，是在意元體中的“自我意識”的支配下進行。由於參照系是人評定和判斷客觀事物的量度模式，偏執的意元體參照系一旦形成，人就將參照系這個評判和量度事物的模式，認作了“真我”（自我）。這就是古修煉家所言的“認錯主人公”。當人的生命活動在這種不能夠客觀地反映生命狀況的意識支配下進行，這一方面不能從“自我”這個層面能動地認識與把握自身生命活動，另一方面又以偏執的參照系內容和模式指導自身生命活動，使自身的生命運動脫離了自然屬性，

只按參照系的內容和信息進行。這顯然違背了人的自然生命規律。

意元體是人的整體混元氣的一部分。人的混元氣是有限的。人的日常生活勞作以及人的生命機能活動，都時時刻刻在消耗著人的生命之氣。人要維持正常的生命活動，就必須吸收自然之氣為我所用。意元體參照系的偏執，使意元體也帶上了偏狹性。意元體的偏狹，導致人的生命混元氣也帶有偏狹性。由於自然界混元氣沒有所謂的偏狹。偏狹的人體混元氣，就不能和自然界混元氣發生平衡交通與交流，這必然降低人的混元氣的質和量，從而降低自身生命質度。另外一點，人的生命混元氣的體性和自然界混元氣的體性不一，意元體從外界得到的萬事萬物的全息信息，會受到失去了自然屬性的人體混元氣的遮罩，從而又使人失去與客觀世界進行信息交流的能力。這些原因，造成了現代人不能達到古人所言的“天年之壽”，或達不到當代科學所預測的人的自然壽限(125-175 歲)的根本原因。

對於人的精神的不完善性，佛教早有認識，只不過沒有如同今天的氣功科學理論那樣講得透徹。佛教認為：人與佛不同，是人見不了“自性”（佛性），因為人有“第七識”（我執識）存在。“我執”引起“無明”。“無明”不但是有礙於成佛的最大障礙，無明還會引出種種“煩惱”。用氣功學理論對照，其指證是正確的。佛教所指的“我執”的實質，是指意元體參照系的偏執。“無明”的實質是認錯了真正的“自我”（真我）。而“煩惱” 更會讓人的精神四分五裂，由此不能內向地專注於自身生命活動。為此，佛教主張打破這個“無明窟子”，就是要破除“無明”這個“無底洞”。其實質是徹底改變常態的意元體參照系。

修煉中國功夫術，就是為了重新開發出已失去的人體本有的生命功能，包括恢復意元體清虛靈動、大明大淨的天然體性。這就必須以改變常態的意元體參照系模式為首務。否則，一切努力都是舍本求末。

七、意元體參照系與意識的關係是什麼

因為意識是意元體的活動狀態，說到意元體和參照系的關係，就必定會說到意識。由於意元體參照系、意元體和意識這三者的本質都是混元氣，這三者的關係就是互為影響的關係。為方便敘述和理解，它們之間的關係分三點回答：

1）意識既然是意元體的活動狀態，意識活動就必然在意元體這個背景中進行。當意元體有了意元體參照系以後，意識活動就在參照系這個背景中，按參照系的規定進行。偏執的意元體參照系這一混元氣的內容，由此就會和意元體、意識發生混化，混化的結果是產生具有偏執內容的意識活動。比如說，人的言行是意識主導下進行的。人的言行就反映出此人意元體參照系的狀況。

2）意識這一混元氣的活動內容，在一定的條件下可以和意元體參照系這一混元氣發生混化。所以，意識活動的內容又對參照系發生影響，從而更動參照系的內容。這就是意識修養是氣功實踐（身心修煉）的重要性所在。因為帶有偏執信息的混元氣，甚不利於人的整體生命活動。反過來說，帶有偏執信息的意識活動，就會增添參照系的偏狹性而更不利於生命活動。均由此理，主動地運用意識克除意識活動的偏狹性，就有改善意元體偏執狀態的作用。比如說，從自身行動做起，改變參照系的內容，就是通過意識克除參照系偏執的一個途徑。

3）由於意元體的原始體性（本來面目），被意元體參照系的內容所蒙蔽。意元體的活動（意識）就無可避免地受到了這個參照系

的規定。若要使意識不受參照系的規定，一要通過學習氣功科學理論，懂得人的意識對自身生命活動的重要性而主動地去改變目前的意識狀態；二是要在日常生活中，時時把握自身的思想，讓自己的思維盡量遠離習慣性（常態的）意向（偏執意向），由此提高意識的獨立性和清明度；三用實際行動鞏固意識的進步性改變。

總之，意識活動既受到意元體參照系的規定，又會反過來影響參照系。而意元體卻只能受束於參照系，不會有所“反抗”。這就是氣功界的每家每派都注重“修心”、“修性”或“修德”、“培德”的原因所在。這是通過意識信息的改變，反過來影響意元體參照系而增進自身的生命活動質度的修煉通徑。

八、怎樣改善意元體參照系的偏執狀態

意元體參照系既然是人出生後形成，也就能在後天環境中再改變它。改動意元體參照系的偏執，是個人氣功修煉要達到的一個根本性目標，是向完善自身生命活動時必須跨越的一道門檻。我們已知，意元體參照系指的是意元體中積澱了自來後天的信息這一部分。所以，改變意元體參照系偏執的基本方法，無非就是針對偏執的意元體參照系形成的原因，還是在形成偏執的參照系的環境中，從相反的方向去改造。也是二點：

1）**從道德涵養入手**：變“為我”為“為公”，改“小我”為“大我”，並通過日常中有關的實際行動來鞏固這些願望。例如，待人處事以真誠、謙慈、忍讓、善解人意的普世價值為基準；以“利已利他”、“人我共享”、“物我平等”的大同精神為原則。現代人樹立“為公”、“大我”精神，比古代要容易一點。古中國是一個長期處於君皇政治統治體制的小農業經濟社會，生產單位小到以家庭為規模，家庭中的主要

生產者，為家庭成員付出，為家庭這個小圈子中的成員謀利益，就是為"公"，就會受到社會公共與論的尊重。站在氣功科學的立場，這離真正的"為公"還非常遥遠。古中國沒有"對社會作貢獻"這一說。普通人想要做一點为社稷（國家）謀益的事，也不知從何處著手，只把"忠君"之舉當作為國、為民、為公之舉。修煉大家孔子，曾提出"仁義禮知信"信條來調整人與人的關係，但沒提及人與社會的聯繫；提出"大道之行也，天下為公"之口號，但沒有提及何為"大道"？如何"行大道"？西方社會近一、二百年來的工業發展，社會經濟和文化條件，使當代西方人的為公思想明顯高於亞洲人。作為修煉者，要培養為公和大我精神，不僅要和普通人一樣，將自身利益從"我"擴展到家庭成員，也不僅要象宗教人員那樣，將自身利益擴展到周圍的人群，更要將自身的作為擴展到社會，再擴展到全人類，用氣功科學的道德要求激勵、免勵自己，以行動修心培德，養育正氣，改變自身氣質（內氣的質度）。心胸越大，思想開放得越遠，周身之氣和自然界之精純之氣（古稱"天地之氣"）混化越多，意念向內一收，精純之氣收入體內也越多。

佛教的布施、放生、供養等，雖然是宗教行為，其實都是為了培養人舍去私利。其它的宗教也有類似方法和形式。只不過宗教徒做這一些的原意，並不是為了改善人的生命活動，而是為了完成宗教信仰或達成某種宗教目的，如，成佛作祖，為來世生福等。不過在客觀上，這類宗教行為確有改變常人的意元體參照系的效應。當我們知道了宗教修煉活動中的人體修煉效應後，就不一定呆板的按宗教的方法，而以世人能够接受的方式和形式，去改變自身意元體參照系的內容。

2）**從意識修養入手**：就是增加意元體中的超常信息，打破意元體被單一的常態信息壟斷與佔有的偏執局面。這需要：**A**、從具體的方法入門，努力刻苦、持之以恆地參與內求實踐（氣功）活動，包括氣功訓練方法的學習和氣功基本技術的運用，以及人體超常功能的開發。要以自身實踐積累的直接經驗，來增加意元體中的超常信息。B、學習氣功理論，積極、主動地結合自身實踐，將前輩和同道們的間接經驗以及他們總結的知識，經自我驗證，變成自己的知識和技能。從而，為意元體增添內求實踐和超常智能信息。隨著意元體中內求實踐和超常智能信息積累越來越多，意元體的偏執度就會越來越小。

意元體參照系的偏狹性越小，意元體的偏狹性也越小，意元體中各種信息的組合，就能按合符自然的規律進行。由於人是自然界的一個存在物，人的生命活動也合符自然世界運作的規律，人因此就能通過克除意元體參照系的偏執性，恢復人體混元氣和自然界混元氣的同一性，從而客觀、正確地反映、認知、改造自然。這裏所說的“改造自然”，主要是指改造人的生命活動。按弗洛伊德[25]的學說，人的習氣、性格一旦形成，就無法改變。我們認為，這是西方社會多少年來缺乏內求實踐，西方科學家並不知曉，還有現代科學以外的手段，可以改變已形成的這類心理狀態。或問：中國古代有氣功，卻也有“江山易改，秉性難移”說法，如何解釋？我們認為，這是古代人對“心”、“神”、“意”的本質，對“無明”、“偏執”到底從何而來等問題的研究，受到時代文化的限制，只從日常生活中通過對常態人的觀察，得出適合一般情況的結論。

例如，佛教中有“無我”之說。但佛教中無一人能夠說得明白，為何要做到“無我”？怎樣做到“無我”？“無我”是什麼樣的身心狀態？“無我”這個概念在佛教中一直有人說，但無人解，直至今天還是如此。我們認為，胎兒已經有了意元體，但沒有“自我”。“自我”是人出後，為了自身生命活動的維持之需要而形成的。信息一旦在意元體中積澱，以混元氣的形式成了意元體的內容之一，如自我，道德、意元體參照系等，就無法抹去。因為意元體不但有

接收信息的功能，還有儲存信息的功能。要改變，只能用“加信息”的辦法。缺什麼，加什麼，使之在總體上平衡而達圓滿。“我”既建立，就無法“無”；只有將常人之“小我”變為“大我”。

必須指明的是，對意元體參照系的改造，是在意元體參照系的背景下對意元體參照系的改造，和外求實踐的運作不完全相同；又因為參照系的內容已經陪伴個人多少年，要更改，也不是一個輕鬆的過程，期間會有反復，更需要時日的積累。功夫不負有心人。在後天環境中建立的意元體參照系，無論從哲理，從氣功理論，從氣功實踐說，都是可以改變的。在我們有了氣功科學理論的今天，只要按理論的內容付諸實際行動，以氣功鍛煉為基礎手段，每個人都能從發揮意識的主動性、能動性開始，在後天環境中積極改造自身意元體參照系，從根本點上解決生命昇華的難題

九、什麼是常態參照系

意元體參照系分“常態參照系”和“超常參照系”二種。“常態參照系”又稱“偏執參照系”、“常態智能參照系”，是指目前人類整體的意元體參照系。常態參照系是指：人運用感覺器官的功能認識世界，接收的是客觀事物的局部信息，這些信息內化到意元體中，形成意識活動的內在規定性（常態規定性）的系統模式。常態參照系是建立在外求實踐基礎上的局部性參照系。常態參照系一旦形成，人就由常態智能主導自身生命活動，意識活動也按常態參照系的規定發展，這有抑制超常智能的展現和超常參照系的形成的作用，以致意元體的功能不能全方位的展開，從而導致人的生命活動被局限在一個狹小範圍內而不能獲得更大自由。由於意識活動的偏狹，人難以更深刻、全面地認知事物的本質，包括人自身生命活動的本質，人就無法發揮人固有的能動性去改善自身的生命質度。

十一、什麼是超常參照系

“超常參照系”是指人用超常功能直接接收事物的混元整體信息（超常信息），並將信息內化到意元體中形成的參照系。用超常功能觀察與考證事物，無需分析，無需闡述過程，亦無需揭示事物的本質，直接得出結果或結論。超常參照系可以通過對超常智能理論的學習，並且用實踐印證理論後打破常態參照系而形成；也可以由“實像思維”發展而來。超常參照系一經建立，人的意識便可進入“智照層面”的實像思維模式，能夠反映標誌客觀事物本質屬性的整體性真實存在形式——混元整體特性，得到與常態智能狀態下大相徑庭的認識，進入佛家所謂“見山不是山，見水不是水”的境地。[18]

第 10 節　道德、良心和“自我”

一、氣功學如何對道德分類

在此討論的“道德”不是倫理學概念上的道德，而是智能氣功科學理論中所言的道德，它是意元體的內容之一，其本質是混元氣。混元整體學中的“道德論”，將人類進化過程中的整體性道德，分成四個類型：按先後次序分別是：1、自然道德；2、自然社會道德（又稱，社會自然道德）；3、社會道德；4、自由社會道德（又稱，社會自由道德）。

二、什麼是自然道德

人作為自然體，通過自身混元氣和大自然混元氣的交流、混化維持著生命活動。這一特性在意元體中的表徵，就是信息的積澱。在中華古典文化中，這一表徵屬於道德的範疇。《道德經》言：**“道之為物，唯恍唯惚；惚兮恍兮，其中有像；恍兮惚兮，其中有物；窈兮冥兮，其中有精；其精甚真，其中有信”。“有物混成，先天地生，寂兮寥兮，獨立不改，周行而不殆，可以為天下母”**。這是老子對自然體性之表徵的“氣”（道）的感受的描述。但古人並沒有將人的自然特性在道德範疇中歸納。智能氣功學將其歸為“自然道德”，依據是：宇宙自然界的萬事萬物之間，萬事萬物和宇宙自然之間，無時不刻地通過混元氣的混化與交換，由此發生物質的“生、長、化、灭”。這是從氣功實踐中發現的規律。作為宇宙的一員，人也受到這一規律的制約。在人的混元氣和天然混元氣的交流中，制約著這一生命規律的信息，以混元氣形式積澱在意元體中，就是中華古典文化中的“道德”。所以，氣功學所稱的道德，本質是混元氣的一種，是人特有混元氣，是人的意識的內容之一。這就是大中華文化道德觀與西方倫理道德觀的不同之處。古人將道德分為“道”和“德”二部分。自然道德屬於“道”之範圍，體現了人的自然性，也體現了人的生命活動和大自然的真切關係。

新生兒作為自然的人，道德狀態沒有任何社會性，只有純自然的道德狀態。新生兒因此才是“有奶便是娘”的一族。新生兒的道德的可塑性很強，例如，放在人的環境中，就會發育成為人，有人的意識；放到動物環境中，就發育成“類動物”，沒有人的意識。世界範圍內報導的狼孩、虎孩等，就是出生後不久被某些哺乳動物（狼、虎等）帶入動物生存環境的結果。我們已知，意元體是在胎兒後期形成的，而意元體的活動（意識）卻是人出生後才有的。在人的整個生命過程中，只有出生後不久的新生兒還有自然道德體性的保留，並有所顯現。這是新生兒還保留著“初始意元體”的體性的必然表現。隨著新生兒發育成為嬰兒、幼兒，意元體參照系漸之形成，人的道德開始向“自然社會道德”演進。

三、什麼是自然社會道德

母親十月懷胎，胎兒出生，新生兒接受來自環境的信息還不多，意元體基本保持著天然的“白淨”體性。新生兒在成長過程中因維持自身生存的需要，和周圍的人、事、物發生聯繫，意元體參照系由此開始“從無到有”，人的自然道德體性開始減小。隨著新生兒向嬰兒、幼兒成長，和周圍人、事、物的互動越來越多，意元體不斷被打上來自環境的信息。但嬰幼兒的生活基本還在“飯來張口，水來伸手”的模式中，只不過為維持自身生命活動的需要，開始有了“自我”的萌芽。

當“自我”這一混元氣出現，“初始意元體”的體性開始失卻。但由於此刻的意元體中，接受來自後天環境的信息並不多，尚不足以達到嚴重影響意元體原始體性的地步。所以，嬰幼兒意元體通過“體混元氣”和自然界混元氣混化，並不像成年人那樣多有障礙。這是嬰幼兒體力和智能雖然大不及成年人，但生命力卻明顯高於成年人的原因。例如，嬰兒有比成人更強的對“外邪”（致病因子）的抵抗能力；和成人相比，嬰幼兒精力充沛，體力上也比成人更耐疲勞，等等。这些都是偏執的意元體參照系還沒有形成，人的先天（自然）功能還有相當大的保留的表现。

和新生兒相比，嬰幼兒不再是一個純自然的存在物，而是社會（家庭）中的成員之一。这就必須要處理人和人之間的關係。這表現在嬰幼兒和家庭成員的互動上。處於“自然社會道德”狀態的嬰幼兒，還沒有完全失去人的自然性，從心理（精神）狀況而言，在嬰幼兒的思想中還沒有公、私之分。比如說，幼兒感到餓，拿到什

麼吃什麼，沒有分辨，只為生命活動之需要。看到自己喜歡吃的、喜歡玩的，不管是誰的，都會不加思索拿來為己所用。吃飽了（滿足了生命需要），也不象大一點的小孩那樣，有意留起一點為已。嬰幼兒沒有我、他之別，例如，自己喜歡的東西，也認為別人也喜歡，當自己不需要的時候，會毫不猶豫地給別人；當自己需要時，又會不經對方同意拿回來。嬰幼兒沒有善、惡區分，所以容易上當、受騙。但嬰幼兒對周圍的人不起“分別心”，平等對待；幼兒富有同情心，比如說，有同伴受到欺侮或委屈地哭，也會一起哭。嬰幼兒無憂、無慮、無恐懼，表現出的“赤子之心”，這一切都是人的體混元氣的自然信息多於社會信息，意元體和外界的聯繫基本處在自然聯繫的模式中的反映。古儒家“人之初，性本善”的結論，可能是他們看到了孩童沒有成年人的各種偏執心。這是以成人的思維誤判孩童的道德狀況的先驗觀點。

不論種族、膚色、國藉，無論其養育環境貧、富、優、劣，人在成長中都有從“自然道德”向“自然社會道德”過渡的過程。然而，嬰幼兒道德形成的原因，是神經系統發育還不成熟，神經和身體的各部聯繫還不完善，腦功能不全面，意元體中人際社會的信息不多，就算有也不深刻，是意識活動尚不完善造就的。總之，這是人的身心發育尚待完善的表現，是人的自然性多於社會性的表現。嬰幼兒的這種道德狀況，和原始人的狀況近似。而古修煉家認為，人修煉要回復到嬰兒的狀態。這是古人沒有條件認識人的生理發育特徵的提法。古人不知道人有神經組織形成的神經生理活動，不知人有腦細胞組成的腦神經系統，不知意識活動是人的大腦皮層的產物，不知神經組織還有生長、發育、完善的過程，等等。若按古人的設想，一個只有嬰幼兒思維水平的成年（修煉）人，不要說用功夫為社會服務，就是立足於社會生活也無可能。人之所以是人，就是因為人有社會性。個體的人是社會群體的一員。當一個人在社會中正常生活的能力都沒有，連做一個普通人的資格都達不到，如何再向高於常態的生命層次躍昇？正由此因，有了“自然社會道德”的孩童，還必須向“社會道德”的過渡。

四、什麼是社會道德

過了嬰幼、兒童、少年期、青少年期，就是成人期，人的邏輯思維趨向完善。至青年後期，生理上也發育完成，個人道德發育也趨向成形。自然社會道德的體性，在日常中的表現越來越少，人的生、心理發生了出生以來最明顯的變化。例如，意元體參照系基本形成，社會道德的體性也比較明顯的表現出來。由於社會道德是在社會生活中建立的，社會道德就是人生活於當時社會必須具有的道德。然而，人的社會道德，是伴隨著偏執的意元體參照系同步形成，社會道德就不是人類的理想道德，因為社會道德並不利於人的生命活動向更高狀態躍升。為什麼？

從人類社會學的角度說，社會是人類特有的一個群體集約組織。人和動物之處別的根源也在於此。所以，人不但有自然性，人還有社會性。“社會”將個體的人通過人際往來結成一個集約性整體。追溯人類社會的起源，是原始人的群居生活模式。原始人既無銳牙利爪，亦無獸類的體能和力量，更無動物在自然環境中生存的天然適應能力。但是，人有智慧。人能組織起一個集體，用集體的力量，對抗諸如自然災害、猛獸危害等不利於生存的因素。從人類整體的道德模式的形成這一點說，也是從最初的原始人基本保持著從動物進化而來的自然性，表現出“自然道德”。原始人通過群居，建立起人類最初始的社會模式。在“社會”這個模式中生活的個體，都必需具備“社會道德”。由於原始人還保有自然道德的體性，原始人的整體道德是處於從自然道德向社會道德過渡的“自然社會道德”。人類的自然社會道德模式，在原始或氏族公社中曾得到充

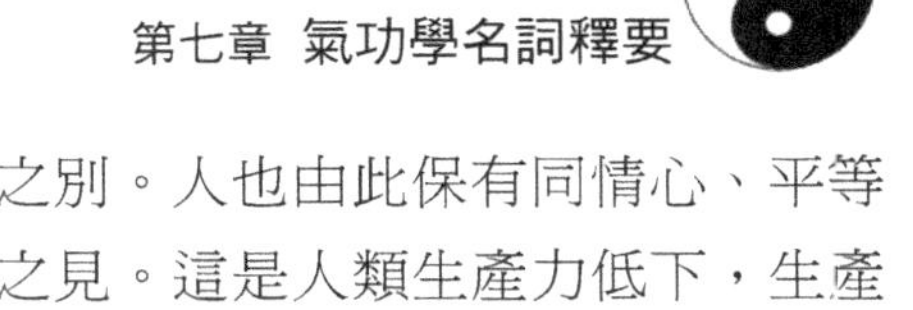

分的表現：無公私之分，無他我之別。人也由此保有同情心、平等心，人與人之間由此無有善、惡之見。這是人類生產力低下，生產資料貧乏的道德表現。這一人類道德和人的個體道德中的嬰幼兒的道德相對應。因此，這不是人類精神和道德成熟的表現。

或問：動物也有群居性，為何不能稱作“社會”？我們認為，動物群居雖然和人一樣，也是生存的需要。但動物沒有邏輯思維，沒有語言。動物的群居模式，不會形成如同人一樣的思想交流的集約群體——人的社會。動物個體之間當然也有交流行為，如求偶、交溝、哺乳等，但這些都是動物作為純自然體的本能表現。有人認為動物也有“語言”。我們認為，高等動物的所謂“語言”，只是簡單的聲帶振動，是動物發泄情緒的一種表現。而動物的情緒是和動物自身的生理需要緊密相聯的。例如，動物的求偶、爭偶、覓食或爭奪獵物等，都是純自然的生理需求引發的情緒產生的本能行為。群居動物的個體與個體之間也有行為上的配合的現象，這是某一動物個體的腦神經細胞活動發出的信息，由其它個體的腦細胞接收後的本能反應，也是動物天然功能的表露，更是動物生存的必須本能。某些低等動物用身體某一部分相互接觸，也是動物體之間進行信息交流的表現。所以，社會是人類特有的群體結構組織。人在社會這個存在體中的生命活動信息，和社會環境信息在意元體中打下的信息烙印所形成的混元氣，就是“社會道德”。

社會道德作為人類的道德模式，是人和人類社會發展至今的必然。然而，時至今日的人類，有著相當多的為私的“小我”道德意識。這使得人類還處在以滿足生理需求為最大目標的生活模式中而不能自拔。這是人類還沒有完全擺脫來自動物進化的本能的表現。由於社會道德是在私有化社會中生活的人的道德模式，是和偏狹的意元體參照系同時形成的混元氣形式。由於道德和參照系是意元體的內容。意元體的活動對生命活動發生影響這個機制，就會由道德、意元體參照系這些混元氣，通過“自我意識”對自身生命活動發生影響。從本書最後的“意識時空結構及其與生命活動的關係”（圖20）中我們看到：在意元體背景中的意識活動，包括意元體參照系、道德，自我意識、良心、情緒意識、思維意識、生物意識等，其本質都是混元氣。混元氣和混元氣之間有混化、混通的特性。皆由此因，帶有偏執信息的意元體背景中的道德這一混元氣，也有信息的偏狹性。根據混元整學揭示的人體生命規律，人的自我意識，是和人的全部生命活動层次直接關聯的混元氣。而道德這一混元氣所在位置，依圖可見，是和良心和情緒意識這二大混元氣相交並存，道德通過良心和情緒意識這二大混元氣影響到自我意識活動，從而影響自身的整體生命活動。道德對人的生命活動的至關重要性，從此圖可一目了然。人類多少代以來的奮進，其實只有一個目標，這就是人類生命的自主、自控和自由。社會道德既然不能全然帮助人類達到這一目標，人類道德必然要有一個提昇。

五、什麼是自由社會道德

“自由社會道德”是以社會道德為基礎向上發展的道德，是人類理想的道德模式。自由社會道德是基於中華文化道德觀中的生命科學含意和氣功科學對氣功實踐要達到的人體身心效應的認識、總結和提出的道德概念。自由社會道德更有利於自我意識支配自身生命活動。自由社會道德必須以社會道德為基礎。社會道德由原始人類的群居自然道德，經過氏族公社的自然社會道德，在後來的私有制社會（奴隸制、封建制、資本主義制度）中逐漸形成。社會道德是在私有化體制中得以發展的普世道德，是人人都必須具備的，不受種族、國藉、膚色、信仰等因素左右的人類道德模式。

在群居條件下的個人和個人，個人和集體之間，必須有一些維

護群居狀態持續的約定規範，這些規範是人類道德和法律的萌芽。例如，個人獲得的獵物，必勻分共享而不能單獨占有。這是人類從“自然的人”向“社會的人”過渡的階段，也使人類的道德從“自然道德”向“自然社會道德”進階的階段。正因人類有這一進化階段，才使人的社會性越來越明顯，人和動物的差異越來越大，人終於成為“萬物之靈”。按理說，人類有著比動物生存優裕得多的物質條件。但動物除意外死亡，一般多能活到自然年限，而人類卻至今不能達到當代科學認為的正常壽限。原因無非在於，私有化的社會性壓抑了人的自然性，這表現在人的自然生存能力不如動物。

古中國修煉界早就從“性”或“神”（精神、意識、道德）以及“命”或“身”（生理、身體）這二大方面研考，得出的結論是，人的生命是“神為主宰”；“心為君主之官”。從所周知，人之精神狀況就包括道德狀況。在佛、道二家中，佛家始終把修煉定在精神領域，道家在修煉後期也將修煉定位在意識修煉上，總結出“去識神、留元神”之說，認為只有“識神去”，才能“元神現”。如此才能“得道”、“入聖流”或修成“仙”。還有老子《道德經》“專氣致柔，能嬰兒乎”的觀點。這些思想，一方面表明了華夏古精英們對人體生命活動的認知程度，早已高於世界其它民族。另一方面，受時代文化的局限，這些觀點有很大的片面性，極需要用氣功科學理論來完善。

比如說，古道家所言的“識神”的實質，是我們所言的常態智能信息積澱而形成的意元體參照系，它帶有偏執性，是生命活動向上提昇的障礙。這一點，道家是說對了。佛家的“無明”或“我執”的觀點，也同理。但是，這個“識神”或“我執”，不但是人的社會道德中的主要內容，還是人立足、生存、生活於社會所必需的意識內容。雖然它們有不利於昇華生命活動的一面，極需通過不至一個途徑來改進，但它們卻是“居塵修道”的必要前提。人和動物最

大的不同在於人的社會性，人對自然的探索與改造，包括對人自身這個自然體的探索和改造，都不能離開社會去進行。這一點，古氣功家並沒有認清，所以才有不切實際的論點出現。

例如，“專氣致柔，能嬰兒乎”；“常德不離．復歸於嬰兒”（老子）。嬰幼兒的意元體、參照系和道德狀態，確實比成年人的狀態更有利於生命活動。但實際情況是，嬰幼兒的這一狀態，是神經系統包括腦功能以及由神經系統聯繫和統率的人的身體各部組織，都還沒有完成正常發育的表現。嬰幼兒的意元體中，來自社會的信息積累並不多，意識對外界的反應還和靈長目類的動物或原始人對環境的反應差不多。中國古代沒有現代意義上科學知識，不能像我們今天這樣明白這些道理。古人認為修煉要達到嬰兒的狀態，其實是在想往自己能通過修煉，復具“赤子之心”的精神狀態以利於生命活動。這一點不知誤了多少修煉人。如果按古人意思去做，說不定會鬧出笑話：一個四肢發達的成年人，卻配以沒有常態智能（識神）的頭腦，只有如同嬰、幼兒那樣的智商和思維水平，周圍的正常人會認為此人是一位高功夫者嗎？具有這個狀態人的出現，只能讓人聯想到腦功能不全或有障礙，俗稱“白癡”的人。有的當代練功人認為，衣衫不整，體容不潔，喜怒無常，行為怪異，整天渾渾噩噩，這才是有功夫的體現。中國功夫是將人從常態向超常態昇躍的學問和技能。一個連正常的生活外表都做不了的人，何以再向超越常態的生命態躍昇？功夫界一直以來有句話：畜牲（動物）不能修煉。因為動物沒有人的思維。

我們已知，道德、意元體、參照系的實質都是混元氣，都是信息積澱體。而信息一旦積澱，無法消除。要改變以上的混元氣的體性，就只能用“加法”而不是古人所言的“減法”（去識神）。改變意元體參照系狀況如此，昇華道德狀況也是如此。比如說缺少“為他”思想，就用行動為別人無償服務，做義工就是一項。佛教有供養、布施，基督教、天主教有祈福、代禱等，其實質是用行動向意元體“加”有利於克除我執、有利於自身和他人生命活動的信息。意元體若缺乏氣功和超常信息，就要實踐氣功、學習超常知識並投入超常智能開發的實踐。加信息的最佳方式是用行動，而不是用願望。光有願望而沒行動，意元體中的信息不深刻，對改善意元體的狀況的作用不大。有了願望但不去付諸於實際，意元體參照系的偏執會更甚。

佛教中有一說：“發願”能建立功德；發善願，能結“善功德”，“力量”很大。例如，有人說他發了一個“放生”的善願；這已經結了善功德。但此人若發了願後，卻不去兑現發願的內容。佛教認為這是“罪過”，是作惡。為什麼這麼說？佛教所言的“發善願，建功德”的實質，就是通過發善念來增加意元體中“為他”的善信息。因為人的社會道德中的“為己”的信息多於“為他”。加了“為他”的信息，才能有利於自身生命活動，這就是“功德”。但若此人發了一個善念，卻不付諸行動，一是不能鞏固意元體中已有的有利於生命活動的信息；二是不付諸行動本身就是“為我”的私念在作祟；這個行為信息會重新遮蓋住發願產生的有利於生命活動（善）的信息。如此一來，意元體中“為他”的信息不減反增，意元體參照系的偏執性不但沒降，反而增加，不但沒有功德，而且是“行惡”之舉。因為這一舉動不利於自身生命活動。

總結而言，自由社會道德初看起來有點類似自然社會道德，但二者的產生前提不一樣。前者是在社會道德這個不完善的道德模式上建立的完善道德；後者卻是建立在自然道德這個雖有自然性，但遠不能適應人的社會性的道德之上的過渡性道德模式。自然道德基本沒有社會性，具有自然社會道德的人（嬰幼兒），在行為上又是自然性多於社會性；再向前發展的社會道德，又是社會性壓仰了人的自然性。自由社會道德，是在自然社會道德的基礎上，上昇了一個開放的螺旋的道德模式。這點類似於“圓滿意元體”和“自我意元體”的關係。如果說，在自然社會道德階段的自我意元體，還基本保留著意元體本有的清明、靈動的天然體性，那麼自由社會道德模式所反映的意元體的圓滿體性，就是大儒士荀子（西元前 313-238 年）所言的“大清明”狀態，相當有利於人的生命活動。

六、什麼是“自我”與“自我意識”

按混元整體學的定義：意元體的活動是建立在生命活動基礎上的混元氣活動，意元體的活動就是意識。“自我”是意識活動支配下的生命活動。人的本質就是那個“自我”。“自我”是建立在生命活動基礎上的意識活動統率下的生命活動的統一體；客觀事物再從外界反映到意元體中來，就是“自我意識”。[26]

人的意識活動是生命活動中很特殊的一部分。其特殊性在於，意識活動不但影響到人的生命之氣和自然界之氣的互動和溝通，而且還會引起“自我”對意識活動產生感受，從而使人有了自我意識。自我意識是維持人的整體生命活動順利進行的整體功能。按意元體模式的發展進程析，人出生以前的意元體沒有“自我”這一混元氣形式，當然也就不會有自我意識。新生兒為了自身生命活動的需要，在與環境的互動中有了建立和環境互動的“自我”的需要。一旦意元體中有了“自我”這一信息，人的生命活動就在“自我”和自我意識的統率下進行，而且與動物性、自然性漸之疏遠。自我意識是混元氣的一種活動形式，因而會受到意元體參照系，道德、良心、情緒的影響而影響到自身生命活動的正常進行。

七、氣功學如何定義“良心”

良心觀，是衡量人的道德的標準之一，是人的價值觀的一面鏡子。近代西方倫理學認為，良心是社會的道德原則和規範轉化為人的內心信念的結果，也是人們在實踐過程中根據自己所接受的知識逐步形成的。良心是人的行為的調節器，這個調節器是非常隱蔽的；西方人也認為，良心是人出生後形成的。

混元整體理論站在生命科學的高度，用意元體理論考察了良心的實質，認為良心是自我意識的一部分，是屬於維繫道德活動的自我意識。而道德是人特有的高級生命活動，是人在自身與周圍的人的相互聯繫作用過程中，通過意識活動促進人類進步的積極因素。這些因素反作用到意元體後，一方面形成特定的反應模式以影響人的意識活動與生命活動；另一方面這些模式將進入意元體參照系而成為自我意識的一部分，成為處理人際關係的定式。當人處理與周圍的關係時，意識中的這些定式就不知不覺自動起作用並引起生命層次的相應變化。所以，當一個人做了有利於自己和他人的好事時，它就符合在意識中形成的定式，生命活動就感到滿足而心安理得。反之，一個人如果對他自己和周圍做了不應該做的虧心事，反應到意識中，就會把意識中原來的符合生命活動的秩序、平衡打破了。當平靜下來，就會覺得心裡難受，不舒服。這種不舒服在意元體裡產生感覺就是自責、良心的譴責，經常自責就會對生命產生極大影響。練功後，意識和生命活動結合更緊密，這個反應對人的影響會更大。所以練功要求修養道德，做事正大光明、胸懷坦蕩、與人為善。即使有時無意做錯了，自責後，一次改正就好。如果練功後還做違背良心的事，就會給自己修煉的道路上設下陷坑，就會不知不覺地栽進去。一些修煉者出現的悲劇就是最好的教訓。(18) 簡言之，良心是對自己、對別人應負的道德責任的一個自覺意識，是作為一個個體的人的自我意識和自我感覺的體現。(27)

八、“良心”和“自我意識”的關係是什麼

由於“自我”的本質，是意識活動支配下的生命活動，也就是說，是意識信息支配下的生命活動，而良心又是維繫道德的那部分自我意識。皆由此因，“自我”對意元體反映客觀事物所產生的信息的感受的滿意與否，就是維繫道德的那一部分自我意識——良心的自身功能得到實現與否。小到孝悌友愛、大到忠誠正義，都是人的良心這一自我的意識對周圍人、事反應的結果。這類結果體現了某個個體人的道德觀中的良心觀。簡而言之，個體的人的良心觀，是此人整體生命活動跡像的表露。

九、氣功科學如何定義“善”與“惡”

氣功科學衡量善、惡，衡量是、非的標準，是以人的言、行、思想是否有利於人的生命活動本身，是否有利於人的生命活動與大自然的統一，是否有利於人類這個種族的類本質的進步為準則和依據。這個善惡觀念，是建立在“混元整體觀”的基點上的善惡觀，這個善惡觀和人的生命活動緊密相聯——合符人的生命活動的言行事為就是“善”；不合符人的生命活動的言行事為就是“惡”。有利於人的生命活動的善的層次有三：一）心意善；念念為慈，悲心向人、祈福禱善乃為；二）行為善；仁民濟物、止惡揚善、扶危解厄乃是；三）純真善，也即“無善之善”；這是“隨心所欲不越善之規”之善。“三善”齊備，即為“大善”。

大善者，施善不擇對象，且施善範圍極大、極廣；不僅自身為善，更重於教人以善法，力使人人脫離凡境而入“大我”之界。大善者，不作“人之善”與“我之善”之區別：人善之，我善之；人

不善之，我亦善之。大善是“純一之善”。這“純”就純在無“我善之善”。達如此善境者，即為大德之人。[28]“大德”是人的生命活動達到“意識混元”層次的自然體現。中國佛教著名的南派禪宗，主張在日常中參究人生真理，直至徹悟佛理，自見佛性。但禪宗更認為“悟道”並非事畢，而是剛入佛門之“無門之門”之啟，由此“悟後啟修”。“意識混元”概念的提出，這是對禪宗這一明思高見的繼承與發展。

十、人必須遵循的道德有哪幾種

作為人必須遵循的道德，在混元整體學中列出四：一、自然道德；二、社會道德； 三、生理道德；四、理想道德。

（一）自然道德

人是自然界的一分子，人有自然性的一面。人這一物種，就受到“自然道德”的規律的約束。例如，延續著人的生命活動的新陳代謝等帶有自然性的生理活動，是屬於自然道德的內容。新生兒意識中還沒樹立“我”與社會的關係這個概念，對人與事的處置，只以維持自身生命本能的需要（吃飽、穿暖等）為依據，生理活動還沒有更多的精神因素的參與。嬰幼兒是處於從“自然的人”向“社會的人”過渡的人生階段。所以，嬰幼兒就有了一定的社會性。

（二）社會道德

人雖然的生理上和高等（哺乳）動物有相似性，有自然性的一面，但人有精神、有道德，有社會性的一面，人由此才稱為人，人由此才是世界萬物中既高級又特殊的唯一物種。人的社會性，是由人的語言和意識共同參與下，在人與人的交往中體現的。通過社交，

人還體現出人的社會價值。如果一個人在出生後大腦發育的最初階段離開了人的環境，例如狼孩、虎孩、象孩、豬孩等，就不能體現人的價值，只能體現人的自然性。而在人的環境中成長的人，在體現人的自然性的同時也體現出人的社會性。所以，正常的成年人在處理人與人的關係時，就必須遵循“社會道德”這個準則。

社會道德這一道德類別，對全人類來說固然是共有的。但從其內容來說，會受到地域政治、經濟、文化、科技狀況的制約，而且還會根據以上背景的變化而發生變化。比如說，受到時代進程的制約。我們已知，道德活動是人的精神活動內容之一，也就是說是意元體活動的結果。因此，人的社會道德信息，就會影響到意元體、意元體參照系等，最終影響到人的整體生命活動。這是一個由人的社會性所決定的道德規律。任何人都無法違背。

（三）生理道德

人的各類生理變化，引起滿足自身生命活動需求的行為。這些行為遵循的是“生理道德”的準則。人在新生、嬰、幼兒階段的生理道德，是由“自然社會道德”體現的；比如說，吃、喝、睡、拉（屎、尿）都有很大的自然性，和動物相差不多，而且帶有很大的共性，即，大多數的新生、嬰、幼兒都一個樣。成年人和嬰幼兒相比，不是全然沒有自然社會道德體性，比如，赤子之心。但成年人的赤子之心，比嬰幼兒少得多。這是因為成年人的生理道德，已經不是以自然社會道德體現了。成人的意元體參照系中，已經有了較明確的“我”的存在。這個“我”，是和自然的天然性、社會的公共性相對立的“我”。也就是說，這個“我”和自然、社會的本來屬性不是統一的。這和成年人的意識已有相當的獨立性有關。

正因成人有了相當獨立的意識，所以就不需要以生理需求來處

理人際關係，而是以意元體參照系中的內容作依據來處理人際關係。成年人個體的生理需求，為此就比嬰兒有了更多的自我性。成人的生理需要，因此就是個性行為，而不像嬰幼兒的生理需要那樣，是共性行為。所以，成人的個體行為，已經是“自我”為了滿足生理需要的一種精神活動的表現，例如，直接滿足生理上新陳代謝所需的物質攝取的行為，或者在生理激素作用下而產生的各種行為，最終以滿足精神需要為需要。成人的這一意識活動與社會活動有關。雖然這是在社會領域中表現出來的生命活動，但卻不是以全社會的社會道德的規範為依據，而是以“自我”的存在為依據展開的。由於成年人這個“自我”，是在偏執的意元體參照系模式中，錯認的“自我”，不是類同禪宗“見性”後體察到的真正的“自我”（真我、自性）。不是以真正的、客觀存在的“自我”為依據的意識信息，與客觀存在的自然信息是不相統一、不相同一的。人的整體生命活動，因為“認錯主人公”而不能完美地與自然界保持統一。

（四）理想道德

“理想道德”，是個體的人必須遵循的道德模式。對人類來說，理想道德就是“自由社會道德”。本節所述的自然道德、社會道德、生理道德和理想道德這四類道德，是個體的人的生命過程中必須遵循的道德。一般人遵循的是前三種道德。這三種道德，不但每時每刻在人的生活中體現，同時在個體的人的生命活動中體現。這一點，西方科學至今沒有涉及。作為氣功鍛煉者，要按理想道德的要求處世、立志。在人類還沒有達到自由社會道德的今天，按自由社會道德規範去做，尚有一定的困難度。但是，若真想昇華自身生命質度，舍此徑，別無它途。結合氣功實踐付諸行動，這本身就是在改變已有的意元體參照系模式。而改變參照系這個行動和意元體參照系的改善，才是真正意義上的大道之修，上乘之法。

社會自由道德，是人們通過學練氣功，克除了私欲，克除了情緒干擾，克除了人我的分別，開發了超常智能，克服了意元體的偏執的缺欠，在處理人與大自然的關係，處理人與人的關係時，能夠自覺地、客觀地遵從人天和諧的整體原則，而且達到不守規矩而不越規矩的"從心所欲不逾矩"的自由境界，這是人類的本質的真正體現。這種狀態與幼兒時期的自然社會道德狀態，在某些方面有一定程度的相似性，但有了質的區別，因為社會自由道德已達到了為公利生、仁民濟物、人我同等、物我同觀的高級境界。它是在大腦功能高度發展，腦內各部分之間的聯繫極度通暢，不僅常態智能得到了較高水平的發揮，而且潛在智能也得到了相當的開發，人的生命活動開始真正步入自覺的整體層次的情況下實現。[28]

十一、情緒、道德和意元體參照系是什麼關係

我們已知，自然界一旦產生了有精神的物種——人，道德就成了人這個物種存在的必要條件。人和動物都有攝食、排泄、求偶、交溝、生育、哺乳等生理活動的自然性。如果人類沒有社會道德，就和動物沒有任何區別。由於道德、良心、情緒意識、自我意識，意元體參照系等的本質都是混元氣。混元氣相互影響。自我意識是屬於人的最深層的意識，一般人不能感覺到。從"意識時空結構及其與生命活動關係示意圖"（圖 20）中可以看出：道德、情緒意識和參照系對自我意識直接發生影響，從而影響整個人的生命運動。

先說"情緒"。中醫、西醫、心理學對情緒各有定義。按混元整體學的觀點，情緒是意元體活動的一種表現。意元體是人的混元氣的"司令部"。意元體信息與人的身體混元氣有很大的相關性，情緒既由意元體活動產生，情緒就直接影響到體混元氣的開、合、出、入。當自身的體混元氣的開合出入不正常，被自己的意識感知，

才感覺到自己情緒的出現。按心理學的觀點，情緒有正面和負面的：向上、積極、奮進、活躍、快樂等情緒有益健康；恐懼、消極、低沉、憂思、悲傷等情緒，對健康有負效應。不過對於立志於通過氣功實踐改善生命質度的人來說，不但要記住“怒傷肝”，“悲傷肺”，“恐傷腎”這些對生命活動有負效應的情緒和結果，還要避免大喜、大樂或深思、深慮這些在中醫認為有傷“心”、“脾”的情緒。這是氣功和中醫對人的正面情緒對生命活動的影響，和心理學不一致之處。練功人的情緒，要以儒家各種情緒無過也無不及的要求，來要求自己，這就是“中”之心地。原理在本書 163 頁“什麼是臟真混元氣”一節中已有提及，此不贅述。

情緒的產生，和道德、意元體參照系有密切關係。人的愛與憎、善與惡的取舍，是人的價值觀的體現。而道德也體現著人的價值觀。有什麼樣的價值觀，就有什麼樣的道德觀。情緒由此是道德觀的一面鏡子。例如，面對同一件事，有不同道德觀的人，就有不同的情緒表現。情緒的發泄或張揚程度，也體現出一個人的道德涵養水平。過分的情緒發泄，不僅對人產生傷害，又會制造出道德問題。意元體參照系是人評定和判斷客觀事物的內在依據和量度標準。有什麼樣的意元體參照系，就有什麼樣的價值觀和道德觀。在同一件事面前，每個人的看法不盡相同的現象，是由不同的價值觀和道德觀引起，也就是由不同的意元體參照系所決定的。不過意元體參照系的表現，比道德的表現更隱蔽。由參照系評定、判斷、量度外界事物所作的決定（愛憎取舍），通常以道德—價值觀體現出來。

在情緒、道德和參照系三者中，情緒是最容易讓人、讓己察覺的意識活動。道德就相對隱蔽一些。而意元體參照系最隱蔽。練功人擔負著改變自身精神質度的任務，就必須處處注意、刻刻留意自身情緒的萌動。“不怕念起，只怕覺遲；念起是病，不續是藥”[29]。通過對自身情緒的檢察與調控，一是能够以此檢視自己的道德和意元體參照系的實際、真實的狀況；二是，此途也是改善道德和參照系狀況的徑路之一。這是從練功實踐中得來的經驗，同時也是一種有效的練功方式。

年輕時總聽功夫前輩們說一句話：練功夫難啊。或是：練功夫不容易。當時並不解其意，他們也不會解釋話義。我曾想，既難，為何又練這麼多年？難在何處？現在明白，這所謂的“難”，是學了功夫，要繼續上層次難！過去的老師們，沒有我們現在能讀到的氣功學理論。在有了相當多的練功體會以後，由於缺乏理論指導，不知如何再向上提昇自身功夫。資深的功夫前輩和同道都心中自明：修功夫到一定程度，不是修形體，也不是練氣，而是“修意識”。但由於不清楚人的意識的本質是什麼，意識和生命活動的關係是什麼，出了功夫認識不到功夫的實質是什麼，具備了超過常態的精神（意識）能力，又不知如何為己、為人的生命活動服務，反將自身的功夫（精神統率形、氣的能力）歸於神佛、仙靈之恩賜。還有一些功夫前輩，認練功是萬能藥，功能是萬靈丹，卻不明“我執識”是什麼，從何而來，如何去除，由此掌控不了自身情緒，又不知情緒對功夫人自身的身心傷害的不可忽略的劇烈性，以致多年積累之功和來自不易的超常生命態，毀於自我情緒。筆者認為，只有學懂、弄通氣功學理論，才是功夫修煉者避免重蹈舊轍的根本辦法。

第八章 練功熱點話題討論

第 1 節 中國功夫之略

樹建起大中華文明的文化支柱，是中國道統文化。“道統”就是“道學精神統率”之意。道學是關於“道”、關於“氣”的學問。和關於有形有象的“器”（物理物質）的學問不一樣之處在於，“道”存而不見，“氣”無處不在。道、氣、器，是古中國人對整體的宇宙自然界的屬性的最基本的認識和劃分。然而，對於“氣”的實踐，卻是博大精深的中國功夫修煉的主要內容。對於功夫的修煉形式而言，不論是儒家心法，還是道術圭旨，亦或禪學見地，也如中醫方技、還有武林密要、養生葆春之術，甚為流落江湖的“降妖捉怪”、“招魂祛邪”的巫婆、神漢之法，都離不開對“氣”的實踐。“氣”是道學的生命線，也是道統文化的核心內容，更是中國文化的最基本概念。在對“氣”的實踐中，中華民族最終樹建起大中華古典文明體系。就此而言，任何中國功夫的練習，都必須以“氣”的習修為最基本的內容。

在氣功學的方法論、認識論中，人是形、氣、神三位一體的生命質體。這個質體的本質是“氣”。“形”與“神”是“氣”不同的表現形式。“氣”的本質是何？目前尚不清楚，所以無確切的定義。既不知“氣”的本質，為什麼說對“氣”的實踐如此的重要，又定義“氣”與“神”和“形”關係？關於這一點，我們從現代科學中的一個現象作例說明：科學在對自然的認識中，建立起各種學科。但事實上，不是所有學科都是建立在掌握了該學科所研究的事物的本質這個基礎上的。換句話說，有的學科建立起來了，但也沒有弄清楚事物的本質，但這不影響產生專業技術來使用這些物質。

比如說，引力，磁力，電磁波，科學到目前為止，不知它們的本質，它們的物質成分（是物質，就一定有該物質的組成成分）等，只是通過實踐掌握了它們的規律，通過運用這些規律，為人類服務。同理，我們今天雖然還沒有揭示出“氣”這一物質的本質，但我們已經掌握了“氣”的一部分規律，在實踐中又發現了“氣”與“形”、“神”的關係。所以，我們就能夠運用這些規律為人服務。比如說我們知道了，由於形、氣、神三者的本質是“氣”，“氣”又是受人的意識的支配。知道與掌握了這一規律，就可以利用人的意識具有主動性這個特點，用意識支配和調動自身的混元氣轉化“形”或“神”。當我們知道了這一些，氣功中大量的有關這一方面鍛煉的功法，都是我們不可多得的、富有人體生命科學意義上的身心修煉法要。

當我們有了這一方面的知識，再看“靈明知覺之謂神，充周運動之謂氣，滋液潤澤之謂精”；“形者生之舍，氣者生之充，神者生之制”這些古代論述，就不難明白古人在講什麼了。古人通過實踐總結出這些概念，又用這概念指導了實踐，才能在各朝代中積累起難以計數的形、氣、神相互轉化的氣功功法。雖然沒有古氣功理論說明形、氣、神這三者，為什麼能在氣功修持中轉化，古人也不知道這三者的本質，轉化的機制是什麼。但我們的老祖宗卻懂得與掌握了形、氣、神三者的轉化規律！正由於這個原因，中國功夫的修持方法就有了從形、從氣、從神三個通徑入門。通觀全部的中國功夫修煉之途，沒有超出這三大修煉之路的。必須明白的是，無論是從“形”還是從“氣”入門修煉，都是以“神”為主宰；這就有了“形神相合”、“神氣相合”、“神神相合”以及和形、氣、神三要素相應的三大練功修煉通徑。

知道了這些，我們再回頭相看複雜龐大的中國功夫修煉體系，就有了比較清晰的思路：武術鍛煉是“神形結合”的功夫修持形

式；動式氣功養生法，如五禽戲、八段錦，形神樁、五元樁等，也在這一通徑中。在“形神結合”的鍛煉過程中，“形”、“氣”統一於“神”，“氣”為“形”服務，這在中國古代歸於“人道”之徑。因為這種方法是人人都能在觀念上直接接受，而且能夠練出高於常人的身體素質的修煉途徑。在“神氣結合”的鍛煉形式中，“神”和“氣”步步緊密結合，“氣”統一於“神”，“形”為“氣”服務。道家煉養派的功法最為典型，例如，丹鼎派的“金丹大法”（丹道周天功）。通過這一功法收到的身心效應，明顯高於常人狀態，也能開發出較為穩定的超常功能（古代稱“神通”）。這些被開發出人體潛能的人，在古代社會就視作“仙”。“神氣相合”的道術修煉之徑，在古代就被定義為修“仙道”之途。

“神神相合”、“以神練神”之說，可能難以理解。佛家禪宗修煉，若歸納總結，就屬於這一類。在這類修持過程中，“形”和“氣”二者都統一於“神”，“形”和“氣”都為“神”服務，也就是“神”把“形”和“氣”都統一起來，其實就是神、氣、形三者的統一。這在古中國屬修“聖道”之徑。春秋戰國時期的管仲、列子、老子、孔子、莊子、孟子、荀子等人，根據他們著作中的內容，用氣功學知識作一分析可以發現，他們的身心修煉層次都已超出了“仙”道之修，是屬“聖人”之列。由於西元以後的道術修煉界主張的是“長生逍遥”、“童顏駐世”，道學因此演變成一門修仙之學，不再重視聖道之修。這才有了達摩東渡，“一葉開五花”，一度被冷落的聖學之修的理念，在中國的政、經、文、科最鼎盛的大唐時代，由禪宗六祖以佛教思想再現於中原之域，並賦予了時代的特色，被後人廣為流傳、爭相研習。

或問：佛教並不主張長生之道，你以什麼說達摩東渡開辟的中國禪宗之學，填補了中國後世道家“聖修”之空白？關於這一問題的理由不至一個，這在本書第九章中略有論及。為饗讀者，筆者在此轉摘一段文字：**胎從伏氣中結，氣從有胎中息。氣入身中為之生，**

神去離形為之死。知神氣可以長生。固守虛無以養神氣。神行則氣行，神住而氣住。若欲長生，神氣相注，心不動念，無來無去，不出不入，自然常住。勤而行之，是真道路。懂氣功的人若看到這段文字，多認為是出自道家修煉者之口。但這段文，卻摘自《性命圭旨》“達摩祖師胎息經”詞條。[30] “胎息”之法，就是“胎息法”，又名“龜息法”，是道家內部流傳的修持法要。而資深禪宗大師達摩的這一段話中，沒見到半句通常意義上的佛語禪話，而盡興盡致地談論“神”與“氣”。從達摩的這段話中可見，禪家和道家一樣重視“氣”之修，重視肉體的強健，認為這是修“神”的“本錢”（基礎）。[32] 同時也可看出，佛、道修煉，本是一個模式。這從另一個角度證明，佛道修煉的實質是一個，即，內向性運用意識的實踐。

依釋迦牟尼的世界觀建立的印度原旨佛教，深受印度本教——婆羅門教的影響。婆羅門教認為，宇宙是由“大自在天”這個宇宙中最高之神管理著，稱為“梵”或“梵天”。這是典型的唯心主義世界觀。然而，印度人幾千年來又確信：梵和人是一如的（同一的，如一的）；二者是可以相通的。[31] 這又是一元論思想。因此，在婆羅門教背景中產生與發展的瑜伽，在身心觀上，和中國的氣功一樣，是唯物一元的。從唐朝開始，佛教、尤其是大乘佛教成了漢地宗教的主流。由於唐初的玄奘法師，將大量的印度佛經譯成漢語，這彌補了中國道家側重肉體修煉，對精神修煉研究不足的空白。造成這一空白的主因，是自西元世紀後中國出現了道教這一以道家世界觀為指導思想，以道學修身觀為立命根基的宗教。宗教的本質決定了任何宗教形式，都要將人類尚未認知的事物，歸在超自然的不可知力量（神力）的鼇下，以讓不明事理之人，產生對“萬能的”宗教教主的盲目膜拜。從道學被道教所利用的那一天起，中國功夫文化開始走入“異化”之徑。

一方面，持“天人合一”唯物一元世界觀的道家，因道教的出現，自西元世紀後對精神的研究沒有進展。另一方面，從漢佛內部基本沒有瑜伽修煉術這一事實可見，唐玄奘回漢地後，沒有傳下瑜伽修煉術。這不能認為玄奘在印度十年中沒有實踐瑜伽，而是玄奘生長於儒家文化的中原，深受後期儒家重文典、輕技術學風的影響。婆羅門教和佛教的世界觀雖然是唯心的，但它們有瑜伽修煉這一身心一體的內求實踐。通過實踐，至少能認識到精神和肉體的同一性（一元）。但因佛教經典充斥了唯心一元哲學觀的說教，只重於研經論典，不重視瑜伽實踐的漢佛主流，由此比印度原旨佛教對世界的認識更為模糊。在這一文化背景中生存的中國禪宗，不得不將祖師達摩精神一肉體一體化修煉的思想和實踐隱藏起來，只以“明心見性”這一實質是高級身心修煉的內容，以“修心不修身”的佛教外表，出現於盛唐漢佛界。這顯然和前一段落中達摩的修身觀是不相吻合的。第三方面的原因是，唐時代是中國史上自春秋戰國以後，至今唯一的一個能夠容納百家思想的朝代。唐朝政府和世界各國在政、經、文、科上的交流，超過了唐以前任何一個朝代。基督教、天主教這些產生於阿拉伯（中東）地域，後來成為歐洲社會主流宗教的教派，在唐朝時也由傳教士傳入漢地。這類宗教的世界觀既是唯心的，認為宇宙是神（主、上帝）創的；又是二元的，認為世界是由天堂和人間這二元組成——人活著住人間，人死後上天堂。我們看到，源於阿拉伯的各類宗教，沒有身心一體的修煉的原因，就是連人的精神和身體是一元的存在這一點都沒有認識到，只將人具有的意識造型功能營造的人格化形像當作“天神”膜拜。

總之，唐後期和唐亡後的中國歷朝歷代的社會意識形態，從唯物一元逐漸轉向唯心一元。例如，自宋朝以後的儒家，放棄了孔子創立的以氣功為基本實踐的治學通則，儒學士淪為訓詁名物，死背“四書五經”的文學士。再如，持天人合一思想的道教，自宋朝開始也宣揚起佛教的“三世因果”、“六道輪回”等；本來是練功人對體內之氣的流注的一些體會的比附描述，例如《西遊記》中說到

“三十三天”，是指人有 33 個椎體，從下往上：尾椎 4 節，骶椎 5 節，腰椎 5 節，胸椎 12 節，頸椎 7 節；“三清”（上清、玉清、太清）是小腦、中腦、大腦；“玉皇大帝”是指“神”（精神）在人的頭部（天庭），精神管理人體，如同天庭之神管理大地；“天宮”是指人的腦體，在人體的最高處；“南天門” 指的是因練氣功重新打開了兒童期閉合了的囟（xìn/ㄒㄧㄣˋ）門（囟窩、性命塘）；“中天門”是鼻腔，二個鼻孔為“哼哈二將”。那時的修煉人講不清氣功修煉中的一些機制，用這些來描繪，希望引起學功者的重視，又形象化，便於記憶。卻被後世的一些宗教人士拿來，仿照佛教造出擬人化的“天之神”（太上老君、西天佛祖、雷公、電母），“地之神”（城隍、土地、灶王爺）等等。

如果自然界真有這“眾神”的存在，為何從春秋戰國、先秦惰唐時期的道、儒著作中沒有這些？這二大時期的修煉大家們的著作中反映的思想，基本屬於唯物一元世界觀，比如說，談到人體修功成效，基本認為是人的精氣神和天地之氣交和而至。然大乘佛教思想，自唐朝在中原普及。中國社會漸之形成敬天神，拜眾神，這些和先期道、儒思想並不一致的文化現象。這一意識形態上的退步，當然有佛教唯心一元思想在中國傳播這一原因。[33]而中國的政、經、文、科自唐以後走下坡，也和中國文化的主流，不再堅持徹底的唯物一元世界觀有關。盡管如此，中國人還是幸運的：我們擁有世界上其它民族所沒有的、提昇身心素質的全套方法：武功實踐（人道之修）、道家氣功實踐（仙道之修）和中國南禪的禪家氣功實踐（聖道之修）。中國文化是氣功文化，氣功修煉是氣功文化的表現。持唯物一元世界觀的人體修煉文化，只有中國氣功，這一家。中國氣功的發展，將對中國和整個的世界文化和文明發生重大的影響之緣由，也正在於此！

古人所說的“人、仙、聖”三者之間的差別在何？簡而言之，差別就在於生理素質（身）和心理素質（心）上。這個差別，就是功夫層次（低、中、高）的差別。何為“功夫”？“功”或“功夫”是人的精神能力（意識能力）的一種表現，是人的精神對“形”（器）與“氣”的調控與支配能力的外在表現。如果說“人”和“仙”的差別，主要是在生理健康的水平上，那麼，“仙”和“聖”的差別，不光表現在生理素質，更表現在心理素質。這個心理素質，包含了人的道德素質。對道德素質的重視和修養，就是對自身意識的修煉的一個方面。人的意識是人的本質的體現。中國功夫修煉的根本之道，就是圓滿自己的意識。所以，中國功夫修煉術，就是提昇人在本質意義上的實踐方法。這也是任何朝代的功夫界，都注重修心重德的道理所在。

衡量人的道德的最基本的尺度，就是“善”與“惡”。中國功夫界歷來崇尚“止惡揚善”的武德風範。這是對功夫修煉的一個具體、實際的道德要求。武德由此就是提昇武技、武藝功夫的根本之道。一般的武修之術，還屬“人道”之修。對道德涵養的要求和規範，“道修”和“聖修”比“人道”之修更高。仙、聖之乘要達到的生、心理素質，比常態要高很多。道、佛教中的戒律就是為規範教徒的道德而設。達上乘之修者，不僅要對“氣”這一層次的存在有理性認識，更要對“道”的概念有所理悟。“道”為“德”之母，“德”為“道”之用。要對“道”之概念有所認識，必以高素質的“德”的修養為基本條件。《內經・上古天真論》曰：人“所以能年皆度百歲而動作不衰者，以其德全不危也”。正因如此，“德性”之修就是高功夫修煉者必須遵循的一條鐵的原則。若達不到這一要求者，即使有幸得到一點功夫，也難防再次失卻。

近百年來的中國社會，發生著中國史上最劇烈的政治巨變，這一巨變直接影響到中國科技和經濟這二大硬件的巨變，由此導引了中國社會和文化這二大軟體的巨變。這一社會狀態，必定會影響作為文化形式的中國功夫文化的發展。幾千年的小農經濟體制被催毀後的中國功夫，如何在新的社會條件中再繼續生存下去？民國初年的太極拳改革，是中國功夫史上，鍛煉方法改革的首起之舉。方法改了，練功效應也發生了明顯的變化，出現了將氣功鍛煉的最初級的效應——祛病保健效應向社會公開這個中國有史以來的巨變，例如，將氣功鍛煉法用書本的形式傳播。這和古代傳功正好相反。古功夫多以“口傳心授”的方式在小範圍內單傳。即使有那麼一點點文字記錄，也只在很小的修功圈內流傳。民國初期的這一由知識人、文化人發起的舉措，徹底打破了傳道“慎之又慎”、“法不傳六耳”、“道不傳匪人”這些不成文的傳功古規定。這“六耳”、“匪人”，其實都是古代農業時代中人，他們不知什麼是“公”的概念，不知什麼是“融利己於利他之中”這一社會觀念在功夫傳授中的反映。西方人傳授科技從來都是公開的，科技界內歷來都有科技情報共享這一不成文的規定。相比之下，中國功夫界在此方面只有汗顏。

1950 年後，中國大陸境內的氣功在公共場所的傳播，受到官方的嚴格控制。政府曾有限度地允許傳播的氣功，基本就是劉貴珍的“內養功”，是典型的祛病保健的鍛煉法。武術在民間公開傳授的只是慢架太極拳，官方武術是以套路表演形式公開的。“文革”又讓功夫徹底遭了殃。北京的郭林女士以改良的家傳“童子功”治愈了自身癌症後，萌發了將氣功向癌患者公開的思想並付諸了行動。在那文革高峰期的 1970 年代初，她的勇氣讓世人矚目。她對傳統氣功功法做了至少三方面的革新：

1.變傳統的“靜功”為“動靜相兼”的功法。具體是以“松靜、意守、呼吸”的“三關分渡”為原則，將精神集中在肢體動作和呼吸上，從而使氣功的要則——調身、調心、調息（三調）以“分渡”的方法達到了“共渡”（統一）。此法對促進鍛煉者體內血氣的流通帮助很大，有比較明顯的提昇身體素質的效應。對於病人來說，就是康復效應。這個功法的模式還解決了一個氣功界歷來未能解決的難題——練氣功的“出偏”。

2.變古典氣功視為金科玉律的“深、勻、細、長”的呼吸法，為吸二次、呼一次的“風呼吸”法。這是針對重症、癌症病人的需要，增多鍛煉者的氧氣攝入量，提昇肺活量和增加做動功的持久力。光就這二項優化生命功能的指標，便是人的體質提高的象征。郭林氣功為此不但治好了內養功可治的功能性疾病、慢性病和輕症，還治好了癌症、青光眼等器質性疾病以及某些急性病和重症。

3.變單傳獨練的古法，為集體教授和群體共練的功法。比如說：在傳功形式上，她建立起一個金字塔式的輔導員隊伍。程式是：讓先學會的人做輔導員，協助老師教功；由於學功的以病人為多，輔導員的任務是帶病人學功，自我治病；這些病人痊癒後，又成為新一代辅導員再帶新學員……如此，大辅導員帶小輔導員，小輔導員帶病人（新學員）。這個氣功教學和培養師資模式，沒有半點私傳秘授和封閉式的師徒關係的痕跡，徹除了氣功教學上的神秘性，非常適合當代人。直到現在還是氣功教學的樣板。

1979 年後的中國，開始出現氣功新氣象。這個“新”就新在郭林氣功模式在中國境內得到全面鋪開。首開局面的是“鶴翔樁”，此後，數不清的現代型、大眾化氣功功法在中國大地面向草根平民，這為常規醫療條件並不優越的幾億中國百姓帶來了起源於祖國文化的健康福音。龐明先生創立的智能氣功，在整個 1980 年代是中國境內普及型氣功的龍頭。1989 年底，智能功轉向以學校的形式推廣氣功。1990 年代初，以“智能氣功科學”命名的氣功學術模式，從事氣功人體科學研究。至 1999 年，取得了有目共睹的成就。至今 20 多年，沒有一個氣功組織能夠創編比智能氣功科學的理論更全面的氣功學說。智能氣功學理論，其實已經是當代的氣功科學理論。從第七章

知，智能氣功學講“混元氣”。

為什麼古典氣功著作沒有提“混元氣”這一名詞？作為概念性名詞的“混元氣”，是來自道家混元派和武術界。“混元氣，神貫通；聚成形，散成風”的思想，言簡意骸地講明了混元氣的性質，在混元派內部世代流傳。其它修煉門派或古藉功夫文獻，基本就說“氣”或“元氣”。古練功家其實在修煉中也已認識到氣生萬物的氣的混化，否則就沒有關於混元或混化這些中華修煉文化的重要內容了。但是，通過內求實踐觀察和瞭解世界，有其模糊性和不確定性的缺陷；古代科技水平和古人普遍的思維水平，也使得從內求實踐中得到的對物質世界的變化，無法清晰地表達明白。比如說，氣是如何混化形成萬物的，“混元”到底是什麼樣的概念等，都說不清楚。而當代的智能氣功學理論，對氣生萬物的混化規律有了最初步的總結。我們今天所做的，其實是在繼續古人沒完成的事。作為氣功科學的專用名詞，“混元氣”這一概念本身，就在表明氣的屬性和演化性質，比 “氣”或“元氣”的定義更明晰。

或問：智能氣功科學基礎理論——混元整體學，是不是一門哲學？我們說，混元整體學是以中國古代和西方近代唯物一元主義哲學思想作基本思想，但混元整體學不是哲學。哲學是對科學的總結，是對宇宙和人類的關係，對人的社會屬性在總體上的概括認知的論述。比如說，孔子的“仁、義、禮、智、信”就是對人的整體道德提出的要求；西方近代哲學家也對人的社會性、自然性作出廣泛的論述。但是，哲學不可能對具體的人和宇宙的關係做出論斷，因為這不是哲學的任務。對人體有研究的西方學科就是生物醫學，起源於外求實踐，對事物的觀窺是從外而內進行，用分析的方法判明事物的屬性，難以把握人的生命活動的整體性運動規律。現代科學的實驗範式來自對常態現象的觀察而建立，對宇宙的認識來自常態智能的總結，對不可隨意分割的人無法作出整體功能上的論述。起源

於氣功實踐的中醫，到目前為止還沒有建立起中醫科學層次上的理論。古中醫對人體很多機能沒說清楚，比如說，針灸書說到人體穴位的位置，但沒有說到十二經在體內的走向徑路。書中畫的十二條“經”線，表示的是體表穴位的連線而不是經絡在體內的路徑。對人體生命活動另有研究的就是氣功。但古氣功受到時代文化的限制，很多問題沒說明白。例如，精、氣、神的本質和關係，精神（意識）的本質和自然的關係，人的精神和社會存在的關係，禪宗“見性”的本質和生命活動的關係，等等。由此而言，人類若要想從根本上解決生命難題，必須重視與發展氣功科學。

問：氣功、氣功學和氣功科學有什麼區別？簡言之，氣功是一門技術。氣功學是圍繞著氣功技術展開的，對氣功術的總結。氣功科學是運用內求法結合外求法，用練氣功開發的超常智能作為科學研究的手段，有超常智能並掌握氣功科學知識的人作為實驗的主體，對包括人體生命在內的一切物質，在氣功科學研究範式中進行考察。比如說，屬於現代科學的人體生命科學對氣功外氣的研究，是為了發現外氣的性質是什麼，考察外氣是怎樣對物質發生作用的機制，得到氣功在現代科學中的屬性。氣功科學對人體外氣的考察研究，是為了掌握外氣作用於物質的規律，即外氣發放的規律，目的是要找到如何讓每一個人通過學習，都能掌握外氣發放這種能力的方法。時代不同，氣功鍛煉的方式和模式也要與時俱進。這不是由哪一人決定的，是由整個社會和時代的現狀決定的。人的力量畢竟無法和自然和社會對抗，只能順應著時代文化的需要而改變。上世紀最後 20 年的中國出現的民眾氣功健身運動，正是中國功夫發展到 20 世紀後期的必然。實踐證明，誰掌握了氣功科學理論，誰就能成為在功夫修煉上的幸運兒。

第 2 節 “大道”與“小術”

《性命圭旨》曰：**蓋玄夫大道，難遇易成而見功遲。傍門小術，易學難成而見效速**。中國功夫修煉術，歷代來內分“大道、大法”和“小乘、小術”。此說是否合理，暫不評論。但據功夫前輩們的解釋，差別是：練習屬於“大道、大法”中的功法，是“難遇、易成、見功遲”。習練屬於“小乘、小術”的功法，是“易學、難成、見效速”。一切都相反。結合生理知識考察可以發現，人的神經系統對自身體內各部的感受是不均等的。比如說，人的表皮組織對外界刺激的反應，比真皮組織靈敏；皮膚組織的感覺比肌肉組織的感覺要敏感得多；肌肉比骨骼、比內臟的感覺更加靈敏，等等。這些現象說明，人的神經系統的感受性似乎存在著一個規律：越是處於人體表面的生理組織的感受性越靈敏，越是處於人體深部的組織的感受性，越顯得遲鈍。再回頭看傳統功夫界上述之說，我們可以發現，所謂的“易成而見功遲”的“大道、大法”之技，多是鍛煉了人體深部的生理組織。這些組織和人的知覺系統的聯繫，不如人體淺表組織和人的知覺系統的聯繫那樣容易讓人在常態知覺中感受到即時的變化。因此，自我覺得“見效不易”。然而，正因這個原因，一旦能自我感知身體和精神的狀態因練功而發生的變化，這個感受已經是整體生命活動發生了變化的跡象。這個跡象，就是練某功有成的表現（易成）。

因此，所謂的“上乘大法”和“小乘之術”，並不是方法有何高、低之別，而是按方法要求去做的人，因不同的方法，得到感受上的不同而產生了主觀上的區分。比如說“拉氣”、“貫氣”的方法，簡單、易學。但這個方法如按傳統氣功界的認識，多不會認為是大道之法，因為這個方法不會讓人“大徹大悟”。但是，如果持恒、專一、刻苦的練習這些功法，由體會到彌散在人體物理界面之外的那一部分混元氣的存在開始，專一心念地收、貫氣，層層深入，最後讓生命活動發生整體意義上的提昇。此刻，這拉、貫、收氣的“小道之術”對你來說，收到的卻是“上乘之道”的鍛煉效應。

又比如說，佛教中的咒語，有開穴、開竅的作用；道家、武術界也有一些通過發音的方法練功、長功的。智能功“內混元階段”的“五元樁”，練“臟真混元氣”，其中有十七個發音。發音法當屬“小術”。但通過發音練習，體會混元竅的開合，從而促進了混元竅的開啟；有的發音，能對五臟所在位置有體會，這是精神和肉體的統一性提高，內臟神經和大腦皮層的聯繫得到強化的表現。當人的身心發生了這種變化，發音方法難道還是小術、小法嗎？武、道、佛中的發音或咒語，有聲腔共振的作用；通過發音或念咒，還有引動體內氣機的開、合的作用。經常練發音或念咒，容易形成引起體內氣機開合的條件反射；一旦念到條件反射形成，一發音或一念咒，體內氣機就發生開合變化，就達到了發音或念咒的身心效應。這在過去被認為是超自然力量對自己的身心發生了作用，或認為是音或咒中的字的“法力”，而沒有認識到是自己努力的必然。試想，一個師傅帶了多個徒弟，每個徒弟都是一樣的教，有的徒弟功夫好，有的差，原因何在？原因就在個人的努力。

任何具體的練功方法，都是渡河之舟、過江之橋，是練功夫的某階段的必須之法，　但又是終要拋棄的方法。為此，具體的練功方法本身沒有優、劣之別，只因個人對方法的認識不同，誤以為方法有優劣。這當然會影響到練功的自信心。氣功功法作為一個正常事物，都有短、長之處。比如說：複雜的功法，必須專注精神練，才能按功法要求做到位，這就有良好的鍛煉精神集中的作用；這是複雜功法的優點。簡單的功法，讓人不必多記很多程式而容易集中精神做到位；也鍛煉了精神的集中。這是簡單功法的優點。又如，輕鬆的練習方法可以長時間鍛煉；吃力的功法，可以快速長功。可見，成功難易，得道與否，並不在於選擇的功法如何，而在於鍛煉者本身的努力，還有就是明師的理性相導和嚴格要求這些因素。

第3節 “理法不二”析

“理就是法，法就是理；法理不二，理法圓融”。這是中國修煉界的一個習語。然而，這“理”和“法”的關係是什麼，這二者如何“不二”，如何“圓融”？簡而言之，這“理”就是理論、道理;這“法”，在此是“方法”、“功法”之意。學功夫可以從“理”和“法”這二個途徑中的任何一個入門：從“理”入門者，先明道理，再學方法；從“法”入門者，先學功法，再學理論。傳統氣功界多是先學“法”。這是中國古代農業文化條件中的必然。古中國是一個以文盲農民為最多人口的社會，整體上的文化水平遠沒有現在發達，基本沒有系統的功夫理論。有一些人從實踐中總結出來的一點學說，不但門派性很強，而且即使是自己門派的學生，也多沒有相應的文化程度去學習。傳統功夫界通常的辦法是，老師教一、二個方法給學生，讓學生死練、苦練。尤其是道家傳功，一個老師只帶幾個徒弟，寢居就食，晝夜相伴。學生有老師在旁，修功不敢怠慢。人是非常複雜的生命體，由多系統、多層次的生理組織構成。各門派中各種看似在入門階段是相悖的練法，其實質，是因人體的複雜性，從人體不同組織層次入門鍛煉引起的。從理論上說，功法沒有對、錯之分。就如不同城市的小學，有不同內容的課本，但同一年級的課本內容顯示的水平，卻是一樣的。

通過一、二個方法的鍛煉，雖然一開始只能讓人體的某些局部生理組織發生變化。然而，人體又是一個有機的整體。當人體某局部得到了反復鍛煉後，局部功能先得到提高，局部的生命功能先發生變化。但這個局部變化，卻是整體功能發生改變的表現、跡象和結果，也就是說，是整體生命功能發生了變化，才出現了某一局部的變化。只不過此刻的整體生命功能的變化，還不是很明顯。隨著持恒的鍛煉，局部變化積累到最後，使整體生命活動發生能夠自我

感覺得到的改變。所以，從一、二個功法苦練、勤練，也能練出功夫來。練功得到的人的整體生理變化，也包括了腦細胞的生理變化。先學方法的練功之路，就是先修命、先強身之途。氣足才能強身。當人體混元氣練充盈，特別是中宮祖竅（中田）之氣練足後，上昇濡養“神”。腦細胞得混元氣之養，活力增強。活力增強的腦細胞活動能力增進，思維變得活躍。腦細胞活動的實質是信息交流。所以，當練功到了這個程度，學生就能知道，當初老師為何要教自己如此練功，也明白了修功之道理，理解了以前不能理解的東西，或能够理悟老師以前說過的話的真蒂。至此，“法就是理”。因為能從“法”明“理”，就能自“法”總結“理”。這是“實踐出真知”之哲理在功夫修煉上的反映。也是從修“法”入門，到悟“理”的過程。

從“理”入手修煉這個模式，在傳統功門中最典型的要數佛教。不過佛教之“理”，對於缺乏功夫實踐的人來說，往往只是宗教說教，而不是功夫修煉的理論。只有到了一定的功夫水平，讀佛經才會看出、也能得到其中一些和功夫修煉有關的玄機奧妙。畢竟佛經是有瑜伽修煉經歷的人留下的文獻，有不可多得的人體修煉信息在其中。只不過佛教徒通常並不看重這一點。皆由此因，只有功夫修煉到什麼層次，才能理解到什麼層次的功夫之理。從“理”入門學功夫，歷代以來遠不如從“法”入門學功的人多。只要看一看如此多的修佛人，沒有幾個能從“理”創“法”的，就能說明“法修”遠多於“理修”者。從當代練功人的一些個案，再結合實踐總結，學理論對學習功夫有事半功倍之效。從“理”入門和先修心性，先培德性的修煉模式是殊途同歸。先明理者，一旦參與了功法實踐，很少有半途而廢、三心二意的。這是“先明理，再修法”模式的最大優處。明白了修煉之道理，知道了修功之真蒂，就有可能根據修煉原理創編出功法，這就是“依理創法”。此時的“理”就是“法”。

以上是從學理、學法二者各自分別而論的話題。對於生活在工業、商業、信息化時代的現代修煉人來說，業餘時間有限，要練功、要學習必須擠時間，如何提高學功效率，是功夫界聚焦的議題。傳統中國功夫的練習方法，來自古代農業社會。農業社會是一個業餘時間多，季節性閑暇長的社會。在有充分的閑情逸志的小農生活模式中產生、發展的起來的人體修煉方法，練功進程亢長，這是一個對現代人來說，是最不容易接受的。而人體又是非常複雜的系統性生命體，若仿照過去那種在封閉式的修煉環境中死練、蠻練的模式，現代人很難得到如同古人那樣的效應。要解決這個難題，最簡之法，就是在入門學功法的同時學習氣功學理論。現代人都具備一定的文化程度，學習理論並不困難。這是古代人想有卻得不到的自身條件。如果當代練功人，不利用自身的文化優勢，在學“法”時同時學“理”，就發揮不了現代人的優勢，克服練功時間達不到傳統練功的一般要求這個最大的障礙。而法理並進，尤如開隧道，二頭同時並進，打通隧道的時間短一半。通過刻苦練功，長氣、長力，從內、從下往上“沖”，開發大腦智力；學習氣功理論，接受功夫修煉信息，從外、從上往下“灌”，這有利於克除意元體參照系的偏執；這就抓住了修煉功夫的根本。上面說到，先學理再學法，或重視理論學習的修功者少有半途而廢的原因，就是偏執的意元體參照系先得到了一些改變。

總之，只有既達到以“理”解“法”，又能够以“法”悟“理”時，理和法二者才能通融（圓融），法和理才能統一（不二）。屆時就要“以理教人，以法度人”，並且更要“以德示人，以功力取信、服務於人”。從現在大多數人的功夫實踐看，單一的從“法”入門的修煉模式，並不“合算”，也脫離當代實際。現代人要利用自身的文化優勢，重視氣功理論的學習，在學理中運用人特有的概念思維“以理作意”，將理論闡述的內容從“想不通”到“想通”，就能加快練功進程。

古道家挑選修煉傳人，要“看骨相”，要通過“摸骨”來確定此人是否有修煉的天資。這其實是通過某些方法來選天賦比一般人聰慧的人培養做掌門人。所謂的天資聰慧，就是這類人善於動腦子，比一般人更多一點思想能力，弄通功夫修煉的一些“理”，比較不那麼死練功，練功夫長功比一般人快一點。古中國社會文盲農民占大多數，要挑選這麼一個人做功夫傳人還真不易。找到了，就認為是“有根器”的“上根之人”，是前世修過什麼或是哪一位神仙、佛或菩薩轉世的等等。當代大眾氣功運動中出現的一大批有一定功夫的人，沒有人說他們是仙、佛轉世，也練出了的功夫，做了不少氣功科學實驗，這些實驗是過去的神仙們一個都沒有做過的，比如說氣功組場中外氣提高農作物產量。古中國是個農業社會，有的是農家田莊，可是有哪一位仙佛菩薩做過氣功功夫增產的事？所以，現在的普通人按過去道家的選人標准，多屬於“上士”、“上根”之人。比如說，成語典故中有“學富五車”，說的是春秋戰國時有個學者搬家，刻有文字的竹簡書有五牛車。計算起來，這五車竹簡書上刻的字，還沒有現在的一本薄書多。當時的著名學者還沒有現在的小學生看的書多。所以，現代人學功夫，完全有條件從理論入門，或法、理同時進行，古人“理法圓融”夙願他們當時實現不了，我們是在做古人想做而做不到的事。

第 4 節 “性命雙修”談

《性命圭旨》中取呂洞賓言：**只知性，不知命，此是修行第一病。只修祖性不修丹，萬劫陰靈難入聖**。“性”或“祖性”用現代話說，是指人的精神、心理素質；“命”在此為“身”或“肉體”之意，“丹”在此是指修“命”的物質基礎。性命雙修就是指精神、和體質或說心理和生理都得到提昇的實踐。人是形、氣、神“三合二”（身、心），身心二合一的生命質體和物質存在形式。形、氣、神的本質是“氣”，這個代表本質的“氣”是廣義的混元氣。形、氣、神這三者中的“氣”，是物質混化理論中質、能、信息的“能”，是狹義的“氣”。這點須分清。因為“道”和“氣”這二個中華文化中最基本的概念，自古以來沒有說清楚。

正因為形、氣、神這三者的本質是一個，所以在一定的條件下就能互相轉化。這是氣功科學理論揭示的規律。這個“條件”主要就是指“神”的功能。通過第七章已知，人體之氣分“軀體混元氣”、“臟真混元氣”和“意元體”三種。從“軀體混元氣”到“意元體”，混元氣的質地越來越精純，越來越細膩。混元氣作為一種自然物質，是有其物質構成的基本規律的。比如說，有顆粒性；顆粒大，穿透性就差；反之則反之。顆粒有形狀的不同，這也會影響到氣的穿透性。為何氣的穿透性這麼重要？穿透性強，進入人體各部組織的氣就多；氣的質地越細膩，被組織吸收的氣就越多。知道了這些，接著要解答的是：如何提高氣的質度（質地、質量）？方法有二：

一是“有法之法”。即用意念導引內氣外放、外氣內收。通過自身混元氣和自然界混元氣的開、合、出、入、聚、散，將自然界混元氣“化”為自身混元氣（內氣），改善自身之氣的質地。這是基於人和自然界是一個和諧整體，能夠在氣的層面平行交通這一氣功規律，源於道家，由龐明教授總結推廣而普及。自然界原始混元氣是最精純的天然之氣。而通過開、合、出、入、聚、散的方法，讓自身之氣和自然之氣混化與交流，這個混化、交流，是在人的意識主導下進行的生命活動。由此就引出另一個問題：意元體的清明度對生命活動的影響。從第七章中的意元體理論可知，意元體的本來狀態是和原始混元氣有相當大的同一性，即質地極其細膩、精純，意元體還有原始混元氣所沒有的特性，即主動性。由於人出生後，意元體積澱了來自周圍環境的信息，使意元體失去了清虛靈動的本來狀態，意元體由此失去了和原始混元氣相應的同一性。此時的意識在支配人體混元氣和自然界混元氣的溝通與交流時，由於偏執的意元體參照系的存在，降低了意元體的清明度，意識接收到的自然之氣的層次，遠離原始混元氣層次。收入體內的混元氣對人體生理組織的作用與效應，就會大打折扣。意元體參照系越偏狹，通過意識收聚到的混元氣，與原始混元氣相差越遠，這對提高人的生命活動層次，顯然是無益的。如何改變這一狀況？所有的問題現在都聚焦到了一點——如何提高意識的層次。

自然物質有一規律，這就是物質構成由低一級的物質組合。混元氣也是物質的一種，因此人的混元氣包括意元體的構成，都有其固有的物質成分。物質成分的一個表現，就是氣的顆粒的形狀和大小。例如，圓形顆粒就比其它形狀顆粒更規範、靈活；小顆粒比大顆粒更容易通過障礙物。對於人的混元氣來說，層次越高的混元氣的顆粒形態越規範，質地也更為細膩，和自然界混元氣的同一性越高。在這一情況下，再有正確的意識運用作導向，人體混元氣和自然之氣的溝通，人體混元氣在自身體內的滲透和穿透性，都有極大的提高。對於自然界的混元氣來說，层次越低，越接近原始混元氣。在此需要順便說一說，如何定義混元氣的層次這一議題。

從混元氣理論而論，原始混元氣是宇宙中最初層次（級別）、質地最細膩、無分別、最精純的物質，是處於混元氣的最低、最基本層次的“氣”。人體混元氣要提高層次，才能和原始混元氣層次相同一。這裏無法避開一個有關混元氣的“層次”的概念矛盾的問題。因為意元體是宇宙中層次最高的混元氣，原始混元氣是宇宙中最初始、也就是最低層次的混元氣。自然體性的意元體質體，和原始混元氣的質體相當。這一點我們已知。所以，我們必須在原始混元氣和意元體之間某一個層次上劃一分界線。這一界線依筆者之見，可以以“人混元氣”這個層次為界。人的混元氣以上的混元氣的層次越高，其質地越細膩，直到意元體這一混元氣，和原始混元氣的質地相一。人的混元氣以下的混元氣的物質層次，越低越細膩，直到原始混元氣。原始混元氣在宇宙萬物的“最底層”，是最基本、質地最精純、細膩，分布最均勻的物質。人的混元氣中物質層次越高的，也是世界萬物中物質層次最高的，就是意元體；意元體是世界萬物混元氣中最高層次的混元氣，也是質地最精純、細膩，分布最均勻的物質。

由於人的混元氣的質地，直接受到意元體參照系的偏執程度的左右。因此，意識修養、道德涵養的程度，直接影響到人體混元氣的質地，從而影響意識支配人體混元氣和自然界混元氣的交流。這就有了第二種“方法”——修性（修心）。也即通過意識的修養，道德的涵養，來提高意識層次，從根本上解決自身意識和自然界混元氣在質地上的“落差”這一問題。所謂的“修煉心性”，就是改變意元體狀態的根本辦法之一。不過，如果不懂得氣功學理論，這個改變就不可能是很自覺的，也不可能認識到修煉心性對整體生命活動的重大意義。修煉心性可以直接改變意元體的偏執狀態，使意元體這一混元氣和自然界混元氣在性質上的“落差”減小，意元體接收到的外界混元氣在層次上就更接近於原始混元氣，對人的生命活動的意義巨大。修煉心性因此就是從人體內部混元氣質地的改變開始，提高人的混元氣和自然界混元氣的同一性，從而改變生命質度的方法。因這種方法沒有具體的方法可循，說到方法，“方法”一詞就要打引號。

先修“命”者，道家修煉為多。就是先積累人體內氣的“量”，以強壯體質為先，也即先修“身”。達“氣足形豐”，然後修“性”，將人體內氣昇華成高質度的內氣。然先修“性”者，道家的“全真派”是代表。佛家修煉不講修身修命，光求“性”（心）之修。佛家修煉有性命雙修的效應，但無明確的性命雙修的定義、

理念、方法和願望。佛家性命雙修的效應，是人體修煉的客觀效應，修“命”之效來自修“性”的副產品——只要修，就會有。中國南禪在此方面獨有建樹。這也從另一方面證實，人的“身”和“心”是人的整體的二個表現。性命雙修，是在積累內氣的“量”的同時就提高內氣的質度；邊積“量”，邊修“質”；積聚多少，昇華多少；邊積聚，邊昇華。性命雙修的本質，因此可以說，是人體內氣的“量”與“質”的同時“雙變”之修。

用現代話說，這“性命雙修”需有四個因素才能達成，缺一不可：A）通過修養意識，培育高水平的道德；B）陶冶高尚的情操，持有良好的精神狀態（心態）；C）充分重視並發揮人的主觀能動性（主動地發揮自身意識的力量）；D）在明師指導下，持恒、刻苦地實踐方法。

功夫不是萬靈藥。要使自己練出的功能，能對改善、提高自身身心素質發生作用，若舍去道德、心態和主動運用意識這三項和人的精神活動密切相關的因素，全無可能。練功之人的內氣的“量”，比不練功的人是充足一些。但是，一旦缺少以上三個因素中的任何一個，所引起的內氣出入的不正常，將比一般人更甚。這個內氣出入的不正常，是以情緒表現的。練功人的情緒對身心的負面效應由此更甚於常人。這己由當代氣功學揭示出其中的機制。修煉者必須認識到這一點。否則，得不償失。提高對“性”的修煉，對“理”的學習的重視，是解決這一困惑的唯一前提和辦法。

第 5 節 說“中脈”

氣功界一般說的“中脈”有二種，“先天”的和“後天”的。這個“先天”和“後天”，是約定成俗的詞。說“先天中脈”，其實質就是從“天門”到“海底”（會陰）的內氣形成的一個縱向的氣的通道（氣場）。這一氣場是和實體兼容並存。氣場的中心線，就是軀體的前三分之二和後三分之一處的縱軸線。胎兒的囟門和會陰穴和成人不一樣，是不閉合的。這個體內通道形成的混元氣場，在胎兒時即存。人受到種族進化而來的生理發育趨勢的限制，從幼年開始，囟門、顱門等漸之閉合。由於多數人自小沒有機會學到氣功，也不知如何保持會陰的張開狀態，再加上不練功，內氣不充盈，這一中脈的氣場漸之消失。由於中脈氣場通經人的腦組織和內臟這些人體中最重要的器官，中脈氣就能夠讓些內臟得到很好的濡養。從空間上說，中脈氣場的中心，處於人體最深處。中脈氣場會隨中脈之氣的量的增多而向外層組織擴展，從而和更多的生理組織兼容。這個狀態無疑能使人體有關組織得到自內而外的混元氣的濡養，這對提高生命素質是極為有利的。從天門到海底的這個中脈，是道、佛、密宗和瑜伽修煉都相當重視的內容。中脈建立後，開混元竅其實很容易，只要把握住混元竅所處的水平位置就可。因為中脈之中軸，通經混元竅的中心部位。

在混元竅沒有開啟時，可以由老師帮助點開“頂門”，學生自己練足丹田氣，再加上老師的帶功、喂氣，中脈氣場就能建立起來。這實際上是將本來就存在過的“中脈”這個先天氣場重新開發、建立。在混元竅開啟後，此刻的內氣充足，可以自己用意念調動內混元氣，重新開發或建立、鞏固中脈。具體方法是：將混元竅之氣向“頂門”和“海底”二個方向抻展開。可以用引氣、領氣或吐納的方法，最後因中脈氣足“沖開”天門。在這以前“頂門”已開者，建立中脈，沖開天門就用不著如此複雜了。

今天的智能氣功學把宗教修煉的本質揭示出來以後，我們就能把宗教修煉中的一些方法用於氣功實踐。比如說，佛教的觀世音大明咒六字真言中的“嗡嗎呢叭咪吽”六音（有的寫成“唵嗎呢叭咪吽”）拿來為建立中脈或強化、鞏固中脈之用。

1、不管是“嗡”還是“唵”，都發“ē-ūng”音。發這個音時，發音的注意力不能放在喉，而要放在中腹腔內。發音時的意念，依不同練功水平的人，有不同的定位。例如，沒有建立中脈者，先定從海底（會陰）到頂門的後三分之一處縱軸“中”線，然後定從中脘穴和脊中穴連線的矢狀方向的水平軸線；發“ē-ūng”時的意念，放在縱軸和水平軸這個十字坐標交叉的中點。

建立了中脈者，只要找到中脘穴和脊中穴的連線和中脈交叉的中點，發“ē-ūng”時的意念就定在這個十字坐標的中點。已經開了混元竅的，發“ē-ūng”音，只要定意念在混元竅的中心即可。

2、發“嗎”到“咪”這四音，是平面的逆時針方向（假設將一個鐘或表的時針面水平向上）：發“嗎”音，意念在體右側內；接發“呢”，意念到體前中脘內；發“叭”（bē）音，意念到體左側內；發“咪”音，意念在體後脊中穴的裏面。注意：“叭”音在此不發字典音的 bā， 而發 bē。“咪”在此發 mēi，而不是 mī（“妹”的第一聲或輕聲都可）

3、發“吽”字音。意念從體後回到“十字”中點或混元竅中心，意念配合音聲聚氣，然後，集中精神領氣向縱軸方向，向上導著內氣沖頂門。“吽”在此發 hōng（轟），不是漢語字典中的那個發音。這一點千萬要注意。這是一個鼻腔音。不過不能用鼻腔振動發音，要用混元竅來發鼻腔音。因為這是練功，不是拼音或注音的發音練習。

總結這六音之間的發音時間，基本是：ē-ūng——mā—nī—bē—mēi—hōng———。佛教人士念此咒語多為宗教目的，有時會出現漢語四聲語調。我們將其用於音聲振動開通中脈，念時需要保持體內氣機的平穩，所以基本上是用平聲。

另引介一法：就是用“唵、阿、吽”這三個音幫助開天門。有的是用“嗡、阿、吽”三字。

第一個音（“唵”或“嗡”）和前述發音同。

第二個“阿”字音，簡言之，是“恩”（en/ㄣ）加“阿”（ē/ㄛ）的合成音：enē——（ㄣㄛ——）。不過在發後面的 ē/ㄛ 音時的意念，要集中在喉頭，舌根稍稍抬起，嘴型扁平。此刻的喉頭是緊張而不是放鬆的。發音時若發覺喉節向胸部方向（向下）運動，喉、頸部微有擴展，就是發音到位了。這個音若發得正確，有打開喉節的作用。喉節不開，從胸到頭的氣路不暢。喉節開，從胸到喉似乎有一種很開闊、開暢之的感覺。當發音正確後（需由老師檢驗），即轉吸氣發音。吸氣發音時的聲帶並不振動，但喉部狀態口形等，和出聲音是一致的。

3、發“吽”音。當呼氣發“e-ūng”時，音聲引氣的效應將意、氣引入混元竅中心，有擴開內穴的功用。接著吸氣發“enē—”，氣從混元竅的中心向上引沖，行沖開喉節之功。在發“enē—”的同時，意念向混元竅引。如此音發完，意念又正好回到混元竅，從混元竅的中心發“吽”（hōng）引氣上導沖頂門。發“吽”音的要領和前述的“六字真言”中的“吽”音發音要領一樣，在此不重復。

發了這三音後，自然呼吸一、二次，再繼續做。一般來說發九次，算一趟（功）。練這個音聲導氣的功法，一旦打開了喉節，從混元竅向上沖導之氣在胸部這一段的阻力就減小，別有一趣。和發“唵嗎呢叭咪吽”音沖通中脈相比，用“嗡阿吽”導引時的內氣更需充足。在發各音的時間上，六字明咒是“唵—嗎呢叭咪吽——”。發三字音是“嗡—阿—吽———”。“吽”音的時間長一點，因為“氣”要隨音聲，由意領引從中田一直沖向頂門。

天門開啟後，人的大腦和外界的聯通加強，大腦和外界多了一個信息通道。信息是需要“氣”來傳輸的。信息通道就是混元氣的通道。頂門開，是頭頂的骨縫重新開的標志。沒有骨這個緻密組織的阻隔，氣和信息的出入的阻力更少一些。所以，頂門開或天門開，並不像宗教所渲染的那麼神秘。

第 6 節 “男女雙修”一說

中國漢地歷來就有“房中術”流傳。古印度有《愛經》(Xama Sutra)，西藏有《西藏欲經》(Tibetan Arts of Love)。密宗覺囊派長年供奉的金剛薩陲、時輪金剛，都是雙修形像。或問：宗教徒不是宣揚“清靜無為”、“無念無欲”嗎？為何又有男女雙修這一項？這是自古到今氣功修煉界的一大謎團。“男女雙修”與人體修煉有何關係？這一宗教機理若能予以澄清，對氣功鍛煉的機制會更清楚。

首先應知的是，氣功是一門技術，一種主動發揮人的意識的主動性，充分發揮人的天然本能來最大限度地改善、提昇、發揮人體生命機能的技術。“男女雙修”有“神交”、“氣交”和“形交”三種形式。其實，在任何一種形式中修煉，都是神氣形一體的修煉，使神氣形三者共同得到鍛煉。“神交”和“氣交”從外表說，就和男女在一起練功沒多大區別。因為古中國的儒文化倡導“男女授受不親”的觀念和社會風氣，男女在一起，即使是練功這種行為，也不被提倡。在古代社會中，“神交”和“氣交”之類沒有形體接觸的男女相處，也會受世人的瞽目。至於“形交”，更讓人難以接受。我們要分析的，也正是有異性形體接觸行為的“男女雙修”現象。

簡而言之，“形交”之男女雙修，是利用人從動物進化而來的繁衍生殖這一自然性行為，來促進人的心理、生理素質的提高，從而縮短練功進程的一種身心修煉的方法。人的細胞中積澱信息最多的是兩大類：腦細胞和生殖細胞。精子和卵子屬生殖細胞，其混元氣積澱了人類種族和個體的全部資訊，所以，正常結合的精子和卵子，就有了能夠形成人的內因。從第七章的混元氣理論可知：任何物質的內部，都有與該物質相應的混元氣。精、卵子也不例外。正是這個原因，精子和卵子要得到完善的結合，以便新生命將來有強勁的生命力，在精、卵結合的瞬間，精、卵子還需要有一個來自外部的催化條件——與精、卵子形成一個整體的混元氣場。要有如此一個能保障人類種族和個體全部生命信息完好保存，生命信息能在新生命發育過程中按人類生命發育的方向的特殊氣場，對於男女雙方來說，首先要做到是自身的整體人體混元氣場在這個特殊的時段中，例如性交過程中，首先發生改觀。只有男女雙方的人體氣場都達到一定的要求和程度，才能形成男女共同的人體氣場。這就需要事主的身心都同步進入一個有別於常態的特別狀態。

人有交感和副交感神經，它們是一對頡頏神經。當一個處於興奮態，另一個就會被抑制。交感神經興奮，促使呼吸加速、心跳加快、汗腺分泌增加、內臟血管收縮、肌肉收縮，機體處於亢奮狀態。副交感神經興奮時則相反，呼吸緩而平穩、心率下降、內臟供血充足、汗腺分泌減少、外生殖器血管舒張、男性陰莖勃起。[34]這一對平時處於頡頏狀態的神經體，在二性交合過程的某個階段，會暫時失去頡頏性，兩大神經系統都處於興奮狀態。如，呼吸加速，但肌肉放鬆，汗腺分泌增加而外生殖器血管舒張，心率加快但神情舒寧，等等。在這一狀態中的男女雙方，都處於精神集中（集中在性快感的享受上），由此使不必要緊張的形體部位放鬆，這是一個類同於高級氣功態的身心狀態。此時的異性雙方都會由性快感引出難以名狀的酩酊渾噩的感受，這種感覺和恍惚窈冥的高級氣功態很相似。這個身心狀態所建立的人體氣場，是平時難以出現的。在性交過程中建立的人體特殊氣場，催化了精子和卵子的混元氣場的混化，使精子和卵子混元氣中的生命信息得到了完善的保護。這是以正常的異性交合為例作分析。知道了以上所述，對優化人的生命活動的第一階段的“優合”和“優孕”不無帮助。

男女雙修中的“形交”，在形式上和異性交合很類似。不同之處就在於，其目的不是為了追求性快感，更不是為繁衍後代，而是要在這類狀態中，主動體察酩酊恍惚的感受，設法延長這種狀態，讓這一狀態的信息在意識中留下較深刻的印記。當正式練功時，發揮人的主觀能動性引導人的身心進入較高級的氣功態，這是縮短練功進程的一個方法。這是男女雙修作用之一。男女雙修練功，是絕對不能落於性快感的享受的，否則自傷自殘，前功盡棄。這就是道家和密宗都對雙修弟子有資歷上的嚴明規定的原因。雙修必須是練功相當有素養者才被允許。

人從動物進化而來，人身上反映出很多動物的本性，從覓食到排泄，從求偶到交溝，從孕育到哺乳，等等。動物與人的性活動，都有天然的“不可控性”。如何把不可控的自然生理本能，上昇到可控的自覺智能，這是氣功鍛煉的根本要點。如果能用某種方法的鍛煉，往這個目標邁進，不但對提昇生命質度大有益處，而且在從不可控到可控的過程中，鍛煉了人的意志力。意志力雖然不能和功力劃等號，但意志力卻是功力的一部分。沒有意志力，功能難以發揮；沒有意志力，專一、集中向內的最基本的氣功態也難以進入。再比如說，最長功夫的“定勢耗功”如：樁功、撐臂或雙盤腿等，要做到持恒鍛煉，缺乏意志力者，幾乎無有可能做到。克服本能的性欲望的意志力的鍛煉，對提高精神自我控制能力，是最有效，也是最難做到的。因為這是在做克服來自動物進化的生物性生理本能，又是面對人類這個種族和個體經多少代遺傳而來的自然本性。練功夫的目標之一，是提高生命自控能力。而人的一切活動，都受到自身的精神所支配。精神的獨立性的提高，是生命自控的前提。

人的精神有獨立性，動物沒有。動物的心理活動，是和自身的生理活動緊密聯繫的。但目前人類的整體精神自控能力，遠遠沒有脫離來自動物進化的自然本能的束縛，因而人的精神還不能完全不受生理本能約束獨立出來。這是達生命自由和自控的最大障礙。而且難以靠外力的支持達成。學功夫既然是要讓人的自然本能變為自覺的智能，克服來自人的自然本能的性沖動的不可控性，就是練功人的必修課。前二節中的“學理”、“修性”的重要性，讀者至此可能會有更深一步的理悟。男女雙修只不過是在“變人的自然本能為自覺的智能”的路上，提高意元體的獨立性的一步。人的意識的獨立性越高，人離動物的屬性（自然性）越遠。古人並沒有提到這個高度來認識男女雙修，由此給後人留下了一連串的疑問。

第 7 節 “組場”略談

“組場”是“組建氣場”或“組構氣場”的簡稱，是智能功龐明教授的一個創舉。“組場”發揮了人類獨有的主觀能動性構建人體修煉的集體氣場，在組建的氣場中教功、治病、講學和從事與氣功有關的科研活動。或問：氣功來自古代，為什麼古氣功中沒有這個技術？我們認為，在古中國這個以自耕自養、分散經營的小農經濟生產模式為主體結構的社會裏，功夫修煉也是小型、分散化的單修獨練。在“法不傳六耳”的社會中沒有集體練功的需要，也就沒有集體氣場的組建這個技術的產生。不過，這不等於在過去時代中沒有集體氣場的形式或效應現象存在。這一點將在後面段落中討論。

在 1979 到 1999 年的 20 年中，中國掀起一個全國範圍的大眾化集體練氣功的潮流，這給“組場”的產生創造出一個時代條件。組場就是在這一社會時代背景中應運而生的。組場技術最早是在 1984 年河北省石家莊市的智能氣功門診所應用。應用組場技術，把原來是一對一的氣功外氣發氣治病，發展為一人一次性給多人，用智能功外氣術治病。還有一項是"信息水"，即用人體外氣給水發氣，內服或外用。"信息食品"就是受信息水的啟發而後出現的，在其後的氣功界曾一直很流行。信息水和信息食品，在古氣功中可以找到根據。組場方法的實質，是智能功氣功外氣技術在運用範圍上的擴大化。組場技術雖然一直在智能功學員中流傳，但智能功學員在運用組場技術治病時，沒有刻意避開在公共場合的運用。既運用又沒有立即向全社會公開這一技術，其原因是氣功科學的基礎理論在那時還沒有公開出臺。沒有理論依據的氣功功法，在面向社會推廣時，並不利於人們對其的正確理解。這會影響到對這一新技術的正確運用。後來的事實也證明了這一點。

氣功師嚴新於 1987 將組場首先應用於氣功報告會場，稱"組場帶功"。這個新名詞後被中國氣功界普遍接受。在嚴新的組場報告會場中，聽報告的人有相當一部分人進入了"自發功"狀態。組場者沒有理論做指導，初起時難以把握運用規律，造成在這類場合中的一部分人，出現了不同於一般自發功的功態表現，讓當時的氣功界的主流不能接受。智能功組場中的人，在當時就沒有出現自發功現象。雖然當時還沒有組場理論出臺，但智能功人在組場時的意識，主要放在組場場合的實際效應，而沒有放在組場的轟動效應上。組場的理論依據，主要來自混元整體學中的"物質混化理論"，"混元氣理論"和"意元體理論"。按物質混化論的觀點，任何物理質體的內部，都有和該物體的物質層次相同一的混元氣；混元氣的一部分彌散在物質體的物理界面以外，是該質體的"混元氣場"。人作為一種物理質體，體內有人的混元氣，體外有人體混元氣場。正因為自然界有這一規律，氣場和氣場效應就是一種自然現象。比如說二個或二個以上人相處，就存在著一個集體氣場。人越多的場合，集體氣場形成的條件也越充分。由多人形成的集體氣場，有三個不同質地（層次）：

第一種是常態的集體場所，例如開會的會場。由於人體混元氣場的客觀存在，集體場所就有來自各人的人體混元氣場形成的集體混元氣場。這是一種不自覺的集體氣場。

第二種是宗教場所的氣場，與常態氣場相比，宗教活動形成的集體氣場，對人的身心產生的效應比常態集體氣場更明顯一些，特別是在大型的佛教活動或場所中。道理也很簡單：中國宗教的修煉實質是氣功實踐。宗教徒組成的集體場中，集體混元氣中的生命信息，由此更利於人的生命活動。如果說常人集體氣場是不自覺的氣場，那麼，宗教氣場就是"半自覺"的集體氣場。所謂"半自覺"，是場內之人多有不自覺的身心修煉習慣。所謂的不自覺的修煉，就是有人體修煉的方法，但修煉的第一目的又不是為了身心健康，而是為了執行信仰任務，如：朝聖、禮拜、法事、軌儀等。但由於教徒在這一場合中的一個特定的时段內，集体意念活动比常態氣場中的意念活動更統一。其它的不說，光是恭敬、專一、虔誠之思想，宗教場所比一般場所更為明顯。這一點，其實已經是組建氣場的重要條件之一了。只不過宗教徒對此並不感興趣而已。古印度原始佛教的教徒的人體修煉層次，高於中國的道教，更大大的高於世界其它宗教，這是否與釋迦牟尼時代有集體修煉這個模式有關？如果說"是"，那麼，釋氏弟子的高功，就和集體修煉形成的修煉氣場的存在所引發的氣場效應有密切關係。道教不太有大型活動形成的集體氣場，但在歷史上，有為民眾消除瘟疫的"布氣"，其本質是組場。源於阿拉伯（中東）地區的宗教，基本沒有主動、自覺的內求實踐方法的總結，他們的宗教活動形成的氣場，是介於常人氣場和佛教氣場的中間。

第三種就是自覺、主動地按氣功科學理論組構的集體氣場，其效應比宗教活動形成的氣場，有更高的可控性和更強的人體生命效應。

組場技術是一門“內求技術”。應該認識的是：任何氣功之技都無法、也不會創造出人的什麼功能。氣功作為一門技能，只是將童年時沒有得到保留的人本有的功能，重新開發出來並昇華為自覺的功能而已。自然界本來就存在著由混元氣形成的“氣場”這一物質形式，可稱為“自然氣場”。“風水”就是用常態智能對自然氣場的規律的描述；風水術就人們掌握了一部分自然氣場的規律，又利用了這個規律為人服務的一門學識。任何物體都有自身的混元氣場。二個動物在一起，也會形成動物的體混元氣場。動物氣場中，只有生命信息而沒有道德信息。個體的人，有人體混元氣場。人作為自然物，還有社會性。人和人相處，形成既有生命信息，又有道德信息的自然和社會雙重屬性的“混元氣場”。氣功組場，是人順應著自然界和人的生命運動的規律，將“氣場”這一自然現象自覺化、社會化的範例之一。

問一：“組場”的氣場是如何形成的？答：這種氣場不是自然性質的氣場，是經過人的意識加工的“場”。組場的氣場中有三個基本因素：一是組場的人（組者），二是被組場的人（被組者），三是組場所處的環境（天然的或人工造就的場所）。組場時，“組者”要主動運用意識，將自身混元氣、“被組者”的混元氣和環境的混元氣（包括自然界的混元氣），混化形成一個集體修煉的混元整體——混元氣場。

問二：組建的氣場質度的優或欠優，取決於什麼因素？答：也是三個因素：1、組場者的功力；2、被組者和組者的意識的配合形成的意念活動內容的統一性、同一性；3、氣場環境所在的自然氣場的優劣程度；自然氣場較優之處，有利於生命活動的混元氣較多，能使組場起到事半功倍之效；劣者反之。由於人的意識能够支配所有層次的混元氣，通過集體意識活動的同步和統一，用集體意識的力量，也能改變自然氣場的狀況，提高氣場質度。

問三：如何界定組場的效應？答：組場效應取決於被組者對場中之氣的吸收度。

問四：什麼因素決定被組者對場中之氣的吸收度？答：被組者的意識專一、集中的程度。

問五：動、植、微生物談不上“意識”這個內容，嬰、幼兒又不會主動運用意識，氣場如何對它們發生作用？答：作用於生物體的氣場效應，第一是受制於生物的自然生理特性的左右；生物體在氣場中得到的效應，是生物體的自然生理效應。第二是受制於氣場中的集體意識導向的左右；生物體對場中之氣的吸收度，受到人的意識活動的內容的調控。例如，對於置放在組場場合中的體外培養菌，集體意念或組者的意念讓菌體“長”，菌落增多；集體意念或組者的意念讓菌體“死”，菌落不增（不繁殖）。這也是“人的意識能支配所有層次的混元氣”的一個例案。因為意識是意元體的活動狀態，意元體是最高層次的混元氣，所以能支配所有層次的混元氣，包括生物層次的。

問六：氣場一旦形成，其作用範圍有多大？答：氣場是一種物理場，即“非實物體”的存在。這個“場”就有一定的效應範圍。物理場是“梯度場”。梯度場的特點，是其強度隨著“場”的半徑的延伸而呈梯度減弱。比較容易做比喻的是“熱場”。比如說，一個發熱源，越靠近熱源的中心，溫度越高；離熱中心越遠，溫度越低。氣場也有這一特性，有範圍。只不過氣場的中心是“氣”。氣場之氣擴散的範圍，通過“感應法”可以感知得到。一般來說，封閉環境中的氣場感應度，例如室內，比開放環境中的氣場感應度，例如露天環境，要明顯一些。這也說明氣場有一定的物理性。

問七：組建氣場時，“組者”為何要用語言配合意念引導“被組者”的意識活動，而不用純意念引導？答：對於“被組者”來說，純意念引導不如用語言引導更直接、快速、高效。因為當氣功面對平民大眾時，要慮及的是多數人的精神素質。當年釋迦牟尼拈花現於壇城，眾多弟子和追隨者中，也只有大迦葉一人心領神會，和師尊心心相印。我們以這一修煉佚事打比方說明：純意念引導這一方法，不易普及。

問八：氣功組場使用了語言，語言用於引導“被組者”的思想進入某一狀態，這是不是變相的心理暗示或催眠？答：心理暗示或催眠，A、只能針對人而不能針對生物；B、只能針對人中間的邏輯思維成熟的成年人，只能對成年人發生作用。氣功組場不僅對成年人發生效應，還對不具備概念性思維的嬰、幼兒或兒童發生作用。不僅對人，氣功組場還對動、植、微生物，對生物大分子，對無機和有機物都能發生作用；也就是說，對物質都能產生效應。智能功組場氣功外氣效應實驗中大量的成功案例，雄辯地證明“人的意識能支配所有層次的混元氣”這一真理的存在。

作為功夫修煉者，要重於修心培德。修煉人志在“善其身而濟天下”，要“為人”而又不“舍己”。因此，只能將“利己利他”精神，視作待人處世的原則。在組場中，每一個人都會有所得益，包括組場者自己。所以，組場是一項實實在在的“融利己於利他之中”的、與氣功實踐悉悉相關的社會活動。在組場中運用外氣技術，不但不傷自身之氣，還會長氣、長功力。對於功夫修煉者來說，這是既助人又利己的實踐活動。組場這來自於人體修煉的新型技術，谁先掌握，谁先得益。她將會在 21 世紀，為人類文明的進步起作用。

第 8 節 什麼是“真妄相攻”

“真妄相攻”這一氣功學理論中的概念，是龐明教授在 1989 年提出，並正式寫入《智能氣功科學基礎理論——混元整體理論》中。“真”在此，有“用人體功能真實地反映客觀”的意思；“妄”在此，是“不真實”、“虛妄”之意；“相攻”意為“相博”、“相爭”。我們知道，練氣功能夠開發出人的潛在能力，過去稱為“神通”，西方人稱“超心理能力”（Psychic Power），氣功學稱“超常功能”。人的超常功能一旦得到開發，對客觀世界和客觀事物的認識，就有了更大的自由度。

真妄相攻的現象的表現是：事主在用自身的功能反映客觀事物時，功能被幻化成幻感、幻音或幻象，而事物的本質卻被遮掩了。例如，有的人練氣功後開發出預知功能；腦子一安靜，感知到某人要發生什麼事了。後來的事實證實了這個預感是正確的。然而，事主並不知道這是自己的潛能被開發出來，對預知到的事件不敢信以為是自己新具備的能力所為。當第二次又出現對某人或某事的預知時，為了提高對預測的自信心，就要借助超自然的力量。在中國人思想中深處，由代代積澱的超自然力量就是“神、佛、仙、妖、鬼”。由於這個預知功能是真的，但借用的超自然力量，是事主運用已有的某些知識臆想、臆造出來的。氣功學稱為“意識造型”，心理學認為是“表像再現”。人類到目前為止，還存在著一個怪現象，即，某人只要自以為得某種超自然力量的支持，自信心會增強，自信也更足。這是宗教在科技鼎盛、生活富裕的歐美等地，能夠受到民眾廣泛青睞的主要原因。這也是巫婆、神漢有相對穩定的某些超常功能，卻必須在超自然力量出現時才能展現的原因。

從文化因素上說，第一點：傳統氣功界從來沒有對這類現象有理論方面的總結，就連如同一般古氣功理論的那種自然哲學式的解釋，都從來沒有過。也就是說，對“神通”這一人體超常功能現象，從來沒有理論說明其機制，更沒有理論來指導這一功能的正確使用。為此，當練功人出現了某種“神通”（東方人較多），或不練功的人出現超心理能力（西方有較多案例），事主並不知道這是練功初有成效，或人的潛能初被開發的表現；更不知道如何正確使用並保持和強化這一功能。正因為這一點，就出現了第二點：出了功能的人，為了解決身上出現的問題，只能去宗教教義中尋找根據。中國的宗教內部，歷來就有人體修煉的內容，只不過那是帶有宗教信仰動機的、以超自然信念為指導的實踐活動。皆為此因，宗教理論一說到人體功能現象和內容，就認作是超自然力量所為，“神通”一詞亦由此而來。眾所周知，中國歷來是一個低文化的農業社會，連宗教理論也並不是有功夫的人普知的理論。當有人出現“神通”，此人若按民間流傳不成文的、約定成俗的非正統宗教的說法，或按照巫婆、神漢對人體功能的理解，是很容易落到神秘文化的陷井中的。

在超常功能狀態下觀察到的事物，不同於在常態功能下觀察到的事物。不知道這個“不同於”，是因為不知道自己的潛能得到開發後，用超常智能觀察到的，已經是事物的本質了。但開發了功能的人，往往從小沒有受到這一方面的教育，長大後又沒有學過這方面知識。意元體中，或者說，是意元體參照系中沒有超常知識，也沒有超常思維運用的可能。對超常功能、對功能狀態下觀察到的事物的屬性，不能得到意元體參照系的認知與判斷，只能按已有的常態知識來判斷現象，由常態知識信息認知來自超常智能狀態下觀察到的事物的屬性，從而幻化出合乎常態知識和常態思維習慣的景像、音聲、感受等。然而，人在超常智能下觀察到的事物的屬性，是需要用人的常態智能來認知的。

或問：動物具有特別的功能，是否超常功能？答：不是。動物的功能，只是其生存的必要本能。超常功能是人特有，所以才有可能用常態智能去認知超常功能。要做到這一點，又必須有超常知識這個背景。這就需要實踐和學習。因此，在對超常功能觀察到的事物的判斷認知，必須在常態和超常這二個知識背景中進行。在 1993 年以前，沒有諸如本書第七章所列的氣功科學理論，有預知、預測功能者，受到人們對人的功能的神秘化的理解，從一開始便不知道是自己的功能在起作用;當知道是功能以後,又為自己得了如此的"神通"而沾沾自喜，又用常態知識中的超自然力的化身，如，神、佛、仙、妖的表像再現，臆造出一個擬人的超自然智能生物，例如"某仙"、"某神"，並為得到神秘力量的惠顧而"受寵如驚"。

由於事主的自信心，在超常功能發揮上有很大的促進作用。為此，事主在發揮功能前，先要"請"到這個超自然物為自己"指點迷津"，然後才能够發揮功能，如，預測，治病等。在具體運作時，先在意識中"造"出這個超自然的擬人物，然後在意識中向這個擬人物作咨詢，接受其"告知"的指令後，才發揮出功能。由於人的功能的展現、運用，受到人的情緒、體力的影響很大，還有環境中的（人的）精神因素對事主精神狀態的影響等。這是人的超常功能在使用時，有不穩定現象出現的主要原因。能消除這些影響的最有效辦法，就是提昇自信心。當自信心不足，就需要借助超自然力來帮襯。宗教思想在此就起到一個不可多得的作用。由於宗教是屬於人類的神秘文化的內容，不可能解答例如超常功能如此複雜的人體現象。自西元世紀以後，佛教傳入中國，道教組織出現，中國功夫界對人的超常功能的認識，是倒退的。遠不如春秋戰國和先秦時期的修煉家們留下的著作中，對人體超常功能的認識。這一情況直到 1990 年代初，智能氣功科學理論的公開問世。

由於"真妄相攻"這一過程，是在意識中瞬間而現的，其過程難以感知，就容易被認作是合乎常理、合於邏輯的事。有相當多的人，在用超常功能給人做診斷或給人治病時，是在真妄相攻的狀態下成功的。例如，過去的巫婆、神漢，通過“驅鬼”、“招魂”、“抓附體”、“趕邪靈”等方法，給人診查生病的“原因”。一些有點科普知識的人，說這是“迷信”，是農村人愚昧、無知的表現等。這其實又是一種固執已見，一種不瞭解氣功效應的誤解。因為巫婆、神漢們這些行為的本質和基礎，是練氣功開發的超常功能。人的超常功能，有時確能發揮出常態智能所不及的功效，尤其在中國過去的農村裏，嚴重的缺醫少藥，巫婆、神漢之類，有存在的必要，也有一定的市場。這就是為什麼，巫術能伴隨著人類從古代一直走入現代社會。氣功實踐是與人類的“外求實踐”平行相處的另類實踐（內求實踐）的形式，超常功能是和人類的常態功能平行相處的另一種人體功能。這二種實踐方法和二種智能，都應該是人類從事生產和生活實踐所必須的。但一直以來，不管是西方還是東方，生產和生活實踐主要依賴的是外求實踐。

過去的巫婆、神漢那一套，在現代社會的某些氣功人群中，又產生出新的形式。例如，有的練功人說，她/他的師傅是個“信息人”。“只要我眼睛一閉上”，“師傅”就來到眼前，教她“練功”，還會和他一起“喝酒”等。這些都是“真妄相攻”的表現。因為“信息”這個詞，是20 世紀才出現的。這說明，不但對超常功能的描述與表達，而且應用與發揮，都離不開常態知識和常態思維。正因為在真妄相攻階段中的功能，是來自練氣功開發的超常功能。所以，這種功能有一定的效驗性，即有時還真的有效應，也有一定的診、治疾患的作用。不過，巫婆、神漢認為人生病，是超自然的“精靈”或“附體”在作祟。有的民間宗教团體“教功夫”的是某某“大仙”，只有當“大仙顯身”時才能學到功夫。這些都是練功到真妄相攻這一階段的表現。那些被名為“狐仙（妖）”、“蛇仙（妖）”、“黃大仙”（黃鼠狼）之類的物體一般來說，是感覺靈敏，警覺性高、行蹤詭異的中、小型類動物，生理特性決定了這類動物對人體修煉形成的氣場的敏感度高於其它動物，或受氣場感應的表現比其它動物更明顯。這是古代人認為這類動物有“通靈”能力的原因。

中國宗教界到後來出現一種現象，即，主流宗教往往不主張開發“神通”，有的開發出人體潛能，也有“慧而不用”的主張在約束。這和主流宗教擔有傳承本宗教思想、教義、方法等的這些任務有關係，而且主流宗教團體又放很多時間和精力在研習宗教經典和教義上。民間宗教團體中的信徒的文化程度，往往不及主流宗教团体的總體水平，因此不太重視對宗教教義的研討。但民間宗教團體又沒有主流宗教团体那樣的知名度，“神通”就是民間宗教吸引民眾參加、拓展团体規模的一項有效活動。民間宗教界練功夫，因此不忌悔對“神通”的追求，民間宗教团体中的信徒開發出人體功能，也就比主流宗教界要普遍。例如，道教中最早成立的屬於“天師派”的“正乙派”，從張道陵於公元 2 世紀建立以來，教徒多散居家中修煉。[35]正乙派道士都有主動開發“神通”的舉措。所以，民間宗教場合的氣場中，往往有一定的人體超常功能的信息場存在。信徒們在這樣的環境中，極度的恭敬虔誠，又專一心念、集中精神，就很容易地進入最基本的“氣功腦態”，比較容易接收到超常功能信息。通過練功，真氣充足，就有可能開發出超常功能。“真妄相攻”的現象，因此在民間宗教發生得比較多。而道、佛這些主流宗教的上層，往往視主動追求“神通”之舉為“著魔”之舉，以致中、下層信徒，對“神通”的開發畏避三舍，真妄相攻現象因此在主流宗教團體中比較少見。不過主流宗教對待人體超常功能的觀點也是很片面的，一直以來誤導了中國功夫界對人體修煉和超常功能的關係的正確認知。

懂得了真妄相攻這個道理，就能在出功能時知道這是自己練功後氣足了，人體某一潛能被開發出來的表現。這是人的生命活動發生質變的跡象，是一件好事。如果出現合乎宗教教義的景像，音聲

或感覺，這些都是幻景、幻聲和幻感，不能當作真景。此刻要定住心境，不理不睬任何境像，一心練功，幻像馬上就會消失。只要平時不再去念及這些幻像，它們就不會再出現。如此繼續精進，才能一層層地往上走。在真妄相攻階段中的練功人，其覺像雖然是“幻”的，但也不是每一次都是幻的，有時功能的使用（預測、診病等）是真有效應的。正因這個原因，讓初有功能者分不清何為“真”，何為“妄”。這在練氣功的人越來越多的當代社會，一個老師要帶很多學生，氣功鍛煉若沒有理論作指導，氣功還回到神秘的巢穴，難以為民造福之。真妄相攻現象在中國以外宗教中也有出現。只不過西方宗教界內部沒有主動運用意識的內求實踐，出了功能，都認為是神跡異象，歸功於超自然之力了。或找西醫，就被認為出了精神問題（Mental Disorder）。

第 9 節 練功反應

這是一個練功中非常嚴肅、非常重要的議題。我們已知，練功夫是為了提昇人的生命運動的質度，使鍛煉者從低健康的生命層次，向高一級的健康層次躍昇。在這一過程中，人體會在大腦皮層等神經系統的調整之下，將阻礙健康層次向上提昇的因素排除出體外。說簡單一點，就是人體的“淨化”。但這樣說，一般人難理解，所以要把這個“淨化”的氣功學機制說明白，去掉練氣功能淨化人體的神秘性。

大不列顛自然療法學會會員，享利・本傑明在 1936 年寫的《自然療法指導》[36]這一本書中認為，疾病都是由人長年在錯誤的習慣中生活，身體積累了大量的生物垃圾和新陳代謝導致的廢物；為了讓身體維持最佳生命狀態，身體自己發動“從感冒到傷寒”所有可以發動的急性症狀，試圖拋出那些妨礙身體正常運行的廢物；而能治癒人的疾病的唯一手段，就是引入某種方法來清除那些阻礙人體生命之輪正常運轉的有毒物質！就此而言，我們可以說，醫學所言的“病”中，至少有相當一部分，是人體排斥不利於健康因子的一種反應。然而，西醫難以徹底地治愈慢性病、多發病，因為西醫的手段不能根除產生病的根源。中醫卻有能力對付這類病，是因為中醫會查到病之源在哪兒。雖然中醫理論按西醫的觀念難以理解，但在臨床實際中確有實效。但是，西醫和中醫都是被動式的健康服務，其全部任務也只是將低於正常健康度的人（病人），從非正常恢復到正常態。雖然，西方醫學中還有預防醫學（第二醫學）和康復醫學（第三醫學），中醫也有治“未病”的方法，但醫學總的療愈方向是不變的。

氣功鍛煉是將自身的健康層級從正常向高於正常的水平提昇。病人是健康層次低於正常態的一族，所以病人練氣功，在從低於正常的健康態向高於正常的健康態躍進時，必須先達到正常狀態後，才有可能。達到正常健康水平，就是身體的痊愈。由於最近幾十年來，在氣功發源地的中國大陸，多把氣功效應宣傳為治病。全社會練氣功的人，因此是以病人和中、老年人為多。這讓整個中國以致整個世界，誤解了氣功的真實作用。可是，這一狀況，又使氣功界積累了大量的氣功療愈的經驗和資料。這些經驗和資料中，就包括了病人練氣功產生的練功反應中的一種——氣沖病灶反應。

一般來說，病人練氣功，多是因為中、西醫都治不了他們的病，才想試一試氣功。然而，人一旦生病、受傷或動了手術，西方醫療手段無法將其完全恢復到得病、受傷或手術以前的狀態。所謂的“痊愈”，只是根據儀器檢測的數據事實和自我感受來判明疾病還是否存在。中醫認為，人在生病、受傷、手術期間，都已傷了“元氣”，即使自我感覺不到病感，儀器檢測不到病樣數據，剛剛康復的人，即使外表看似正常的人，若用中醫手段查證，還是會有健康度低於

正常態的“症”的存在。氣功學認為，人生了病又康復，自我感覺良好，並不代表病灶徹底消除。受了內傷或外傷，經治療後痊愈，但受傷時損傷的組織和經絡氣的通路，不一定恢復到受傷以前的狀態。西醫外科手術後的機體負面狀況更甚。或問：既然如此，為何一般人經醫學手段治療，都沒有什麼不正常（病的）感覺了？我們認為，主要是事主已適應了這種低健康水平的生理狀態。而氣功鍛煉，首先就是要讓人的內氣充足，並流通得更好。內氣一足，混元氣必會向各生理組織滲透，包括病灶所在組織和內、外傷或外科手術中被破壞的組織體。原來的低健康生理平衡，因內氣的充足而被打破。這時，身體會感到不舒服，甚至有“舊病復發”的感受。例如，有過結腸炎的，會出現類似結腸炎的腹瀉或瀉前局部疼痛的現象；有過支氣管炎的，會出現咳漱、痰液增多等。

除了上述的氣沖病灶反應，還有一種稱為“排毒反應”。沒有生過較嚴重的病的成年人，也不等於身體完全處於正常化。因為現在大多數人，是生活在氣功學認為不利於身心健康的模式中，體內長年累月地積累了不少生物性毒素，只不過習慣成自然，平時沒有異常感覺，自認很健康。人體本來就有自我保護機制，不斷在採取各種措施，排除不利於健康的因子。練氣功後，人本有的機能被強化起來，排毒機能和功能也強化起來，有時就會出現突然大量排毒的“排毒反應”現象。人體有四大天然排毒系統：消化（胃腸）、泌尿、呼吸和皮膚。氣功排毒反應也是利用了這四大系統：從消化道排毒，會出現嘔吐或腹瀉等；從泌尿系統排毒，會出現尿液的顏色變深等；從呼吸系統排毒，出現痰液、鼻涕增多，咳漱；從皮膚排毒，有汗液增多，汗液有異常氣味等。人的意元體參照系一般來說，少有氣功排毒反應的信息，多數是來自常態經驗或常識（生病）的信息。意元體參照系在評斷以上現象時，是以已有的經驗信息判定的。得出的結論就是“生病了”。

如果此時找西醫，腹瀉就止瀉，咳嗽就止咳，鼻涕多的按鼻炎處理……然而，在機體自然排毒或氣功排毒反應時的腹瀉物、痰液、鼻涕等，都是排毒過程中必要的排毒介質（媒介）。如果止住了這些物質的產生，有的人反應就此停住，有的還是停不住。能否找中醫（針灸）師緩解“症狀”？原則上說比找西醫更理智，但中醫還是只有止住症狀一這著。可這不是一般的疾病症狀。止住了症狀，就意味著止住了排毒反應，也就妨礙了排毒。如果找到有較深的氣功背景，懂得氣功反應的醫生，那是最好的。但是，找了醫生，練功者的意元體參照系狀況改變不了，這是最可惜的。因為，無論哪一類氣功反應，反應到來時，也是改變自身參照系的最佳良機。常態的意元體參照係模式不更動，方法學得再多，反應再大，對身心發生的效應不會是根本性的。再說，不管是自然反應還是氣功反應，人為地中止排毒反應，可能下一次還會再反應。因為機體排毒，是人作為自然體在生理上自我調整和自我保護的天然機制，有其內在的規律。不過到底如何做，還要靠自己的自信心、信念和意志力。在氣沖病灶、排毒反應出現時，若能找到自己的功夫老師，讓老師給帶一帶功，或喂一喂氣，爭取盡快沖過這一關。這是上策。如果有較大的氣功氣場，靠氣場的力量“沖一沖”，過關就會很快。

智能氣功學初步揭示和總結的氣功反應除了上述二種外，還有一類是“長功反應”。廣義地說，前述的二種反應都屬於“長功反應”。但氣功學作為一門系統化的學問，概念性名詞要盡可能地細分。這裏所言的“長功反應”，有的是經過上述二種反應，健康梯度有明顯上昇；有的是沒有經過明顯的上述反應的人出現的反應。長功反應分身體和精神二個方面，這一點和前述二種反應不太一樣。不過任何類別的反應，都有精神和身體二方面的反應，只不過前二類反應在精神上的表現不明顯而不在此細述了。總之，氣沖病灶反應、排毒反應和長功反應，是為了教學方便所定的專業名詞，在實際情況中是無法將這三者分得很清楚的。例如，練氣功練到內氣充足，內氣沖開某些關竅，穴位，如，鬆開腰諸關節、開啟混元竅等穴，也會出現有悖於正常生理態的反應。但具體的表現，又和氣沖病灶或排毒反應的表現差不多。有時，有腰部傷、病史的人，練功鬆開腰關節的反應；開啟混元竅後，也有氣沖病灶或排毒反應的現象。這些反應歸於那一類並不重要。重要的是，要借各種反應的產生這一“大好”時機，來增加自身的意元體參照系中的氣功信息。

長功反應中的精神（心理）反應，在此需要特別一提。筆者將此反應取名：精神淨化反應，或者：練氣功的意識反應。這類反應，多為經過上述三類生理反應後，身體得到了一定程度的淨化。但若身體還要再上健康層次的話，就需要精神上先發生變化才有可能了。這類精神變化，是意元體參照系、道德、自我意識等，都在一個時段中互相影響，“集體”發生變化，通過情緒表現、反映出來，或自我感覺到。越是資深的氣功修煉人，越要警惕這類反應的出現。而這類反應，恰恰又多出現在有練功資歷、有改變意元體參照系願望的人身上。因為多少年來的自身生理活動，已經和意元體緊密聯為一體。參照系這一混元氣此刻正發生改變，生理狀態也會發生變化。這是隨著練功人的道德涵養、意識修養的提高，以及氣功理論水平的跟進後，必然出現的狀況。

此時，自身的體混元氣和自然界混元氣的交流、混化開始得到改善，不但內氣較足，氣的質度也開始發生變化，混元氣質地更變得精純，這一方面能營養腦細胞（養神）使腦機能更敏銳，容易體察到身體內部的微小變化；另一方面，更細膩的混元氣會滲入原來沒有被滲透的微細生理組織中，進而使生理活動發生全面變化。人的意元體參照系是意識活動的一種，是人的混元氣的表現形式。人的混元氣是一整體，各類混元氣之間時時刻刻在互相影響。因此，練功的精神淨化反應，最終從人的行為上表現出來。

在精神淨化反應中，最明顯的表現是情緒的不穩。曾有功夫老前輩說，在他年輕時和他师兄一起打坐，师兄連坐 17 天不下坐，而他只因坐到第 11 天，覺得"心煩"而坐不住。那時不知，現在已知，這位前輩當時的"心煩"，是練氣功後的精神淨化反應的一種感覺、表現。實際上是長功夫的前兆。當時的他若能知道這一點，沖過這一關，功夫或許還會長一截。从第七章已知，體混元氣越足的人，情緒對體混元氣的幹擾越甚，對身心的傷害也越甚。作為練功人，一旦出現情緒，就一定要警惕情緒對身體的危害。當情緒出現時，一方面要認識到，這是自己的心理健康層次正往高於正常態上昇的表現，對自己要充滿信心；另一方面需要知道，這類氣功反應，雖然對照精神科、心理科或催眠學說中的精神表現，有的是能够對得上號的；此刻不能用常態知識去理解反應表現，要用氣功學知識做指導，因為這是練功後的反應，不是一般的生病。就象身體的氣功反應，只要去看了醫生，不論西醫、中醫，都會從醫學專業的角度，說出"病理"，而且有根有據。因為人就是這麼一個機體、機能的結構體，中醫、西醫、心理學和氣功學，用不同的認識論和方法學認識人體，各有一套系統、完整、有效的知識體系為人類健康服務。但是，中醫、西醫、心理學和氣功的實踐體系各不相同，對人的生命活動研究的深度不一，所以無論是精神科醫生，心理醫生或催眠治療師還是中醫師，都無法既徹底消除反應，又能保事主通過氣功反應長功。原因在於：1、醫生只解決精神、心理問題本身，而對精神、心理對氣功鍛煉產生的作用不感興趣。2、如果醫生有氣功背景，就容易理解氣功反應現象；不過若沒有親自經歷過類似的反應，也不可能對解決這類反應有助。3、出現精神淨化反應的人，往往已不是初級氣功鍛煉者，其身心狀態在反應以前，或許就高於上述醫生的生理和心理狀態。

精神淨化反應這類長功反應，因為源於意元體這一混元氣的變化，所以，要靠老師帶功發氣，也難以從根本上解決問題。氣功大氣場會有點作用，但不發揮自身的主觀能動性，也難解決。因為意元體是世上最高級的混元氣。學生的意元體和老師的意元體都是同一層次的物質，意元體沒法解決意元體的問題。正因這個機理，練功產生的精神反應不能輕視，因為沒有人能夠從根本上幫得了事主。且在這個時候，多練具體的功法也不會有大的幫助，因為這不是氣血的問題。此刻要做的是尋找到反應之源：人體生命力的上昇，是人的自然性有所恢復，內氣和自然之氣的混化交流，有了"質"的改進的結果。這是"天道酬勤"的碩果。天（自然界）之混元氣無私無公、無他無我。因為多少年的幸勤修煉，使意元體參照係發生了一些改變，從而使體混元氣的通透度有所提高，這一資訊反饋到意元體，又會引起意元體信息主導體混元氣繼續發生變化，使自身的生命質度向更高層次邁進。

此刻，主動運用意識，減少意識中的"私"、"我"的信息，就可提高體混元氣和自然之氣的交流和溝通的程度。既然是精神淨化反應，就說明自己的精神，尚沒達到高程度的身心健康要求的高淨度而妨礙著內外氣的交流與混化。所以，要把精力放到如何培德、修心上，如何以行動多為人，少為己，來減低意識中的"私"、"我"信息對身心的負作用。人的精神不淨之源，無非私欲太多。用行動去為人、為公無償地服務、做事，為自己考慮少了，物質欲也會減少，心情容易安寧，情緒也就容易平和了。這從根本上去了情緒生發之源，精神由此能穩定，身體感到輕安、自在。中國功夫修煉，非常重視的是精神的穩定度。例如：道家認為，修煉要修得"三固"，即"元精固"、"元氣固"、"元神固"；這"元神固"，才會有精神的穩定度。儒家認為，修煉要從事上磨，才能立得起，站得住。佛家認為，有了平等心，才能"去我執"，才能"無煩惱"。這些都是中華文化道德觀中的重要內容，應當作為修煉人的道德修養的座右銘。功夫越高者，對精神淨化反應越要重視。比較徹底的練功精神反應一旦出現，時日一般不會短。因為人的意識內容是出生以來經年累月地積澱的。比較徹底的練功精神反應過得去，才會有明顯的身體健康梯度的上昇。所以，這類反應一旦遇之，就要泰然處之。既來之，就不求縮短反應時日，也不要太介意出現什麼身體狀況。因為你的意元體參照系中沒有客觀地評定和判斷這類反應的信息，再說，精神淨化反應又包括了意元體參照系的變化在內，參照系此刻更加難以反映客觀。但是，無論如何，“修煉”這根弦不能鬆，以保護來之不易的健康水準和氣功功能態。

第 10 節 明智地選擇練功門派

中國煉養攝生的功夫鍛煉法到底有多少種？在《性命圭旨》中有這麼一段，說到修煉之人“……**有好爐火者，有好彼家者，有視頂門者，有守臍蒂者，有運雙睛者，有守印堂者，有摩臍輪者，有搖夾脊者，有兜外腎者，有轉轆轤者，有三峰采戰者，有食乳對爐者，有閉息行氣者，有屈伸導引者，有三田還返者，有雙提金井者，有哂背臥冰者，有餌芝服術者，有納氣咽津者，有內視存想者，有休糧辟穀者，有忍寒食穢者，有搬精運氣者，有觀鼻調息者，有離妻入山者，有定觀鑒形者，有熊經鳥伸者，有餐霞服氣者，有長坐不臥者，有打七煉魔者，有禪定不語者，有齋戒斷味者，有夢遊仙境者，有默朝上帝者，有密咒驅邪者，有見聞轉誦者，有食己精為還元者，有捏尾閭為閉關者，有煉小便為秋食者，有采女經為紅鉛者，有抉陽用胞衣而煉紫河車者，有開關用黑鉛而鑄雌雄劍者，有閉目冥心而行八段錦者，有吐故納新而行六字氣者，有面壁而志在降龍伏虎者，有輕舉而思以駕風驂者，有吞精咽華以翕日月者，有步罡履鬥以竊星辰者，有依卦爻之序而朝屯暮蒙者，有售黃白之術而燒茆弄火者，有希慕長生不死者，有馳志月日飛升者，有著相執而不化者，有著空流而不返者，有持戒定慧而望解脫者，有祛貪嗔癡而思清靜者，有生而願超西域者，有死而願登天堂者，似此泯泯棼棼，**

難以悉舉”。當代修煉者如何在工作之餘有效地學習養生功夫，選釋功法是非常重要的一環。功法選釋得好，是少走彎路的一個訣竅。

總結中國功夫修煉術，從層次上說，有“人道”、“仙道”、“聖道”三層級；從練功的身心配合鍛煉的類型上說，有“形神相合”、“神氣相合”和以神修神的“神神相合”三類型。讓身心從中級層次向高級層次邁進變化，只有道、佛二家的功法。道家修煉自認最高級的是清靜法門（清修派）。然而，從清修派老前輩走過的修煉之路看，盡管道門師長《清靜經》背得滾瓜爛熟，也修了一輩子的“清靜法要”，到頭來，意元體參照系的偏執程度雖比常人略少一點，但總體來說，沒有得真正的“清靜”，雖然有常人不具的功夫，但與練高級功法的精神要求相差很遠。按《清靜經》中的要求，人是要修出很強的超常功能。這裏有一個相當重要的原因，就是在過去的時代裏，沒有我們今天的氣功科學理論。清修派是從讀、背《清靜經》開始的，這其實是以理悟法，先修性、後修命的功夫模式。《清靜經》相傳為老子所著。這個先學理，再練法的模式，是清靜派修煉的唯一之法。因為清靜修法主張練功時的意念什麼都不著，沒有主動運用意識的具體方法。實際上就是要先破除常人意識的偏執，先把正常人擁有的常欲、常念、常情去除，以此先得到練功人精神（思想）的“清靜”後再練功。這才可能收到清靜法門要達到的身心效應。

然而，在古中國文化背景中產生的氣功理論書，不可能將人的意識活動和人要“清靜”的目的和機制，像今天的氣功學理論那樣揭示出來。這是道家最高功門“靜清派”修煉遇到瓶頸的主要原因。或問：我們如今有了氣功學理論，在弄清楚意識活動的機制後，能否修這個功法？從理論上說是可以，但從實際出發，可能性不大。主要原因是難以找到資深的清修派老師。因為清靜派也脫不開氣功修煉的一般規律，即需要老師的帶功、喂氣等。

道家最正宗的修煉法門是丹鼎派的“金丹大法”。從理論上說，這是古中國功夫體系中最完整和系統的功法。通過鍛煉，可以使一個普通人的身心素質達到遠高於常態的水平。而且其鍛煉過程是一法一理，循序漸進，方法又相當具體，每一階段的鍛煉都有效應上的驗證。如此優秀的功法，卻難以普及。原因何在？主要是修煉這一功法的條件苛刻。比如說：1）在年齡上，要求沒有進入青春發育期的人；若青、壯或近中年之人為求治病修煉，從修煉之日起就必須進入單身生活模式。2）在性別上，只限於男性學練（女性另有方法，且中國古代女性修煉者遠少於男性）。3）在時間上，如果把從入門到功成，分成十個階段的話，一個階段的修煉時日，多是以“年”計的，有的階段需 300 天，有的階段要 500 天，也有 3 年的。在沒有大眾氣功的氣場的今天，練此功的全過程沒有 15 年或更多，是難以完成的。就是在古代也需有特殊條件之人，才能滿足時間上的要求。現代人都要為生計常年工作，還要學習、進階常態學業或技術，生活模式和古代農業社會的模式相比，大有相異。產生於農業社會的宗教界的修煉方法，顯然不能被工業、商業和信息化社會所接受。

即使有人具備了以上條件，還需要有下面的條件：4）尋訪到資深、有緣的老師。說“資深”，就是能帶領學生從入門到功成全程鍛煉，並能解決學生在這全過程中出現的全部問題。也就是說，老師本身是大功告成者，對每一步功法，每一階段的練功效應，都有過親身體驗和直接經驗。說“有緣”，是要老師來認可求法之人是否“上根之器”。因為按龍門派這一功法修煉程式，在從中級向高級程度邁進的過程中，有“結大丹”，“脈住”（心跳停止）和“息住”（呼吸停止）的鍛煉過程和步驟。這需要老師在這些練功階段，全程守護學生，過去稱“護法”。其實質，是老師用自身的功能，感知學生在類似“死去”的“結大丹”或“脈住”、“息住”時體內氣血的流注狀況。一旦發覺問題，即時處理，以免前功盡棄，或發生生命危險。這樣的老

師的自身功力要相當高。最好是有二到三位同門同宗的資深老師作伴相助。過去的道家龍門派認為，這三關過不了，再往上修無有可能。道、佛內部都有流傳練功出現生命危險之事。歷史上有一些道、僧“入大定”後，再也沒有“出定”。是否沒有資深老師的幫助，自我鍛煉“脈住”或“氣住”後出現的偏差？這種現象的實質，是人的生命結束，弟子們往往認為師父是“昇天得道”或“成佛作祖”了。

人是一個多生理層次和系統組合的、由整體統一局部的生命質體。中國又是世界上唯一有的、對人類內求實踐方法有精當研究和總結的地域之一（另一個是印度）。古中國的內求實踐形式，就是氣功修煉，她主要用於生命優化（生命自控）。為此，中國功夫界有豐富的優化人體生命系統的方法。在達到了相當於道家龍門派丹道功（金丹大法）的中級層次（結大丹）的修煉者，可以選擇例如佛家的“四禪八定”。修“四禪八定”不需要停脈或止氣，因此就可以“跳過”這二個門檻往上修。但這“四禪八定”之修的每一階段，達到了何種火候，應該或不應該轉入下一階段的實踐，都需要受資深明師的檢驗、面授和指導。其程式之複雜，難以無師自通。在當代社會，要找到一位資深和有緣的精於“四禪八定”的老師，和找到一位資深的丹鼎派老師一樣，不太容易。

是否還有其它的通衢？據筆者愚見，僅有一條路，這就是中國南派禪宗修煉之路。簡言之，禪宗主張的“見性”之說，具有深遂的氣功生命科學原理在其中。至於如何摒棄其中的宗教神秘色彩，將有利於人的生命運動的精華發掘出來，為今天的人類優化生命服務，這是當代氣功科學的重大研究項目和議題之一。有人可能認為，禪宗之理甚難理解，這不是凡胎肉體可以奢及的。這一思想的根源，來自中國古代文化和科技發展的偏差，即，過於注重了內求實踐而放棄了用外求實踐結合理論探索和改造生命世界（自然世界）的方法，從而導致人體修煉實踐活動的神秘化。有人希望這神秘性永在，利用這一神秘性抬高自身價值。這和氣功為民造福的理念顯然是相悖的。禪宗名師慧能創立的禪理，不但深蘊禪之精華，也已經有了“以理入手”的學習主張。這個教與學的模式，實際上已經具備了無師自通的因素。慧能是一丁不識的山民，師兄神秀是有文有才的禪師。但神秀的成就遠不如慧能。對於其中之因，當然不能單從文化因素定義。因為人的身心修煉是內向性運用意識的實踐活動，從中開發的智能不是常態智能。常態智能是在外向性運用意識的實踐活動中積累的。一般所說的文化程度，是指常態智能。慧能雖然沒有文化程度，但他講的禪理，是從內向性運用意識的實踐中得出的總結，光有較高的常態智能而沒有精當的內求實踐體驗，的確難以理解他的言教和行為。這是神秀不能理解慧能禪理的主因。但在古中國，看不懂最權威禪宗著作《壇經》的修禪者不在少數。後世禪學者，為此沒有依時代的需要再發展南禪之理，到了無人繼承慧能禪教的地步。

現代人的常態智能水平，已經遠遠超過了古代。但如果沒有相當的內求實踐知識和經驗，讀《壇經》雖無字不識，但卻無法理解其意。知理既難，知行更難。說到此，問題已經開始聚焦：能否有人將《壇經》所言之理的實質和機理，用現代語言明示？龐明教授等人創編的《智能氣功科學基礎理論——混元整體理論》揭示出人的生命活动的本質——意識的本質。禪學之理的氣功生命科學意義上的實質，也由此全面曝光。這解決了“知”的問題。能“知”便能“行”。要行之有效，便要從克除意識的偏執做起，讓自身的意識活動合於生命活動的需要，並增強意識活動對自身生命活動的整合和統一性。禪宗的修煉特點，避開了“丹道功”和“四禪八定”的複雜程式，沒有從具體的方法上走，而是從“理”上走。當解決了“禪理奧妙不可解”這個難結以後，又有了適合當代人學習的現代化氣功系列功法的今天，按筆者之見，中國南派禪法是當代功夫修煉者走向“意識圓滿”的唯一通衢。

禪修之道既是圓滿自身意識的大道，這就必須要有一定的身心修煉的基礎。本書第三、四、五章的功法之修要達到的效應，是帶有標志性的。比如說，第三章的鬆腰，是形體鍛煉告一段落的標志。若腰諸關節鬆不開，就有無休止的形體鍛煉任務。第四章的混元竅開啟沒完成，練功再多，時間再長，也都是在作準備，沒有入門。若第五章的中混元鍛煉效應達不到，意識的“集中分散”做不到，要做到意識的“無處不到”就更難了。很多氣功愛好者，學氣功是以自學為主。因此，過於簡單的方法，反而不易奏效。這就需要有其它有效的功法，來打好紮實的基礎。智能氣功第二部功“形神樁”，第三部功“五元樁”，和第四部中的“練氣八法”這三部大功法，筆者認為是打好學禪基礎的功法。若在練“形神樁”的過程中鬆開了腰諸關節，在練“五元樁”的過程中開啟了混元竅，將混元坐功和“練氣八法”相結合，這“身”的修煉就能趨向完美。同時不能忘了修“心”，也就是修養意識和涵養道德。“修心”是讓“修身”能有事半功倍之效的捷徑。禪宗之道其實是性命雙修之道。這在本書第九章中詳盡討論。

第九章　禪宗“見性”的本質探討

概言

人是形、氣、神統一的質體。在“神形相合”、“神氣相合”、“以神修神”（神神相合、意神結合）這三種修煉模式中，越往後，難度越大。為什麼？因為越是後者，方法越簡單。越無方法，越無處入手。但“以神修神”這個模式，又是最根本的修身方法。在這個模式中，形、氣 、神三者達到了最高度的統一。而且修煉機制簡明，實屬“直指先天的上乘修煉大法”。漢地大乘佛教南派禪宗“見性”之法要，就是“以神修神”的典範。

禪宗“見性”的實質，是歷朝歷代的功夫修煉者想弄明白，卻一直沒有弄明白的佛學修煉要義。事實是，一千多年來的修禪志者，多在宗教思維中考察禪宗思想、理念、方法等。其結果是對禪宗之理的解釋，不但越來越複雜、越來越神秘，更有越來越離譜之嫌。自從中國南派禪宗（南禪）創立人惠能（又名：慧能）離世以後，禪宗的修持方法越來複雜，理論卻沒有發展。複雜的方法，沒有系統的理論作指導，對方法的理解就難以著要點，這是必然結果。盡管後世禪家，出臺了各類紛芸繁雜的學說，由於觀點是各家各說，缺乏自恰性，使有志修禪者，如丈二和尚摸不著頭腦。我們今天要弄清楚南禪思想真蒂之目的，是要引導已達中等修煉層次的氣功鍛煉者，走上一條有效的自修捷徑。讓有志通過修行而能達“善濟天下”的同仁，找到一個人體修煉上能繼續實踐的方向。然要做到這些，必須以混元整體學意識理論為依據，揭示出禪宗之修的本質和機制為先。

第 1 節　中國禪宗的由來

中國禪宗是漢傳佛教流派之一，始於達摩（又名：菩提達摩，*Bodhidharma*，西元？年-535 年）。達摩作為東土第一代禪宗祖師，身後有五代：二祖慧可（西元 487-593 年），三祖僧璨（西元？年-606 年），四祖道信（西元 580-651 年），五祖弘忍（西元 602-675 年），六祖惠能（西元 638-713 年）。佛教界喻此為“一葉開五花”。禪宗和天臺宗、華嚴宗，並列為中國人獨立發展出來的本土佛門之“三宗”。漢佛其它門派，均傳承自印度佛教。中國佛教最知名的三大宗派是“禪、密、淨”。禪宗和漢傳淨土宗，並列為二大知名度不相上下的中國大乘佛教門派，前者高深不普，後者普而廣曉。一千多年來，禪宗佛風鶴立於世界佛門，引人矚目。與其他佛門宗派不同的一點是：禪宗最少宗教思想。“釋迦拈花，迦葉微笑”；(37) 如果這是一個真實之事，那麼，事件就在表現佛陀和迦葉“心心相印”的意識感知功能。古稱“他心通”。這是人的生命力高於常態的表現之一。這表明，釋迦牟尼的大弟子迦葉，在眾弟子中，是得到師尊思想精華最多的一個。佛教界一直認為，禪宗是集釋迦牟尼思想精華的門派。禪由迦葉而立。這也許是大迦葉能被譽為“禪宗一祖”的原因。

第 2 節　中國禪宗的基本思想

禪宗之“禪”，是由梵文音譯而來的“禪那”之簡稱，意為“靜慮”、“思維修”、“定慧均等”；指的是由精神的集中而進入冥想狀態，這一狀態從“三昧地”（梵語 samādhi，又譯“止”，“定”，“禪定”或“心一境性”），達到“毗婆舍那”（梵語 ivipaśyanā，意為“以智慧來觀察”、“專注深入的觀看”、“周遍觀看”，漢佛譯為“內觀”）之境的過程。禪宗所謂的“禪”，不是“四禪八定”之“禪定”之禪，而是指能夠引導人去參究證悟人本有的“自性清淨心”的修持法要。歷史上的禪宗大師，都有靈活的教學方法，稱作“機鋒”，為的是讓弟子了悟“真如法性”，即，“第八識”的“如來藏”（阿賴耶識）；了知“自性”、“佛性”、“清淨心”，名為“明心見性”或“見性開悟”。

達摩自進中原後，最顯在的觀點是：不立文字，教外別傳。主張“直指人心，見性成佛”。這“不立文字”一著，一是過去“洛陽紙貴”；當時的物質和文化這“硬件”和“軟件”，都無法滿足用大量文字講解這“見性成佛”之理的條件。二是要用文字寫清楚“真如法性”、“阿賴耶識”這些既看不見又難以感知的人之精神的本質，可謂“筆尖蘸幹洞庭湖”也難成行。三是這個立文字學習的方法，還有增加人的“所知障”之嫌，這是禪宗認為妨礙開悟的要障之一。禪宗自認得到佛祖的精華修煉思想。為顯示和其它教派的不同，自曰“教外別傳”也在情理之中。禪宗主張“直指人心”，從理論和實踐這倆個方面析，確是直達上乘之修的根本大法。即：透過自身修煉，證悟自己的精神之本來狀態。而不像有的漢佛法門，將精神解脫的希望，寄托於身外之物或超自然之力。禪宗主張在日常當中參究佛法真理，這一點對處於工業、商業和信息化時代的現代人修煉來說，是“踏破鐵鞋無處覓”的一濟良方。然禪宗又認為，“悟道”並非事畢，而是剛入佛門之“無門之門”，由此“悟後啟修”，一直到除淨“煩惱障”和“所知障”二障，最後以肉身修成佛果（這可能就是“教外別傳”之說的根據）。禪宗沒有把“悟道”看作人修煉的最終目的，而只是入門之準備。這一點顯示了禪宗的思想境界，不但高聳於佛門之境，也高聳於世界所有宗教。

第 3 節　禪宗對中國文化的貢獻

印度禪學進入中國以後，吸收了莊子的逍遙遊思想，墾荒建廟，自耕自作，閑來修行，忙時作活。有人就此認為，修禪乃是閑來無事的“養性”之舉，現代人已沒有這類閑情逸志從事禪修了。這不但是對禪宗之修的一大誤解，更由此忽略了慧能禪法有益於人體生命活動這一要義。中國道家修煉術是明確針對人的生命活動的昇華的實踐活動。這是道學對世界的貢獻之一。我們從生活在西元世紀前的中國哲人，管子、列子、荀子、老子、莊子、孔子、孟子等留在史料中的言論析，他們的身心素質不但遠遠高於常人，而且超出了“仙道”水平，達“聖道”之乘。試想，若是有修煉人達到了他們的修持水平，例如，修佛功、修禪道的人，在閱讀了他們的著作後，會不會有可能從中理悟到，前朝的中國漢人的功夫水平，並不低於印度原旨佛教的水平？當這些接受了印度佛學思想的修行者，讀到莊子等人的著作，會不會因此明白莊子等人的修行程度，早已到了佛家所言“見性”的程度？只不過在春秋戰國時期的中原修煉界，沒有“見性”這個詞而已？他們會不會由此認為，印度佛學之精華的禪修法理，在中原大地早已存在？中原的修煉先哲們掌握的聖道之法和理，和釋氏傳下的法和理同屬一個法理？從禪宗的生活、生產模式看，禪宗接受了莊子的逍遙遊思想，又沒有完全依賴供養生活。與靠供養生活的淨土宗、密宗等宗教比較，筆者認為，禪宗這一思想，一是來自中國道家修煉思想的啟迪，二是禪宗有高水平的精神修為。當然，後者是主要的，基礎性的。有關這一點的原因，讀者在瞭解了“見性”的生命科學原理以後，自會知曉。

在對戰國、先秦時期的著作中的中原先哲大德們的思想和禪宗思想相比較中，我們看到一點：禪宗的精神修煉水平，並沒有超越戰國、先秦時期的中原先哲大德們的水平。氣功史實告訴我們，進入西元世紀以後的中國道家，只重“仙道”，不重“聖道”。這一原因，使禪宗有了填補道家缺失的“聖道之修”這一空白的機會。這一點，是禪宗對中國漢地修煉文化上的最大貢獻。古中國道家的聖道之修，乃是實實在在地向高層次生命質度過渡的人體修煉境界。禪宗能填補這一空白，其修煉層次當然是高於“仙術”之水平。

從史料所載的“慧可求法”中瞭解到：後來成為中國禪宗第二代祖師的“神光法師”，在他向達摩求法之際，不僅在大雪地中靜求禪法多時，遲後更用利器斷臂，以示求法之心之堅。試想，神光大師若只是一個具有普通生理功能的和尚，在當時的物質條件，如何有可能在如此的自然條件下，安全無恙而繼續受法？從達摩傳法到中原的時間看，佛教從印度傳入中國已有約 500 年。中原地區當時已有數量不少的佛教徒。慕名前往，向達摩求法的人，也不可能是神光一個。如果這一觀點沒錯，那麼，達摩收神光為徒，並不是因為達摩見神光有虔誠的求法之心，而是達摩看中了神光已足具修煉禪法所要求的非凡的身體和精神素質。這是修禪道的必須物質基礎，也是神光能成為中國禪宗二祖的主要原因。如果史料所言為真，那麼無論是達摩“一葉過江”和神光“斷臂求法”，都在證明：此師徒二人不但精神素質，而且身體（肉體、肉身）的質地，早已遠遠超過常態人！

從這一史實讓人恍然大悟的一點是：從事禪修實踐，不是打個坐、得個方法或得個要訣而已，而是首先要具備甚高於常態的身體素質和安之若素的精神狀態。這需要有多年的內向性運用意識的實踐（氣功或瑜伽）才有可能。第八章第 1 節中有關“達摩胎息經”的內容，是達摩重視肉身之修的見證。從這些史料得到的啟示是：禪修是一項嚴肅的身心並重的實踐活動，其實際效應和道家“性命雙修”同一！既然如此，為何禪宗卻不明言肉身之修的重要性？扼言之：中國是道統文化之域，是“性命雙修”的發源地。道家對意識

的研究雖不及佛家，但對肉身之修卻是擅長。在肉體（命）的修煉上，道家無論在方法和理論上都大豐於佛家。佛家因此在中原之地用不著宣傳肉身之修。

達摩初傳禪宗到中原時，是中原佛教初興之期。傳到山野鄉民，一丁不識的慧能創立了南派禪修理念之際，是唐朝中期。慧能禪法的核心內容是“自見佛性”。所以，不但是慧能禪法的實際效應遠遠超出宗教的意義，而且，其修煉精神，是唯物一元的！依慧能的說法：自性即佛性。請注意，此言“佛性”，是指人的精神的本來面目，古言“本性”。慧能的修煉觀因此沒有半點宗教思想，盡管他是用佛教的名義在傳法。因為此言“佛性”，就是人人皆有的“自我意識”。慧能明確地告訴世人，“佛”或“佛心”不能往身外求，不是超自然之物，而是自身原本即具。佛是人修來。這和中國道家“仙人都是人來做”是一個觀點。大多數漢地佛門都認為，人要修成佛，不至一世，人不能“立地成佛”或“即身成佛”。除了禪宗，持有類似觀點的另一佛門宗派就是藏地喇嘛教。在其“上三密”的修煉法中，修持人的意識被很明確地要求放在“我就是佛”這一點上。喇嘛教因此是中國佛教中唯一與禪宗精神相近的宗派——主張以今生之肉身修成佛。

慧能禪法的出現的時代背景：

1、自西元世紀後的道文化環境，因道教的出現，漸之失去對“性”（精神、意識）之修的信心。因為在那個時代，沒有腦科學、沒有心理學，對精神的研究真可謂與上天一樣的難。道教作為宗教，盡管其世界觀是唯物一元的（天人合一），但道教作為宗教體系的一員，就脫不開宗教固有的規律——將精神交給超自然力量。宗教團體極需超自然之力來維護自身的權威、裝飾自身的外表，最後將自己的精神交給了“神”。宗教即為如此的一種文化形式。道學的宗

教化，是中國後世道家在精神修煉領域落後於佛家的主因。

2、西元世紀初，佛學就傳入中原。至唐朝已有幾百年的歷史。佛學初入中原，倍受儒、道二家的冷落。佛家自不敢公然對抗儒家思想，因為歷代統治者青睞儒家。儒家思想自唐始深入百姓生活中，百姓民眾是佛教普及的基礎，佛教因此也不敢反對儒家說教。而對道教或道家說教，佛教便不屑一顧了。自唐初的玄奘將大量印度原旨佛教經典翻譯進中原，漢地佛學之經論又由豐富而變得繁瑣，主流佛學開始重經論之研，輕實地修煉，漢佛之學開始脫化為“經師”之學。佛教本身是繼承了婆羅門教唯心一元世界觀、並將這一思想向世界傳播的最大宗教門派。各種原因，使佛教從唐朝之時在中國宗教界“反客為主”，坐大中原，從而廣施普濟唯心一元精神於中原大地。從唐朝初始，中原之域由此大興佛教。

3、在持唯心一元論哲學觀的佛教成為中國最大的宗教派別之時，儒家自宋朝後拋棄了孔子以氣功實踐為立命根基從事修身治學的原旨，道家放棄了追求高層次精神之修的主旨。而唐時代開放的政治氣候，又吸引了不少不知身心修煉為何物的西方傳教士，入中原宣揚源於中東（阿拉伯）地區、持唯心二元世界觀的基督教、天主教思想。

在這一文化形勢下，一方面“天人合一”、“人天相應”、“人天和諧”的唯物一元思想之風開始弱化，另一方面，中國文化自內而外地開始充斥由佛教引入中國的唯心主義哲學觀的宗教說教，使唯心一元思想充斥於中國文化之中，神化的佛和菩薩，人格化的天庭玉帝和妖魔化的地獄閻王就是一種表現形式。而中國文化之所以能在整個世界還處於荒蠻時代就領軍於世界文化之首，靠的就是“天人合一”唯物一元世界觀。當中國人自己不再重視古中國強盛之典而青睞於泊來的唯心主義文化內容，中國的政治、經濟、文化和科技全面走下坡就是必然的。佛教界當時的狀況是：漢地主流佛門是“下裏巴揚”的大乘佛教，這是以普渡眾生、普及佛教為宗旨的大眾化信仰系統，在以文盲農民為主體的古中國社會中受得到了廣泛的奉舉。這是後起的大乘佛教能繼上座部小乘佛教之後，在中國後來居上的主因。大乘佛教的主流當然不會不擔心，佛教界經論之研的學風一旦成為佛學的主流（這在以儒家文化為主流文化的古中國不是沒有可能），自有斷送大乘教自身前程之嫌，大乘佛教主流從心地裏容不下這一繁褥佛風在佛門中的發揚光大。

在這一歷史文化背景下，不識一字的山民惠能，對佛學之“慧”參以獨特見解。輕而易舉地以不念咒、不誦經、不供奉偶像的修行模式，回避了當時正統佛界流行的通則。他主張“經慧不分”；認為對於佛理，只要明白其本意，能夠指導生慧、開悟即可。對佛經要靠“慧”（超常智能結合常態智能）去理解，而不是靠“知”或“智”（單一的常態知識或常態智能）從字面上理解。因此，他不主張用讀經、背經來了悟佛之本義，認為讀、研佛經只是開悟之工具，別無它用。這對當時流行的、以辨經論典為首務的漢佛學風，無疑是一種否定和顛覆。在修持方法上，慧能否定了有森嚴程式的“入定得慧”的印度禪法，而他的同門師兄神秀卻是“入定得慧”的崇仰者。慧能以“心性本靜”一說，在神秀的弟子面前批評神秀的“住心靜坐”、“長坐拘身”的尋求開悟之觀點，不僅“是病非禪”，並責“於理何在”。在慧能大師的“見性”論解中，明確地提出“定慧一如”（“定慧雙運”）的觀點。這是非常有實際意義的避免“頑空枯坐”的練功原則。

從史料瞭解到，慧能大師在他清苦的生活和辛繁的勞作中，摸索出一套優勢修煉理念，創立了連打坐入定都不為所用，只利用“不斷百思想”這一最普通的生命資源，在日常生活中勤勉實踐，將禪宗改造為不僅是最少宗教色彩，而且是最生氣勃勃的佛門實修宗派。禪宗修煉理念在中國的出現，由此彌補了漢地佛學身心之修的空白。漢佛因為有了禪宗精神和理念，才得以在唐以後的世界佛教界繼享理論研修和實效修證的雙重最高榮譽。

然而，慧能之貢獻並不限於此。我們從他留給後人的“不朽真身”中可以悟到一點，那就是，僅僅通過“神”的修煉而不是“氣”或“形”之修，也可以改變肉體素質。這其實是“身心一體”的道家修煉觀在中國禪宗修煉中的實際體現。只不過禪宗沒有以活生生的“駐世逍遥”或“長生久視”的方式，表現東亞人的智慧和修煉觀。不過，慧能大師從他幾十年的傳法經歷中已經感受到，他創立的南派禪宗法要，與當時的漢地佛教主流理念是相悖的。返觀歷史，當時的漢地佛教主流中充斥的是唯心一元思想，因而不重視瑜伽或氣功實踐。而“明心見性”之修、之效，乃合符唯物一元身心修煉之實踐、之結果。關於這一點，讀者在閱完本章後，自會知曉。作為佛門衣缽傳人的他，斷沒有可能衝破宗教文化的框架，將他在“見性”後如何用意識改變了自身生命質度的體會公諸於世。他採用的是仿效佛陀——以離世為代價，並留下不朽的肉身的這一方式教化後人，希冀世人能從他的不朽肉身中，領悟他從修心入手，達肉身成就的理念和方法的可行與有效性。按當時的物質條件而論，他的修行是非常成功的。非常遺憾，宥於佛學思想的束縛，慧能大師沒有以駐世修行的方式續救眾生。然而，後世的禪學士並沒有多少人領悟了祖師的良苦用心，因為我們沒有看到後世禪宗發展出任何學說提昇了六祖的思想，來完成慧能大師在生命修煉上的夙願。

慧能風格的中國南派禪教，不僅將釋氏的佛學精華具體化、簡明化，也將達摩禪法系統化、規範化，又將弘忍以前的四代禪理統一化和普及化。他以東方人的智慧結晶——不朽的肉身，展示出精神和肉體是一個本質的唯物一元物質觀的真理性。如果說達摩東渡給停止不前的中國道家修煉術注入了新生的高層次的精神修煉之

血，如果說從中國首禪大師慧可到弘忍的四代大德，繼承達摩之志，為慧能打下了中國南禪之基礎，那麼，慧能大師所建立的南禪法理，實實在在地填補了西元之後的中國道家的“聖道之修”的空白。以致今天的古典中國文化中，有著聳立於世界文化之林的最全面、最優秀的人體身心修煉的法和理！

第 4 節　中國南派禪法的建樹

《壇經》是記載慧能佚事和禪要的唯一經典。《壇經》在慧能教授禪坐時曰：……**此法門中，坐禪不著心，亦不著淨，亦不言不動。若言看心，心元是妄，妄如幻故，无所看也。若言看淨，人性本淨，為妄念故，蓋覆真如，離妄念，本性淨。不見自性本淨，起心看淨，卻生淨妄。……今既如是，此法門中，何名坐禪？此法門中，一切无礙，外於一切境界上念不起為坐，見本性不亂為禪。何名為禪定？外離相曰“禪”，內不亂曰“定”。外若著相，內心即亂；外若離相，內性不亂。本性自淨自定，只緣觸境，境觸即亂，離相不亂即定。外離相即禪，內不亂即定。外禪內定，故名“禪定”**。

按禪宗的觀點，要見到“佛性”，就要做到“無念、無相、無住”這“三無”。“無念”，顧名思義就是“無思想”。如何做？學佛人都知：“三心”不能有。這“三心”就是“過去心、現在心、將來心”。沒有這“三心”，就基本做到了“無念”。這是從時間概念上說做到“無”。說到“無相”，佛家也有“人相、我相、壽者相”這“三相”不能有的說法。這是從空間概念上說“無”。這“三心”、“三相”不能有，是佛學的普遍話題，不屬禪家獨有，在此不論。這最後的一個“無住”，卻是禪宗提示給後人的關鍵點。“無住”的“住”在此有“意識不駐於和修煉、開悟無關的事務”的意思。讀者可能已經看出，這個“無住”其實已經有“止念”的意思在內，即止住不必要的意識活動，也有“不住念”之意。所以，“無住”是對“無念”、“無相”的總括。有人在學習南禪理法中，建立起“起坐念，念無一” 這一日常生活中的修禪之觀，是抓住了“三無一念”的修煉要義。這一切，都受啟於慧能禪理。

慧能有句名言：“慧能無伎倆，不斷百思想”。或問：慧能認為“佛性常清淨”，為何又說“不斷百思想”？ 為什麼慧能的這“百思想”之說和“止念”之理並不相悖？慧能此言其實已點明：人只要活著，就不可能沒有各種思想；我慧能也是人，不可能沒有各種思想產生。然而，慧能大師的“百思想”和常人的“百思想”產生後，對生命活動的作用和意義，卻是大不一樣的。不相同在何處？這要從下面三個方面說：

第一，氣功修煉是順應著人固有的生理機能和功能的發揮的實踐活動。從人有社會性這一點說，正因為人有“百思想”，人才成為人，才有可能用氣功的方法去了悟人的思想產生的物質根源。這個根源就是人的精神活動的基礎——意元體這一混元氣。“百思想”是人不可能消除的精神現象。

第二，人的意識的發生有個源頭。慧能是了悟了意識之源的人。若人不斷有意識活動這個體察意識之源的素材的產生，他在日常中就有源源不斷的深入體察、瞭解意識之源的機會。“百思想”在此，是“見性”能力運用與發揮的必需內容。沒有“百思想”，就沒有精神素質、意識活動能力的不斷提昇。所以，“百思想”是提昇精神素質的修煉素材。

第三，人從後天開發、得到的任何功能，包括通過氣功鍛煉而開發的人體潛能，都屬於技術性的能力（技能）。是技能，就有越用越熟練，越不用越生疏“用進廢退”的特點。明心、見性，開悟等

人體修煉能力也一樣，要經常運用，才不致荒疏。因為在人的日常生活中，畢竟是常態的精神活動多於超常的。“百思想”在此就是保障“見性”功能開發後，能經常得到使用的一塊方陣。古氣功界“一得永得”之語，不適於用在人體超常功能的開發。

簡言之，通過“慧能無伎倆，不斷百思想”一語，慧能大師告知了世人“見性”這一生命功能態的技術要訣——意識（思想）一動，即向內動。這句話兜底說白了一點：這個內向性尋求意識之源的技術所發揮的素材，每人每時每刻都有。通過這句話，他一方面把自己無師自通而達明心見性的體會做了總結並告知世人；另一方面，用這句話再次提醒世人一個佛陀生前的真理性思想：人人都有佛性，人人都能成佛。這一點，又合符大乘佛教“普渡眾生”的宗旨。這僅是慧能禪法對漢佛貢獻建樹的一個方面。

第 5 節 “見性”的氣功學原理

從第七章已知，意元體的實質是人腦細胞的混元氣，這一混元氣的活動，就是意識。意識因此就是意元體的活動狀態，意元體就是意識的原始存在狀態。常人的意元體一動，往往不向意元體自身而是向意元體之外，而且還是向自身的身體以外。而要達“見性”之態，必須是意識能够返還意識的源頭——意元體本身。這個“見性”的“性”，在此意為：生“心”之處。“心”是傳統的中國人對“意識”或“思維”的稱謂。“見性”的“性”，在英文中是“The Nature of Heart”或“The Nature of Mind”。譯成中文就是“心（意識）的本質”。這個表達雖然比傳統的中文表達有进步，但還是沒有講清楚“心”的本質是什麼。“見性”的氣功學機制就是，用自己的意識去體認和感知意元體的狀態，也就是用活動的意元體去體認意元體不活動時的狀態。這似乎是一個邏輯上的悖論。不過在這

裹，只能如此表達。機理將在後面討論。

在禪學中，見性”之“性”，是指“佛性”、“自性”、“心性”等。慧能認為“世人性本自淨，萬法在自性”，道破了禪機真蒂。在《禪宗證悟理法輯要》一書中，輯錄了留存於今的禪宗經典藉本中，歷朝歷代禪宗法師們記錄和撰寫的、與頓悟見性有關的章節段落。(38)例如，書中摘錄的六祖以後的禪師，在探索見性開悟上的一說是：堅持“一無”、“一疑”。這“無”是“三無”（無相、無念、無住）的簡易表達，是學禪之人的日常精神態的內容，側重於日常活動中的思想所為，是開悟的基礎；這“疑”，既是方法，也是顯示方法運用時需要的精神態和精神集中的程度和方向。有禪師用“萬法歸一，一歸何處”這一議題凝神思慮，從而達到“疑”的精神態。按氣功實踐，達到“疑”的思維狀態，是“以景入情”體會“疑思”時的意識狀態的必要前提，但還不是究竟。這究竟，是為了得到意識不裹不外，別無內外的感受。這也是練氣功集中精神後的普遍體會。但與“無”相比，求“疑”之態更側重於練功時需做的內容。

慧能認為“世間若修道，一切盡不妨”；“苦欲清修，在家方得，不由在寺”。因此不主張“住心觀靜”的方法，只在日常生活中“以心修心”。同一個東西，如何能互相作用？以“心”如何修“心”？這似乎又是一個“悖論”。這就是內向性運動意識的實踐活動觀察世界的特殊之處。我們已知，人的思想是意識活動的表現。意元體的活動形成意識。意識的產生因此就有一個原始發生點，在智能氣功學中稱為意識的“發韌點”。發韌是意元體信息集中到一定程度後的混元氣活動。“見性”的實質，是從這個意識的“發韌點”往回返，來體察意元體的狀態。這就是“不斷百思想”的真正涵義所在。

“以心修心”，當然需要以“心”（意識）的發生為前提。由於意元體和意識的關係，是同一物質（混元氣）的靜態和動態的關係。因此，在用意識體察意元體的活動狀態這一生命活動中，意元體不可不動；因為不動，就不會有意識；沒有意識，就體察不到意元體的狀態。這就是慧能反對"住心觀靜"，主張"定中生慧"、"定慧雙運"的原因。這裏的"定"，是讓意元體不活動；"慧"是意元體活動(形成意識)。"禪"是"靜思"、"靜慮"之意。"靜"是意元體平靜、安靜、不動；"思"或"慮"就是意識，就是意元體的活動。這就是頑空枯坐離明心見性相去甚遠的原因所在！站在氣功學理論看慧能禪理，是很正確的。但慧能沒有說清楚的是"見性"時意識運動的方向，以及"百思想"之說的意識活動的原理和"見性"的關係是什麼。

固然，慧能"定慧雙運"的修煉觀，不僅在他那個時代的佛教中如鶴立雞群引人仰瞻，而且也讓當時包括道教在內的世界主流宗教難望其背。歷經了一千多年，從當代氣功科學的角度考察，這一修煉觀也是完全正確並合符"禪那"之原意的。然而，和春秋戰國和先秦時代的中原修煉家們相比，禪宗修煉思想就顯其不足了。例如，記錄了孔子思想的《大學》中有"止後而能定，定後而能靜，靜後而能安，安而後能慮，慮而後能得"之語。如果我們從氣功學角度來認識這些，是在描述人的精神和身體從常態進入氣功態的過程："止"（意念專一並向內集中），"定"（精神進一步凝聚），"靜"（邏輯思維基本沉伏），"安"（由"靜"深化而至的人體輕安感受），在這樣的狀態中去"慮"（在高於常態的精神態中考察事物），最後是"得"（啟動邏輯思維得到問題的答案，或得到解決問題的方法）。這種認識事物的方法，一方面甚不同於古歐洲人使用的常態方法；另一方面，也比禪宗修煉理念更為實際。禪宗只重靜、定、思、慮、慧，而沒有將修煉得來的能力或開發的人體潛能，求證於社會效應。有了靜、定、思、慮、慧，但不去"得"，即修煉成功，有了超常能力了，但不去為社會服務。這一點，顯示出佛教思想之狹隘性，而且禪宗修煉思想比中國早期儒家修煉觀有更多的個人主義色彩。佛教的這一缺陷之根，來自於婆羅門教“梵我一如”的唯心一元世界觀。這是我們說，禪宗的修煉水平並沒有突破春秋戰國時期的道家的修煉層次的理由之一（儒家是戰國時期從道家分立出來的修煉學派）。

用意元體參照系理論分析慧能的“以心修心”，這是發揮人的主觀能動性（由第一個“心”的活動產生），更動在偏執意元體參照系背景中的意識活動（第二個“心”）。因為常態的意識（心）的活動，一產生就是向外而不是向內的。要“以心修心”，必先“觀心”。所謂“觀心止念”，先“觀”後“止”。觀——意識向內，產生一念（圖像或念頭）；實質是“只存一念”。止——繼續這一狀態達一定時間，即，既有念，又不連念。如此停止概念性（邏輯）思維，只讓大腦的形象思維空間（第一印象空間、圖像空間）產生反映。而概念性思維是在第二印象空間（邏輯思維空間）進行。“以心修心”是“見性”的指導原則；“觀心止念”是行動，是方法；“即心成佛”是結果，是目的。這是慧能的系列化修煉主張。這個主張的本質是：通過主動的內向運用意識，感知“真如法性”（自性，佛性、意元體原始狀態）。這就解答了“心就是佛，佛就是心”這一修煉界的疑問。有很多佛門修煉者，在念佛、持咒、拜佛、供養等軌儀中求身外之佛相來助，這當然和“心就是佛，佛就是心”的上乘大法理念相去甚遠。

總之，慧能大師的很多觀點和思想，在他那個時代是難能可貴的。但《壇經》用古代語言難以說透這一切。這就是我們要用當代氣功科學理論來講清楚這一系列千古之謎的原因。龐明先生認為：禪宗的修持方法，對精神的虛靈和意識的無處不到方面要求甚高，不但要感覺到而且要證得。這就需要精神十分寧靜，意識向內且集中，使自己的意識深入到意識的發源之處體察自我意識的運動狀態。意識運動是意元體內信息運動的過程。當用自己的意識去感知

意識的狀態時，也就是意識返還意識自身的狀態。[39] 在這一狀態中的意識體察和感知到的狀態，就是意元體這一混元氣狀態，和“自我意識”的活動狀態有密切關係。“自我意識”是人最深層的意識態，一般難以感受得到。古修煉者所言的“主人公”便為此指。禪宗的“自性”、“佛性”、“清靜心”的實質，就是人的“自我意識”。自我意識處於意識的發源處，也是意元體的活動狀態。人的生命活動直接受到自我意識的支配。

由於人的後天環境，使意元體受到各種“汙染”，失去了本有的明淨靈動之體性而趨於“偏執”。這個偏執，使自我意識帶有偏執性。偏狹的意識信息使人體混元氣和自然界混元氣不盡相容，從而降低了人和自然界混元氣的溝通、交流與混化，由此極大地降低了人的生命力。古人所言“獨善其身”，就是以改善意元體這一混元氣的偏執狀態為首務的修煉觀。通過主動運用意識，包括用行動強化意識活動來改變意元體參照系，這固然是一個必行的要務。但是，參照系一旦建立，意識活動是在參照系這個背景中展開的，意識活動內容無疑會受到參照系的制約，無法徹底更動參照系模式。如果能够主動運用意識，直接體認意元體的狀況，就能夠從意識發源之處、“由內向外”打破偏執的意元體性狀（佛教稱“打破無明窟子”），這是在正常的生命活動狀態中較為徹底地改變意元體偏執狀況的途徑。這是禪宗“見性”對改善生命活動質度的氣功科學的原理所在。慧能做到了這一點，他的常態意元體參照系已破除，所以體察到“佛性常清靜”這一意元體的原始、本來、天然的狀態。其師兄神秀因沒有“見性”，常態的、偏執的參照系沒有破除，這不但從他的禪詩中能够表現出來，從其後來去皇府當國師，受寵於武則天，享受榮華富貴這一點，也可以看出神秀之禪修之境地並沒有達到個人修煉的高層次。神秀若能明白其師弟“不斷百思想”之論的本質，情況或許大不一樣了。

“見性”的實質，就是用活動的意元體體察不活動的意元體。這就產生了一個從字面意思看是邏輯性悖論的問題——如何用活動的意元體去體察不活動的意元體（意元體本身）？這是由人的意識活動這一生命活動的規律所決定的，這一規律使“見性”有了難以跨越的偶然性。因為要用意識體察什麼，意元體必須活動。這意元體一動，意元體就不是意元體，而是“意識”了。意元體本來的存在狀態變了。針對這個困難，極需要有天長日久的持恒鍛煉，以減低產生這個偶然性的條件。由於這個鍛煉沒有“形”或“氣”的鍛煉，只是意識對意識本身用功，用慧能的話說就是“以心修心”。說禪宗修煉有法可循或無法可循，都是站在這個意義上說的。古代人不知道人有一個由生命的最小單位之一的腦細胞組成的腦組織，腦細胞有貯存信息的功能，人還有產生思維活動的大腦皮層等，對“心”和“性”的關係，當然更無法像現代氣功學那樣講得明白和徹底。

按氣功學觀點，人的腦細胞中積澱著來自後天環境的信息，有的已經以蛋白顆粒（實體物）的形式存在，要改變，相當不容易。由於這些信息中的大多數是常態信息，這是一；二是現代人都有中等以上文化程度，腦細胞一活動，就出概念思維。概念活動一環套一環，一個連一個，海闊天空，任其遨遊。大腦功能不但不能整合為一體，而且因人的念頭不斷而“四分五裂”。慧能和神秀相比，慧能字不識一，神秀知書達理。慧能的思維狀態因邏輯思維比神秀更少，更有利於大腦功能的整合。由於意元體是人腦細胞密集聚合在一起的腦細胞的整體混元氣。腦細胞和腦細胞混元氣（意元體）本來就是一個不可分的整體。腦細胞活動的不統一（不整）之狀態，必然影響到作為腦細胞混元氣的意元體的狀態。由於意識是意元體的活動狀態。意元體的狀況又必然影響到意識的狀況。而“見性”是要讓意識體察到意元體的原始狀態，這首要條件就是意元體不太活動。而腦細胞一活動，意元體就跟著動。腦細胞的活動由此不但

對意元體的體性產生擾動，也影響到意識的穩定度。如此說來，現代人有文化、有知識，甚於當年的神秀，是否明心見性更為困難？也不是。

因為意元體雖然和腦細胞是一個整體，但意元體必竟是混元氣，而腦細胞是實體物質。二者雖然是一個整體，但又是一個整體的二個方面，有體性上的不同。意元體作為混元氣，由此又有了相對的獨立性。由於這個原因，在前面章節才會提到“鍛煉意識的獨立性”這個議題。意元體的獨立性表現在意元體“好靜”，這是慧能認為“佛性常清淨”的根據。這“佛性”就是慧能自言的“自性”，是氣功學說的“自我意識”。慧能體察到了意元體的清明靈動的性狀和自我意識的活動狀態是一致的，所以認定人原來自有“清淨心”。集大乘南派禪學思想的《壇經》的核心內容，用氣功科學理論作分析，就是在講如何發揮意元體的獨立性，讓意元體不受腦細胞的擾動而提高其獨立性。這是讓意元體能常處於本來狀態的唯一通徑。從這一點說，南禪開悟還是有一定的方法可循的。在本章第 4 節“中國南派禪法的建樹”一開頭引用的《壇經》原文，講的就是這個內容。

從上述孔子的“止、定、靜、安、慮、得”的練功六步曲中看，第一就是“止念”。在說“如何止念”以前，先說一說道家所言的“無為”。這“無為”是老子在《道德經》中首提出的概念。有中、外學人將“無為”一詞從字面意思譯成“Inaction”，“Non-interference”或“Non-doing”。這顯然會誤導西方人對中國古典文化思想和道學精神的認知和理解。“無為”在此不是指“什麼都不做”或“什麼都不反映”。修道人也是人。人活著，有“百思想”，有各種事務要處理，有各類活動要參與，怎麼可能什麼都不做？我們從六祖禪道的角度去理解“無為”，其實，和南禪“三無”中的“無住”，說的是一個意思；“無住”即為“不住念”，就是“物來即應，物去即無”。這是有利於自身生命活動，也合於意元體天然本性的思維模式，即：有物來，即時反映。反映什麼？反映客觀、反映現實。無物來，或物已去，意元體就不再主動活動（住心、止念）。如此，人既能客觀地應對自然和社會的萬事萬物，自身的意元體又不會產生無謂的活動，不會無謂地產生意識。慧能的“住心止念”之說的氣功學原理即在於此，再說，人的精神活動也會消耗生命之能。據現代醫學研究，占人體重量 2%的腦組織體，消耗的氧氣占人體總耗氧的20%。

如果把意元體比作鏡子，有物或物來（有事情要處理），就如鏡前出現物體，鏡子就客觀、如實地反映這一物體；無物或物去（事務處理完畢），鏡中無物，意元體恢復寧靜。“無為”和“無住”都是“鏡式反映”事物的行為原則。“鏡式反映”事物的原則，既不影響腦細胞的活動去處理事務，又不讓腦細胞過多地活動，一方面利於大腦功能的整合，另能有助於人體不過於消耗混元氣。老子的“無為”原則和慧能的“無住”法要，是如此的雷同！但“無為”所表達的思想內涵，卻比南禪法要的“三無”觀點的提出要早一千多年。這不得不說是中國先哲們的智慧。這又是我們認為，禪宗所達到的人體修煉層次，並沒有超出春秋戰國時代修煉大家們的水平，而只是填補了道家“聖道”之修這一空白的理由之一。

從史料中得知，印度原始佛教界內有“神通”（超常功能）者並不少見，中國歷代禪宗大師的神通佚事也有些記載。這一點，又是瑜伽身心一體的一元唯物觀在修身中的體現，同時也展現出瑜伽精神一肉體相統一的修身觀。這一觀念最典型的是反映在中國南派禪宗慧能身上——圓寂後的肉體（真身）不腐。另有一些佛教修行者在其圓寂後，又有類似於慧能的“真身不腐”現象。這顯然和佛教或婆羅門教的唯心哲學觀是自相矛盾的。這就是瑜伽、佛教包括禪宗的身心修煉機理，必須用氣功科學理論揭示出來的缘由。可以

設想，當一個人（例如慧能）的身心發生如此大的明顯變化，大師生前不會不意識到或體會到，這是他從精神修煉入手，帶來的身心正面效應。然而，由於佛教的世界觀是唯心的，這一點深刻地左右著後世佛教徒對精神和肉體關係的真實認知。這一世界觀，同樣也左右著一代大師慧能的思想。這就是《壇經》中反映的“明心見性”的思想方法，並沒有明示“身心一體”的修煉的概念，而是就心說心，就性說性。這是唯心主義世界觀指導下的實踐活動的共性，即，將精神視作虛無飄渺的東西，對客觀世界、包括人的生命活動也用唯心一元的觀點解釋，和唯物一元的人體修煉效應自相矛盾。反觀中原大地戰國、先秦時期或以前的修煉先哲們對人的精神與肉體、精神與整體生命活動的關係的認識，比後來的禪宗對人的生命活動的認識，要深刻、直接、明確得多。所以說，中國禪宗在精神與肉體的關係的認識上，在以精神改觀人的整體生命活動方面，並沒有超越中國春秋戰國時期的的道、儒先哲的思想。

老子以後的功夫家，對“無為”這概念，有各來自自身實踐的表達。例如，儒家子思提倡的“中”的心境，古哲學家王陽明“從事上磨”的觀點，道家龍門派祖師王重陽認為，凡有事皆“心如泰山”；慧能大師的“不動心”（來自“風動還是幡動”之佚事）的觀念；這些都是對“無為”這一修煉原則的發展。龐明教授在給智能氣功科學師資班講《超常智能技術》輔導課中曾明確指出：不論何事來，心要定得住；心若定不住，就顯得你沒有功夫。不過，要做到這一點，並不是想做到就能做到的。想要做到，這只是一個願望而已，只是在想“做”這個事而已。並不是真正能够或有能力做到了。要做到，第一，要經過持恒、艱辛的自我鍛煉，第二，要有來自鍛煉而得到的實在的身心素質，例如古人所言“精固、氣定、元陽（神）足”等。《壇經》千言，緊緊抓住了“無住”這一概念。結合“無為”的實質，去理解六祖禪理的修持內涵，不難明白：只要將自己對外界反映，簡化到“鏡式反映”的模式，從精神修持入手，也能全面提昇人體身心素質。這一點又顯示出繼承了瑜伽“身心一體”修煉觀的佛教禪宗的優勢修煉方法。

唐朝離春秋點國時期，從時間上對於我們來說更近。為此，《壇經》和春秋戰國、先秦時期的著作相比，語言上更接近現代語，而且對心、性、意方面的探討，《壇經》更為詳盡和豐富。能將這二類古典修煉文獻結合起來研讀，再緊密結合氣功實踐和混元整體理論，對用氣功生命科學原理揭示禪宗修煉之秘，不無用處。

第 6 節 知之為行之

運用氣功學的理論往下討論，我們就會對“見性”這個氣功態，所要求的意識活動模式的機制，越來越清晰，也知道如何去努力了。我們已知，意元體作為腦細胞的混元氣，其活動和腦細胞的活動是分不開的。按“物質混化論”的觀點，意元體是“能”處於顯態，“質”處於隱態的“場性物質”；和“質”處於顯態，“能”處於隱態的腦細胞（實體物的一種）有著氣功學定義的物性上的不一致性。正因這個不一致性，使得意元體有了自我獨立的可能性，從而才有可能形成自己的意識體察意識的本原（見性）的模式。沒有“見性”的人的腦細胞一活動，意元體作為腦細胞的混元氣也會活動。由於習慣性的腦細胞的活動產生的意識，不但是向外的、一個概念緊接著一個概念的連環性的邏輯思維活動，而且還是時時在出念頭，也就是“不斷百思想”。這二個原因，使常人的意元體“四分五裂”。

養成“鏡式反映”的思維習慣，乃是徹底改變意元體現有狀況的首務。這必須在日常生活中時時注意培養。這就是六祖“苦欲清修，在家方得，不由在寺”的觀點的正確性。原理我們已知：意元

體的現狀，是人在出生後的日常環境中逐漸形成的。既如此，就必須回到其形成的環境中去糾正。否則，所有的一切都是奢談。和日常生活複雜的情景相比，打坐是一項單純的身心體驗活動。打坐中的思想要應對的，比日常生活中要應對的簡單得多。光靠打坐這一具體的方法，無疑是脫離實際的辦法。

或曰：慧能不是也打坐嗎？是的。這關聯到培養與恢復意元體的獨立性要討論的第二點（第一點是如何減少腦細胞的活動）。若我們在平時能夠養成鏡式反映的思維模式，即腦細胞對外界不作無謂的反映了，腦細胞對意元體的擾動就會減少。這第二點，就是需要時時集中意念，提高意元體的獨立性；意元體的獨立性提高了，反過來又能減少腦細胞活動對意元體的擾動。腦細胞和意元體的狀態，是腦實體和腦混元氣的關係，二者能相互促進，也能互相促退，就看修煉者如何發揮主觀能動性，去做好相互促進而不是促退。然而，通過培養意識的內向性專一、集中來提高意元體的獨立性，除了在日常活動中時時做意識內守以外，另一途徑就是通過正式練功強化，包括打坐練功。這就是修禪者要打坐的道理所在。但若光依賴打坐這一具體的功法去求見性開悟，當然就是舍本求末。這就是慧能在神秀的弟子面前，批評神秀一味追求的“住心靜坐”、“長坐拘身”尋求開悟之觀點“是病非禪”，並責問“於理何在”的原因。另外，只有“住心靜坐”而不在打坐中行“定慧雙運”之功，這當然就是生起“頑空枯坐”之弊的根因。

當意識向內集中又忘了意識的即時狀態，就是意元體處於不活動的狀態。當意元體一動，這個由意元體產生的意識活動，能習慣性的向內而非向外運動，意元體此刻處於一動又向內重復寧靜時，這是促進意元體的活動態（意識）可以體認、感知到意元體的原始（寂然不動）的狀態的時候，這就是氣功學揭示的禪宗“見性”的機理。當意識能時時刻刻向內向集中時，“當頭棒喝”這一方法就

能對見性開悟大有益助。否則，這一舉動，就和常人被嚇了一跳沒有二樣。後世禪宗用“話頭”，也是促使見性開悟的一種方法。有的禪門老師讓學生想一個問題，例如“鳥為什麼停在樹上”。這當然不是一個與鳥的生物性有關的問題，而是通過時時刻刻想著這個問題，在不知不覺中形成內向、集中的意識活動狀態而為見性開悟建立思維模式這個基礎。

或曰：意識時時處於專一內向的狀態，人的意識此刻還能反映外界事物嗎？這是對意識活動的性狀不太瞭解所發出的疑問。意元體對事物的反映是有選擇性的。也就是說，意元體的活動方向有選擇性，比如說，向內還是向外。當意識向內集中時，意識對外界的反映也是有選擇性的。但是，意元體本身對事物的反應，卻是不分內外的。意識專一、集中內向的程度越高，意元體的獨立性越強；這時的意元體的統一性越高，內外一體的聯繫越緊密，整體化的趨勢也越明顯。意元體的活動態（意識），此刻對外界信息的反應也越敏銳。原理是：意元體是混元氣的一種，是非常特殊的混元氣；說特殊，意元體本身是一個信息存在體，意元體對客觀世界的反應，是通過信息反映的。信息不占據時間和空間位置。意元體這一特殊物質，以大腦中心為中心向外擴散，對外界的反應既是全方位的，又無分內外。這和意元體有整體性這一特點有關。這就是為什麼，練氣功必須做到內向性專一心念、集中精神。因為意識越專一，意識活動越趨於“集中聚焦”這一狀態，意識的全息性越強，意元體的整體性也越容易發揮。所以，無論是“形練”、“氣練”還是“神練”，都不能脫離意識的“專一集中”這個原則。這也是氣功被總結為“內向性運用意識的實踐”（內求實踐）的一種形式的理由。意元體的這一體性，是人的超常功能得以形成的根據。人的超常功能，是人的潛能得以開發的表現。只有意元體的原始體性被感知，意元體參照系的狀態有較為徹底的改善，人的潛能才能得到全面開發。佛教界認為只有“見性”後，才能有“五眼六通”的道理就在

於此。

禪宗和佛門其它派別或其它宗教門派有一不同之處，就是不依賴供養生活。原由何在？筆者認為，總的來說，和其它宗教門派相比，禪宗更加明白克除“無明”和“偏執”對佛法修煉的重要性。從第七章氣功理論中，讀者已瞭解偏執意元體參照系的形成過程中有一個因素就是：在私有環境中形成的“為私”和“小我”的觀念。意元體有了偏執的參照系，失去了嬰幼或低齡兒持有的“初始意元體”那種活潑、自然、清明、靈動的、接近原始的狀態，也失去了和自然之氣的統一性。而“見性”正是為了主動的感知到意元體的本有狀態，從而能從根本上找到產生偏執的生理處所。但要做到這，又必須以改變意元體的一部分偏執性為前提。盡管此刻的改變和“見性”後的改變不能同日而語，但不改變，更難以“見性”。慧能的師兄神秀，屬於天資聰明，精通佛理，重於禪修的佛修者，最後也還只達“明心”，沒有“見性”。由此也可見，意元體參照系的偏狹性對見性開悟的阻礙性。

由於意元體的偏執是由不全面的信息積澱而致的。這個信息積澱體，就是意元體參照系。參照系中已經積澱的信息是無法去除的。唯一辦法是增加有利於意元體得以圓滿的信息。人的行為是意識活動的結果。行為對意元體參照系的改變，比單有思想活動更有效。尤其是面對尤關重要的大事。對佛教徒而言，是否受人供養，是關係到佛法修煉能否正常進行的頭等大事。能夠在這個大事上付出行動、通過考驗，將受人供養的程度降得最低，思想中“為私”、“小我”的信息從此不增或少增，再加上佛法的熏陶，事上的磨煉和功夫的練習，對改變常態參照系模式，明心見性，向意元體的圓滿的方向邁進，顯然是非常有利的。

結語

禪宗是泊來文化。傳統的印度人相信，人和婆羅門這個“大自在天菩薩”是相通的。因此有了“梵我一如”的宇宙觀，既與道家的“天人合一”思想有相同之處，也有相悖之處。佛教始祖釋迦牟尼在世時，不會不受到古印度這一傳統本教文化的影響。這個帶有濃鬱的自然主義哲學的古印度世界觀，對瑜伽實踐觀念沒有起到幹擾。在瑜伽修煉術中，我們無處不見“普魯那”（Prana）的影子。“普魯那”和漢文中的氣功之“氣”意思近似，在內求實踐中是同一種存在（物質）。傳統的中國人認為，人的性、命都是由“氣”合一的。在傳統印度人的心目中，人的身、心是由“普魯那”聯繫為一體的。“瑜伽”一詞就有“聯合”、“統一”之意。瑜伽的身心一體的修煉觀，能充分開發與發揮出人的意識（精神）的潛在力量，讓自身的生命活動通過“普魯那”的存在而發生巨大的變化。這從世界範圍內報導的印度瑜伽師驚人的人體潛能表演中，能得到證明。我們還可以從藏傳佛教的修煉方法中，體驗到類似於中國道家修煉術那種身心一體的鍛煉方法，以及密宗修行者們的超常功能。至於漢地佛教的主流，並不重視具體的身心一體的修煉，這要歸究於唐朝玄奘從印度傳入大乘佛教時，沒有傳承瑜伽的身心修持方法，大乘佛教繼而又在中原成為漢佛的主流這一歷史淵源有關。

婆羅門教持有的唯心一元世界觀的認識論，和瑜伽實踐所表現的方法原則不統一，這反映在佛教文化中，就是“心”和“物”之間沒有任何存在聯繫。比如說，佛教對於意識的起源，認為意識這東西起於“無始”；人的精神是無始以來就有的。這個對意識起源的觀點，不但屬於唯心主義，同時也充滿了“不可知論”思想。這和人類科學必須遵循的唯物觀，顯然是相悖的。佛教的這一思想來自對世界總的看法（世界觀）。皆由此因，這一障礙靠佛教本身無法克服。佛教對人的意識這一物質表現形式，從起源點就落入唯心哲學之圈，這造成佛教和科學永遠不會有缘的遺憾。而中國禪宗雖然繼承的是佛學思想，但在修煉的實質和效應，又和道家修煉的實質和效應是一致的。

禪宗一方面忠實地執行著婆羅門教—瑜伽文化的模式，再現了唯心世界觀指導下的一元主義內求實踐。這是佛教能在古亞洲的文化環境中，創立精神修煉理論，又不認同精神的物質性（氣）的原因。另一方面，又由從神光到慧能的中國五代宗師，繼承了達摩深湛、紮實的瑜伽功夫，在中國氣功文化的環境中，填補了中原“聖道之修”的空白，鑄成中國南禪之就。從達摩身上，也可看到釋迦牟尼的原旨修煉模式的有效性和全面性。釋氏的佛修和老子的道修如此看來，是同一株苗上的二朵修煉之葩。皆由此因，禪宗修煉法要，才有可能在道文化的發源地，起到了完善道修之法的作用。當然這一作用並非禪宗的自覺行為造就的。世界觀和實踐方法的不統一，雖然不會對具體的修煉實踐的效應發生多大的影響，但這無疑是印度文化的一個極大的缺陷。

對禪宗“見性”本質的揭示，是發掘傳統中國功夫中的生命科學的內容，為昇華人類生命活動服務的一個任務。“見性”的實質，是意元體的狀態被主觀意識所感知。意元體的本來體性和原始混元氣的體性是一致的（質地精微、內外無分別，能穿透一切物質）。是人在後天中形成的意元體參照系的信息的不全面，致使人的意元體有了偏執性，使意元體難以行使其本有的功能。由於意元體是人的混元氣的一部分，這個“難以行使其本有功能”，表現在人體混元氣的信息，因意元體偏執性而和自然界混元氣的體性有了差異（自然之氣沒有公、私、他、我的信息）。人的混元氣因自身的意識信息和自然界混元氣的信息不相容、不統一，才和自然界混元氣失去了同一性。從而使得人體混元氣不能和自然界混元氣融洽地交流、溝通與

混化。

由於人的生命活動是人體混元氣和自然界混元氣不斷地混化才得以維持的，也由於人自身的混元氣是有限的。人體混元氣一旦和外界混元氣失去了正常交流和混化，人的生命力就會降低。修煉功夫之目的，就是要提昇人的生命活動的質度。改變意識的偏執狀態，就成了提昇人的生命質度最根本的條件和首務。練形、修氣都是為了改變意識的偏執狀態這一目的而設。而“明心見性”，特別是“見性”，是讓自身的意元體原始活動態，通過主觀感知而被體認到，從而使意元體不受參照系的主使，直接和外界發生反應，自我意識就能行使自身的功能，這就是古修煉家所言的“喚醒主人公”。當意元體能夠客觀地反映外界事物（包括自身生命活動）狀況時，人體混元氣也和自然界混元氣有了同一性。人體混元氣由此和自然界的原始混元氣能進行全方位的溝通、交流、融合、混化。人體混元氣和取之不盡、用之不竭的天然混元氣混化為一，徹底改變人類現有的生命活動狀況。這就是“以神修神”，“神意相合”的人體修煉模式在改善人的生命活動狀況上的直接、高效和徹底性所在。慧能大師通過他的親身實踐留下的“金剛不壞”之軀給予後人的啟迪與思考也正在於此！

禪宗雖然沒有方法論，但“見性”的過程，卻是一個典型的氣功學方法論的運用模式，是典型的內求法研究範式。即，考察（認知）的主體（意識）和客體（意元體）是一個統一的整體。這一點也是“見性”的氣功學意義之一。

（附）“十牛圖”趣解

禪宗有“十牛圖”。當我們知道了禪宗“見性”的氣功學機制後，分析它們，是一項頗有趣味的事。“十牛圖”版本不至一個。比較知名的是“廓庵禪師版”和“普明禪師版”，二版對各圖的取名不一。廓庵版前五圖的名稱各為：尋牛、見跡、見牛、得牛、牧牛。普明版前五圖的名稱各是：未牧、初調、受制、回首、馴服。廓庵版的名稱，重在釋圖形；普明版的名稱，重在釋圖意。廓庵版後五圖的名稱各為：騎牛歸家、忘牛存人、人牛俱忘、返還本源、入廛垂手。普明版後五圖的名稱，沒有前五圖有特色，在此從略。

牛是受人馴服的大型耕養家畜，在古中國農村，既是重要的家庭財富，又是主要勞動工具，與一家人的生活悉悉相關。圖中之出走之牛，代表了人身上最重要的、失去的東西——自性、佛性，即人的“本來面目”。一方面，“禪機不可妄泄”；另一方面，這見性開悟的內在體會是得者“心知肚明”，卻又“開口皆錯”。這“十牛圖”就是以圖像暗喻如何將“自性”找回的全過程。這就如釋迦牟尼當年講法，多用故事、寓言等啟發學生的做法，同出一轍。古中國修煉界一個普遍的認知是，修煉是要修回到人的兒時狀態。我們已知，這一思想是不切實際的。但“十牛圖”恰恰是在表達這一思想。不過，開了悟的禪師不會不明白，在找回人的本來面目（見性）以前，對無明和偏執之心的克除，又是必須的。所以，圖中之牛又代表了人既頑固又不易更動的“第七識”的“偏執識”，這個偏執識是引起人的“無明”之根。然而，人的偏執之心的改動，如同執拗的“牛脾氣”一樣，難上加難。

總之，牛在此代表了常態的偏執意元體參照系。為何要以孩童做圖的主角？我們已知，孩童的意元體還是“自我意元體”；道德狀況還在“自然社會道德”階段，偏執的參照系還沒有形成。孩童在此，代表了還沒有形成偏執的意元體參照系、尚保持靈敏動覺、活活潑潑的“自我意元體”，其狀態和人的本來面目之“自性”、“佛性”、“清靜心”非常接近。古人認為修煉要回復到孩童時的那種精神狀態。這也是十牛圖中，要用孩童來表示修煉之心的原因。總之，“十牛圖”是指導人體修煉，特別從“修心”入門、開悟的教材。畫“十牛圖”者，無疑是領悟到慧能大師“以心修心”的真諦要義的禪師。下面略作析：

尋牛（未牧）**第一**：此為修煉第一步，即，主動運用意識去尋找失去的人的天然本性。我們已知，這個本性的失去，和偏執意元體參照系的存在密切相關。從氣功實踐中體認，或結合本書最後（圖20）內容都可知，意元體參照系作為混元氣的一類存在，在意元體中有其所在位置。尋牛，就是主動地運用意識，從體察參照系所在位開始。就如找一樣東西，須下功夫“尋”。

見跡（初調）**第二**：初步感知到參照系的存在部位（見跡），就如同看到“牛之足跡”。這個足跡不是牛本身，但和牛密切相關。在練功時，當發現了參照系所在位，就要向這一區域注“意”（調），這本身就是在更動意元體參照系。由於主動運用意識去改變參照系這個舉措，還是在意元體參照系這個背景中進行。這種調整並不徹底，因此稱為“初調”。

見牛（受制）**第三**：通過“初調”，也即事主通過不斷努力，已經開始對自身偏執意識對生命活動的影響和危害，有了直接的體認和知察（見牛）。這比前面僅體察到參照系所在位（見到牛的蹤跡），僅憑主觀願望改變意元體參照系又進了一步。參照系這頭“牛”，開始要“受制”。

得牛（回首）**第四**：通過修煉，隨著意元體參照系中有利於生命活動的信息的增多，例如，“為他”的信息增多（在小農經濟社會中，缺乏“為公”思想），意元體參照系多少年來的偏狹性，因此得到一點改善，就如牛被套上了鼻環。牛（人的精神世界的一部分）不再能任其所為，要按修煉之需去做，回到人的本性上去（回首）。此圖以“得牛”明示這一練功階段的成就，用“回首”表達這一練功階段的意義，體現了制圖者的禪修境界。

牧牛（馴服）**第五**：看了這一圖的名稱就可知：意元體參照系的偏狹性有很大改善，如同牛已完全被人馴服一樣。孩童（靈動活潑的意元體）現在是牛的主人，牛只能聽從於人的支配。這是對“假我”（錯認的“自我”）被參照系認知，“認錯主人公”的無明狀態開始改變，“真我”（主人公）開始惺惺顯露的描述與表達。修煉到此，可謂“明心”。“明心”者，已有了主動地改變意元體參照系的強烈願望，並真正開始步入自覺的身心修煉（悟後啟修）的階段。這是練功過程中的一個重要階段，是改善人的生命活動質度的關鍵階段。因為偏執的意元體參照系，如同偏執拗犟的牛脾氣被馴服。意元體參照系的改變，對道德、情緒意識的改變也起關鍵作用，從“意識時空結構及其與生命活動關係示意圖”（圖 20）中可見，這些內容的改變，使人的“自我意識”擺脫了幹擾，在支配自我生命活動上有了更大的自由。

這前五圖，還是在表明對正式修煉的準備；後五圖，才表明真正向生命自由方向邁進。

騎牛歸家第六：這圖是一孩童騎在牛背上歸家。突出的是“歸”和“家”倆個要素。騎著牛，說明這牛已經完全失去自主性，不能擅自發揮作用。也就是意元體參照系比較徹底的被改變了，自我體察意元體狀態的外部條件已具備。人的意識現在就要“歸”。歸向何處？歸向“家”。因為意識是意元體的活動狀態。沒有意元體，就沒有意識。意元體就是意識的“家”。但這圖顯示，還在歸家的路上。這個“歸”，是由孩童揮鞭催牛歸。我們知道，孩童具備沒有偏執性的“自我意元體”，不過古人沒有這一認識。根據古人的認識，孩童是理想的意識狀態的代表。騎牛歸家，說明牛不可無。我們說，意元體參照系是後天形成的，是人對客觀事物評斷和量度的標準。所以，歸家也需要有牛的存在。我們已知，參照系一旦形成，就不能消除。要改變參照系的偏狹性，只有通過加進缺失的信息。就如牛一旦存在，就無法其讓消失。這圖內容，有“以心修心”的暗喻在內。

忘牛存人第七：人歸家，意為“見性”。也即，用意識體察意元體體性和自我意識的活動狀態。這時的意元體參照系從內而外發生改變，原來的偏執性不再。圖以“忘牛”表示。“存人”在此何解？此處的“存人”意為“主人公”的存在，也即，感到“真我”的存在，也就是感知到自我意元體的活動狀態。人的生命活動這時完全在自我意識的支配下進行。

人牛俱忘第八：圖示為一空圈(〇)，是否表示“本來無一物”？此圖和道之虛無、虛空，儒之無極、太極之圖雷同。意元體是實際存在的場性物質，是“有”而非“無”。《性命圭旨》曰：**此〇者，釋曰“圓覺”，道曰“金丹”，儒曰“太極”。所謂無極而太極者，不可極而極之謂也。**這最後二句的思想，比“本來無一物”的觀點更客觀。

第九圖“返還本源”和第十圖“入廛（chán/ㄔㄢˊ）垂手”之表，和道家的“煉神還虛”、“煉虛還道”之言差不多，對普及氣功沒有多大的實際意義。從第八到第十圖，無論圖像、標題和詩句也在表明，中國禪宗的修煉水平，沒有超越早期道家的水平。

注釋條目

（1）龐明，又名：龐鶴鳴（1940-）職業西醫和中醫，原河北體育學院武術系副教授，原河北華夏智能氣功培訓中心主任，中國智能氣功科學體系的主創立人，智能氣功科學基礎和技術理論的主創編人；自 1979 年開始在中國境內推廣氣功，前後共計 20 年左右，至 2000 年 6 月隨原河北華夏智能氣功培訓中心徹底停學而退出中國氣功界至今。主要著作有《智能氣功科學概論》高屋建瓴俯瞰氣功和氣功科學之全貌；《混元整體理論》是基礎學問，下分：整體論，混元論，意識論，人的混元氣，道德論和優化生命論六部分；《智能氣功科學功法學》詳盡介紹智能動功前三步功的功理、功法和其它；《智能氣功科學精義》站在氣功科學的立場，對古人練氣功視為金科玉律的“三調”，以智能氣功學的“四大要旨”為基點作詳盡解說；《智能氣功科學超常技術》是有關氣功診療技術的方法和理論。其它著作：《氣功與人類文化》，《傳統氣功綜述》，《中國氣功發展簡史》，《氣功的現代科學研究》，《氣功探遂》，《氣功溯源文獻摘錄》，《智能氣功名詞釋義》（簡本），《智能氣功普及教材》等。本書中引用的龐明著作內容，不出以上書藉。這些書中的一部分，可鍵入“靈通站”或 www.hylt.org，再搜索書名下載。

（2）本書第七章是和本書內容有關的氣功專業名詞。在第七章以前的章節中這些名詞常有出現，筆者不另做注釋。在此節中，凡談及“意元體”時，都改成“意識”或“意識活動”，以利讀者在沒有接觸專業名詞解釋時也能理解大概意思。

（3）有關調息的具體功法，在《智能氣功科學精義》第四章“調息秘要”中有詳盡解說。

（4）竇以鑾，北京藉；年輕時拜王薌齋為師，和姚宗勳是師兄弟；後定居杭州，又拜楊澄浦之弟子劉春明學太極拳。在筆者記憶中，1980 年他在杭州向陽中學看傳達室，家住武林門。

（5）本書各功法的有關身形要求，在第一章第 3 節中已有詳盡登載。為節省篇幅，除了各功法中極需強調的身形要求以外，不再對一般身形要求重復提及。敬望讀者諒解。

（6）關於練功時間，傳統功門練靜功或不太劇烈的動功，一趟功（中間沒有休息），一個時辰（2 小時）是最少。特為參考。

（7）讀者若要了解此功法的詳情，可上網下載《智能氣功科學功法學》電子版，找到第五章智能靜功和簡便功。下載參見注釋（1）

（8）此功法與“三心併站樁”同在《智能氣功科學功法學》第五章“智能靜功和簡便功”中。下載參見注釋（1）。

（9）參見第八章第 1 節“中國功夫之略”。

（10）讀者若想了解這一功法的全部，可上網鍵入“直腿坐鬆腰法”（直腿坐放鬆法）。

（11）這一功法是“五元樁”（五氣混元樁）中第六式中的鍛煉動作。見《智能氣功科學功法學》電子版第 120 頁。下載參見注釋（1）。

（12）本功法來自“形神樁”第六節“轉腰涮胯氣歸田”的第二部分，尾閭的“前扣後翹”（第一部分是“轉腰涮胯”）。見《智能氣功科學功法學》電子版第 57 頁。下載參見注釋（1）。

（13）本功法來自“形神樁”第五節“俯身拱腰鬆督脉”。見《智能氣功科學功法學》電子版第 55 頁。下載參見注釋（1）。

（14）有關練功反應，見本書第八章第 9 節。

（15）詳見本書第八章第 5 節。

（16）《中庸》（孔子之孫，子思著）

（17）此節中的第一、二步功，摘自《智能氣功科學功法學》。在轉載時加了注釋。 對原文中的內容作了少許簡化處理。

（18）《智能氣功名詞解釋》（簡本）電子版；下載參見注釋（1）

（19）有關詳盡資料，可鍵入“練氣八法”上網搜索。

（20）田原成《簡易氣功解剖生理學》智能氣功培訓中心 1996 年 10 月第 1 版 冀出內準字：[1996]第 162 號

（21）形神樁第一節“鶴首龍頭氣沖天”分二個功法，第一是“鶴首”，第二是“龍頭”； 見《智能氣功科學功法學》電子版第 47 頁。下載參見注釋（1）

（22）形神樁第九節膝跪足面三節連，詳見《智能氣功科學功法學》電子版第 62 頁；下載參見注釋（1）。

（23）詳見本章第 9 節的“意元體參照系”這一部分。

（24）因為談到“意元體”必先談及“腦元體”，所以不得不將“腦元體"詞條放在講解意元體之前。

（25）西格蒙德•佛洛伊德（Sigmund Freud，1856—1939 年）著名的奧地利醫師、精神分析學（又稱，分析心理學）的創始人。

（26）來自龐明教授 1993 年 9 月《智能氣功科學基礎——混元整體理論》的講課影、音、文字資料。電子資料下載參見注釋（1）

（27）龐明《智能氣功科學基礎——混元整體理論》國際文化出版公司 1994 年 8 月第 1 版 北京；電子書下載參見注釋（1）龐明先生關於良心的這一段論述，比西方理倫學對良心的詮釋更具體，更容易讓人明白。筆者所以在此不惜篇幅轉載原文。

（28）"自由社會道德"又名"社會自由道德"；"自然社會道德"也有另名，為"社會自然道德"。《智能氣功科學基礎——混元整體理論》國際文化出版公司 1994 年 8 月第 1 版 北京；電子書下載參見注釋（1）

（29）見《性命圭旨》引虛靖天師雲；不過話者原意是說練功時的雜念，並沒有指情緒。"不續是藥"意為：不續，就是認識到雜念出現，不再任其進行；這就是解決的辦法（藥）。

（30）《性命圭旨》據傳編撰於明朝，記錄了明以前道、佛修煉大家的修功言論，是中國功夫界歷代非常重視的氣功修煉文獻之一。

（31）"梵"的印度文是 ब्रह्मन्， 英文譯作 bráhman，被認為是宇宙萬物賴以構成之根本。這一詞條解釋來自維基百科。在《牛津當代百科大辭典•英漢•英英》*的 bráhmin 或 bráhman 詞條下，沒有印度文，中文譯為："印度教"婆羅門：印度四大種族等級中的最高等級。

“梵天”是 ब्रह्मा，英文譯作 Brahmā，是印度教的創造之神，與毗濕奴、濕婆並稱三主神。這一解釋來自維基百科。在上述牛津百科辭典中，沒有印度文，中文是“創造萬物的神，宇宙最高神”。

“婆羅門”ब्राह्मण，英文譯作 brāhmaṇa；“婆羅門教”英文譯作 Brahmanism，這二詞條來自維基百科。

從“梵”、“梵天”，“婆羅門”、“婆羅門教”的印度文或英文構成來看，意思基本是一個。婆羅門教信的是“婆羅門”這一“天神”；這“婆羅門”代表的是“梵”或“梵天”。“梵”或“梵天”是指同一事物。就如古中國人講“天地”即有“世界”之意，或代表了“世界”、“自然界”。

*《牛津當代百科大辭典•英漢•英英•彩色•圖解》（Illustrated English-Chinese Dictionary） 簡體字版，中國人民大學出版社 2004 年出版（ISBN7-300-03038-6/H•418）。

（32）有關禪宗對肉體修煉的認識，本書第九章有詳說。

（33）有關宗教的本質，宗教和氣功的關係，氣功和宗教在中國文化中的地位，氣功和其它文化形式的異同，儒道釋三家的文化關係等等，在拙著《大道之行》中有詳論（EHGBook 微出版公司 2013 年 12 月出版，漢世紀數位文化[股]公司發行）。了解書情，請上網：

美國印刷書 http：//www.amazon.com/dp/1625030444

美國電子書 http：//www.amazon.com/dp/B00GXFQO88

英國印刷書 http：//www.amazon.co.uk/dp/1625030444

英國電子書 http：//www.amazon.co.uk/dp/B00GXFQO88

法國印刷書 http：//www.amazon.fr/dp/1625030444

法國電子書 http：//www.amazon.fr/dp/B00GXFQO88

德國印刷書 http：//www.amazon.de/dp/1625030444

德國電子書 http：//www.amazon.de/dp/B00GXFQO88

西班牙印刷書 http：//www.amazon.es/dp/1625030444

西班牙電子書 http：//www.amazon.es/dp/B00GXFQO88

義大利印刷書 http：//www.amazon.it/dp/1625030444

義大利電子書 http：//www.amazon.it/dp/B00GXFQO88

巴西讀者市場 http：//www.amazon.com.br/dp/B00GXFQO88

日本讀者市場 http：//www.amazon.co.jp/dp/B00GXFQO88

金石堂書店（中港澳讀者）

http://www.kingstone.com.tw/book/book_page.asp？kmcode=2010900006819&lid=search&actid=wise

三民書局（學術界、圖書館）

http://www.sanmin.com.tw/page-product.asp？pid=142159&pf_id=99E155q6K102i84F103p66L106g129jHXqQLc1126SxV

（34）黃秉憲《生物控制論與氣功》 P.25 華夏出版社 1990 北京

（35）張道陵，就是中國民間所稱的“張天師”（西元 34 年－156 年或 178 年），是中國史上第一個道教組織的建創人，由於當時入這一道門者，每人要交納五斗米而被稱為“五斗米道”。張道陵又被尊為“正一真人”。在白雲觀所存中國道教譜系檔案中，86 門派，其中有“正乙派”字樣的有 10 家。

（36）Harry Benjamin *Everybody's Guide to Natural Cure*，1936

（37）《佛祖後記》記載：梵王至靈山，以金色波羅花獻佛。捨身為床墊，請佛為眾生說法，世尊登座，拈花示眾，人天百萬，悉皆罔措，獨有金色頭陀，破顏微笑。世尊雲：吾有正法眼藏，涅槃妙心，實相無相，分付摩訶大迦葉。

（38）甄隐編撰，2012 年 7 月第 1 版，宗教文化出版社 北京

（39）龐明《傳統氣功知識綜述》1994 年 9 月第 1 版冀新出准印字〈1992〉第 054 號

（40）此圖下載來自龐明《混元整體理論》圖 10；參見注釋（28）

編後感言

中國功夫修煉是一門嚴肅的學問和技術，同時也是一門高尚的藝術，更是一項饒有趣味的事業。這一事業直接關聯到自身生命運動，繼而又對人類文化的進步產生影響，因此無論對己、對人或對社會，都是直接有益的非凡大事。但是任何人要想通過這一實踐讓自己的身心收到實實在在的效應，就必須在這門學問的規律中，保有持之以恆的鍛煉。十年、二十年，甚至一生的時間。若只憑一時的興趣索然，充其量只是長了一點見識而已。

中國自清朝後期，外來洋槍火器替代了手操冷兵器，中國功夫中的精深功術由此淡出江湖。近百年，中國的政治、經濟等社會因素又發生了中國史上最大的顛覆，古典中國文化內容受制於西方科技潮流的大肆沖擊，包括道、儒、釋修煉術和武技、中醫、民間氣功等等文化形式，在最近的百年中受到了史無前例的冷落。中國功夫真正的科學性效用，總的來說是受到現代科學界的質疑的。而傳統的中國功夫界受制於多種原因，既擺不出強有力的概念性事實宣揚自身，也拿不出合乎西方人的思維模式的理論，指證出西方科學否認中國功夫效應的真實原因，以致一部分中國人都懷疑自己民族的文化內容的客觀性和真理性，致使傳統的中國功夫的精華鍛煉方法到了無人問津的地步。另一方面，“全盤西化”的思潮，又讓西方科技在中國得到了普及性運用，古典人體修煉術中的健身效應，被受過西式教育的知識人士以親身實踐發掘出來，並以文字的形式公開化。這對功夫造福於民，又大有益處。但是，過份片面地強調氣功的祛病健身的生理效應而不注重如何通過氣功實踐來全面提昇生理和心理素質，並將這個目的作為民眾功夫修煉之要務，這是百年來的中國功夫界做得比較欠缺的事。這造成一個對氣功鍛煉的誤解：練氣功是病人的“專利”。這一點誤導了幾代中國人對中國功夫真實效應的認知。以致當今大多數年輕人，皆誤以為學習功夫就是為治病、保健；我當年輕力壯，無病無痛，等有病痛，閒來無事時再做鍛煉還來得及……

眾所周知，學習任何一門學問或技術，都必須從青年或青年之前就開始，這幾乎已成為一個規律。功夫修煉和人的生命活動密切相關，這就更需要遵循生命運動的規律。比如說，兒童和青少年，身心正在處在全面發育時期，練了功，身心自然就按功夫的要求發育，這對一生的生命活動都發生優化作用。青年期的體力是一生的高峰期，邏輯思維能力也已成熟了，具備學習各種理論的能力，這又是學功夫的最佳生命期。生命無法逆轉。一旦走過場，此生無二回。人類的文化、科學知識，幾乎都圍繞著人的學問而展開的。功夫修煉是和人的生命活動最有關係的學問和技術，因此學功夫就會接觸到方方面面的學問和知識，這也需要以年輕為資本。況且，年輕人學了功夫，還有運用功夫優合、優孕、優生、優育後代的機會。直接受益的將是兩代人。若放棄了一生中最佳的學功機會，其損失無法以物質彌補。

假如錯過了青年期這一大好時機，中、老年人不得不面對“人過中年，氣血衰半”這一客觀現實，要得到近於年輕人的練功效應，付出的時間、精力和體力將倍增於年青期。所以，中、老年人學功，要抓住一切機遇。正因如此，中、老年在學功夫上比年輕人更有緊迫感和自覺性；而且，前半生所積累的知識，對學功夫也很有幫助，這一點優勢是年輕人沒有的。壯年之人在修煉功夫方面的優、劣勢，處於青、中年人之中。總之、青、壯年人功練，用“事半功倍”形容並不過份。人生一世需有“八優”。除了前面提到的優合、優孕、優生、優育，這被動的“前四優”之外，還有“優長，優成、優老、優死”這些有一定的主動性的“後四優”。在此提及的優化生命之“八優”，還不同於現代醫學優化生命體系的概念。氣功學所說的

生命優化，是指在內求實踐基礎上的生命優化，和建立在外求實踐之上的現代醫學的生命優化的內涵不盡相同，二者效應不能相提並論。所以，沒有功夫之修，就難以達到“後四優”。

本書登載的氣功鍛煉方法，適合童、少、青、壯、中、老各年龄层的人学練。而對於已有一定基礎的同仁、同道，這些功法能起到觸類旁通、舉一反三的作用。這些功法中的一部分，即使在中國功夫的發源地——中國大陸境內也遠沒得到普及或少有人知。學任何功法，那怕是一個小功法，對於初學者來說，都需明師口授，無師難以自通。這是內求實踐的特點所決定的。还需提醒的是：通過鍛煉產生的身體效應，都屬“後天之變”。既為後天而得，既從學習而來，若不按儒家所主張的“如履薄冰，如臨深淵”的心態，放自己的全身心去重視它們，若不是日復日、年復年的下苦功習練，不會有“百尺竿頭，更上一層”之明天。千里之行，始於跬步；萬里江濤，積於涓流。缺鍥而不舍之誠，無金石成器之就。這些警言所示的，其實都是人的道德的內容。道德是人的一般意識的方向盤。我們按中華修煉文化的道德內容做人，就是為了讓我們的生活因自身生命活力的提高而變得更加美好！

特借此際向讀者說明之：中國大陸和臺灣曾中斷過三十年之久的文化交流，這是造成二岸話語和文編體系上的分歧的原因之一。在這三十年中，中國政府實行了三次官方漢字簡化方案。這不但是字體的簡化，還涉及到漢字慣用法的簡化。筆者自小學的是簡化漢字。成年後，對繁體漢字的運用規則，對二岸漢字慣用法上的差別，一直沒有注意。直至最近幾年從事寫作，才面對繁體漢字慣用法“临時抱佛腳”。本書語言風格，可能不完全合乎中國大陸以外的、以漢語為母語的同胞們的閱讀習慣；對某些字，如“像”、“象”，“複”、“復”，“裏”、“裡”，“係”、“系”等，在書中的使用也不甚規範。這給讀者造成文意理解上的困難度。為此特表歉意，並將致力改進。

感謝您的閱讀

祝您長功

筆者
2014 年 2 月
於紐約雨竹軒

氣功圖解

（圖 1）“貫氣站樁”胸腹前抱球勢示意

（圖 2）“貫氣站樁”小腹前抱球勢示意

（圖 3）“大成渾元樁”體勢示意

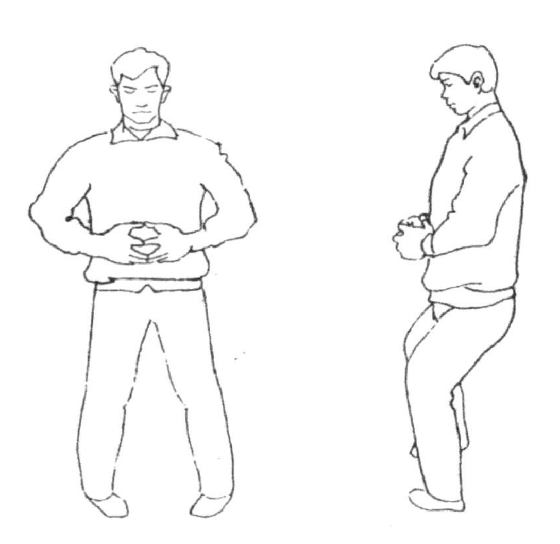

（圖 4）“三心併站樁”正功體勢示意（左圖是正面，右圖為側面）

（圖 5）“塌腰拱腰勢”示意（左圖為塌腰勢示意，右圖為拱腰勢示意）

（圖 6）“童子拜佛功”開後胯示意

（圖 7）“俯身拱腰鬆督脈”勢中的“力拔雙臂 ”示意

（圖 8）“俯身拱腰鬆督脈”勢中的“拱腰”示意

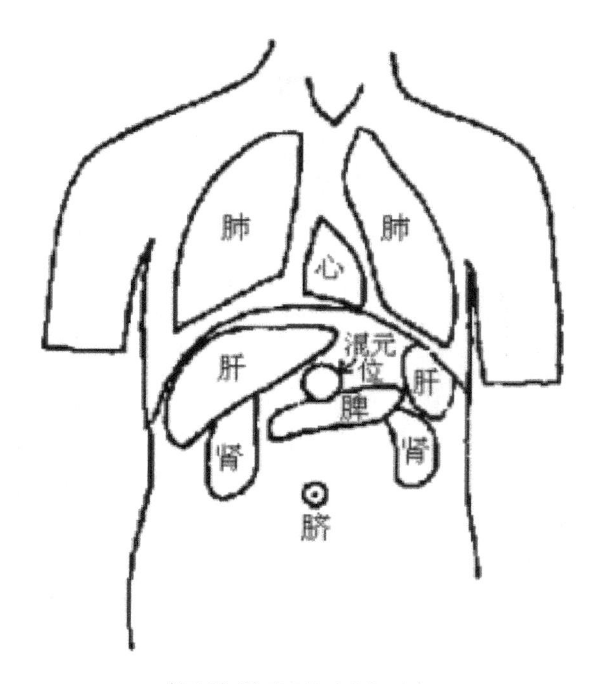

（圖 9）混元竅位（穴）示意

（圖 10）雙盤腿的三種手勢示意

（圖 11）跪坐式練功體勢示意

（圖 12）跪式練功基本勢示意

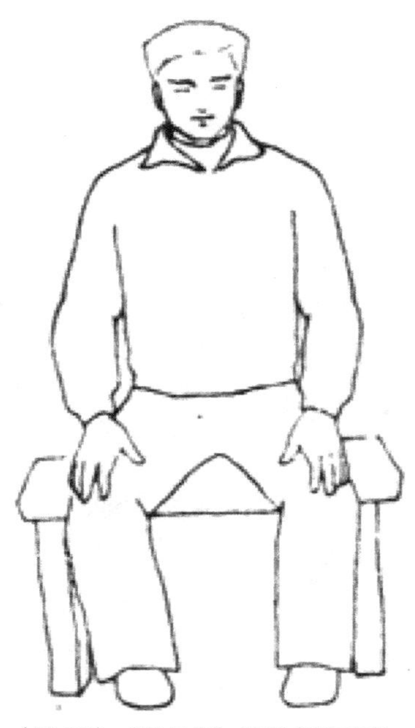

（圖 13）“座具坐”的基本勢示意

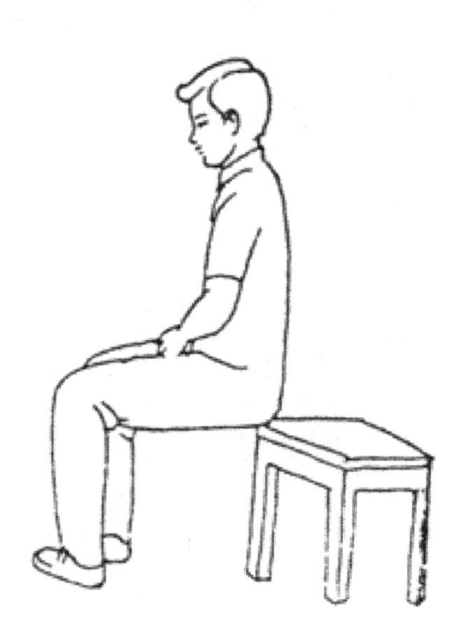

（圖 14）“抵穴坐”示意

（圖 15）頂天立地掌的指環訣

（圖 16）頂天立地掌示意

（圖 17）無像手雙盤勢示意

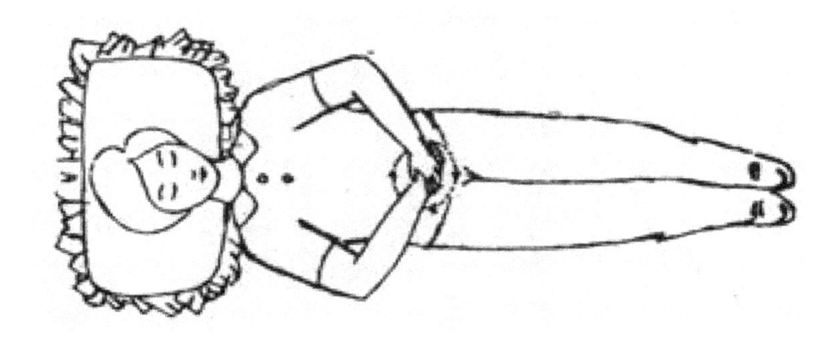

（圖 18）揉腹臥功示意

（圖 19）十字撐臂勢示意

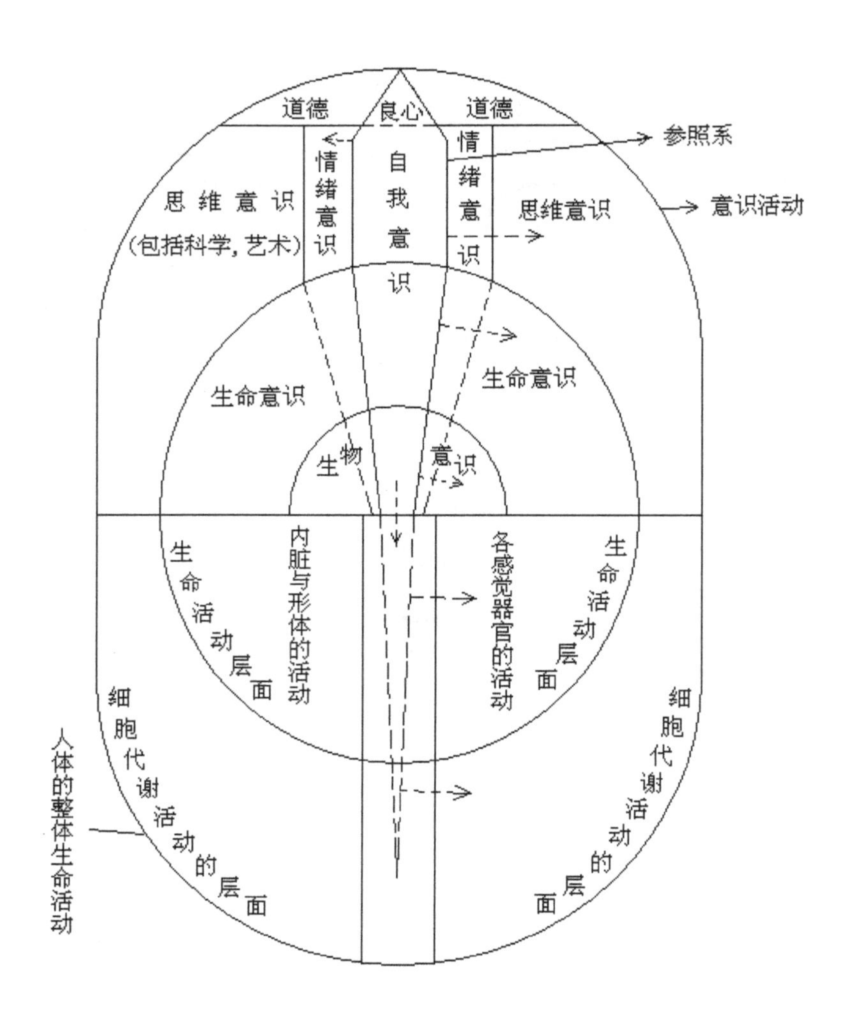

（圖 20）意識時空結構及其與生命活動關係示意圖[40]

氣功法理精要

作　　者/武霖（Xiaogang Wu）
出版者/美商 EHGBooks 微出版公司
發行者/漢世紀數位文化（股）公司
臺灣學人出版網：http://www.TaiwanFellowship.org
地　　址/106 臺北市大安區敦化南路 2 段 1 號 4 樓
電　　話/02-2707-9001 轉 616-617
印　　刷/漢世紀古騰堡®數位出版 POD 雲端科技
出版日期/2014 年 4 月（亞馬遜 Kindle 電子書同步出版）
總經銷/Amazon.com
臺灣銷售網/三民網路書店：http://www.sanmin.com.tw
三民書局復北店
地址/104 臺北市復興北路 386 號
電話/02-2500-6600
三民書局重南店
地址/100 臺北市重慶南路一段 61 號
電話/02-2361-7511
全省金石網路書店：http://www.kingstone.com.tw
定　　價/新臺幣 500 元（美金 17 元 / 人民幣 100 元）

CPSIA information can be obtained
at www.ICGtesting.com
Printed in the USA
LVHW110938150821
695221LV00021B/226